北京市科学技术研究院首都高端智库研究报告

城市高质量发展与影响力研究

贾品荣　冯　婧　著

北京市社会科学基金重点课题“完善科技创新制度研究”（项目编号：20LLGLB041）阶段性成果
北京市科学技术研究院“北科学者”计划“北京高精尖产业评价与发展战略研究”（项目编号：11000022T000000462754）阶段性成果

科　学　出　版　社
北　京

内 容 简 介

本书论述高质量发展的六大特征，提出十大路径转向高质量发展，从经济、社会、文化、生态、治理和创新六个维度构建城市高质量发展影响力评价指标体系，重点反映两个方面：一是城市本身的高质量发展水平；二是中心城市对周边区域的带动作用。在关键要素辨识基础上，找出城市高质量发展与影响力的短板因素，依托构建的指标体系，本书对我国三大城市群——京津冀城市群、长三角城市群、珠三角城市群高质量发展影响力进行了评价分析。本书既有战略层面的前瞻思考，又有战术层面的评价模型，是从区域经济角度研究城市高质量发展的学术专著。

本书对政府相关部门、相关研究机构具有决策参考意义和研究借鉴价值。

图书在版编目(CIP)数据

城市高质量发展与影响力研究/贾品荣，冯婧著. —北京：科学出版社，2022.7

ISBN 978-7-03-071564-7

Ⅰ. ①城… Ⅱ. ①贾… ②冯… Ⅲ. ①城市经济–经济发展–研究–中国 Ⅳ. ①F299.21

中国版本图书馆 CIP 数据核字(2022)第 029938 号

责任编辑：刘翠娜 冯晓利 / 责任校对：王萌萌
责任印制：吴兆东 / 封面设计：蓝正设计

科 学 出 版 社 出版
北京东黄城根北街 16 号
邮政编码：100717
http://www.sciencep.com

北京虎彩文化传播有限公司 印刷
科学出版社发行 各地新华书店经销
*
2022 年 7 月第 一 版 开本：787×1092 1/16
2022 年 7 月第一次印刷 印张：12 1/4
字数：300 000

定价：118.00 元

（如有印装质量问题，我社负责调换）

前　言

党的十九届六中全会通过的《中共中央关于党的百年奋斗重大成就和历史经验的决议》强调，贯彻新发展理念是关系我国发展全局的一场深刻变革，不能简单以生产总值增长率论英雄，必须实现创新成为第一动力、协调成为内生特点、绿色成为普遍形态、开放成为必由之路、共享成为根本目的的高质量发展，推动经济发展质量变革、效率变革、动力变革。实现高质量发展是我国经济社会发展历史、实践和理论的统一，是开启全面建设社会主义现代化国家新征程、实现第二个百年奋斗目标的根本路径。刘鹤同志在《人民日报》撰文指出，我们要深入领会《决议》精神实质，把高质量发展贯穿经济社会发展的各个方面和环节。①

高质量发展，是一个具有现实意义和理论价值的重要研究课题。从发展经济学来看，由高速增长转向高质量发展是后发追赶型现代化过程中一个特有的现象。当前，中国全面进入提质增效的高质量发展阶段。进入高质量发展阶段，经济发展理论的主要任务是揭示由中等收入国家向高收入国家发展的规律，并且为跨越“中等收入陷阱”提供理论指导。按此要求构建的高质量发展理论，主要涉及四个方面：第一是调整发展的目标，不仅经济发展目标更为全面，而且社会发展目标、环境发展目标也成为发展的重要目标；第二是转变发展方式，依靠创新驱动，不能把低收入国家向中等收入国家所采取的发展方式延续到中等收入阶段——新的发展不仅需要科技创新驱动，还需要绿色创新驱动；第三是树立以人民为中心的发展思想，指导高质量发展就要摆脱贫困的发展经济学，转向富裕人民的经济学——中等收入阶段富裕人民不只是提高人民的收入，而且涉及增加居民的财产性收入，能够享有更多的公共财富，扩大社会保障覆盖面，城乡基本公共服务实现均等化，推进社会保障高质量发展；第四是进一步缩小区域差距，逐步实现共同富裕，推进区域高质量发展。这些发展目标，反映的不仅是中等收入国家发展阶段特征，还是高质量发展的根本要求。

转向高质量发展，对区域协调发展提出了新要求。习近平总书记指出，产业和人口向优势区域集中，形成以城市群为主要形态的增长动力源，进而带动经济总体效率提升，这是经济规律②。形成以城市群为主要形态的增长动力源，不仅要促进城市的经济、社会、生态、文化等多维度的发展，而且要通过中心城市经济、社会、生态各方面的辐射效应，由少数区位条件优越的点发展成为地区经济发展的增长极，通过其较强的经济、科技、人才等资源优势，带动周围区域各方面的发展，通过城市之间在生态保护、产业布局、城乡建设、基础设施和公共服务、文化创意等领域的协同和整合，将城市群建设成为集

---

①刘鹤. 必须实现高质量发展(学习贯彻党的十九届六中全会精神). 人民日报，2021-11-24. http://dangjian.people.com.cn/n1/2021/1124/c117092-32290248.html.

②习近平谈治国理政（第三卷）. 北京：外文出版社.

生态共治、创新协同、城乡协调、开放联动、文化融合等功能于一体的优势互补高质量发展的区域经济。基于此，亟须开展城市高质量发展对周边地区的辐射带动作用研究。本书将高质量发展影响力的含义界定为推进“五位一体”总体布局，实现自身全面发展，带动周边地区的发展。以“五位一体”为逻辑起点，沿袭“理论分析—体系构建—方法研究—实证研究—政策路径”的逻辑主线，从经济、社会、文化、生态、治理和创新六个维度构建影响力评价指标体系，重点反映两个方面：一是城市本身的高质量发展水平；二是中心城市对周边区域的带动作用。在对高质量发展影响力的关键要素的辨识的基础上，找出高质量发展影响力提升的短板因素。

全书共 13 章。第 1 章为绪论。第 2 章为相关理论基础，包括：中国特色社会主义政治经济学、发展经济学、可持续发展理论、区域经济学理论、生态经济学理论及系统理论等。第 3 章为高质量发展核心要义，高质量发展具有六大特征——发展性、多维性、创新性、协调性、可持续性及复杂性。第 4 章为十大路径转向高质量发展——“内循环”体系助力高质量发展，经济结构升级推动高质量发展，自主创新引领高质量发展，新经济支撑高质量发展，数字经济驱动高质量发展，消费拉动高质量发展，服务型制造促进高质量发展，区域协调发展推进高质量发展，“双碳”目标助力高质量发展，共同富裕聚力高质量发展。第 5 章为高质量发展影响力概念界定，本书提出城市高质量发展影响力指一个城市在高质量发展进程中，在社会、经济、生态、政治和文化方面，对周边城市的经济、社会、生态、文化、治理及创新能力等方面产生的辐射力、吸引力和综合服务能力。第 6 章为高质量发展影响力评价指标研究综述。第 7 章为城市高质量发展影响力评价指标体系构建。本书构建了城市高质量发展影响力指数的指标体系，由 6 个一级指标构成，分别为经济影响力指数(包括经济增长、结构优化、对外开放 3 个二级指标)；社会影响力指数(包括城乡统筹和民生质量两个二级指标)；文化影响力指数(包括文化资源和文化吸引力两个二级指标)；生态影响力指数(包括环境质量、资源利用和生态状况 3 个二级指标)；治理影响力指数(包括公众参与和政务效率两个二级指标)和创新影响力指数(包括创新投入和创新产出两个二级指标)。第 8 章为城市高质量发展影响力评价方法。第 9 章为珠三角城市群高质量发展影响力评价报告。第 10 章为长三角城市群高质量发展影响力评价报告。第 11 章为京津冀城市群高质量发展影响力评价报告。第 12 章为三大城市群高质量发展影响力比较报告。第 13 章为提升城市高质量发展影响力的建议。

全书的研究主题是“城市高质量发展”。北京市科学技术研究院近年来加强“创新驱动首都高质量发展”的系统性研究。2019 年，研究与发布了《北京高质量发展指数总报告》及《环境高质量发展指数报告》；2020 年，研究和发布了“北京新经济指数”，重点研究智能经济支撑北京高质量发展机理；2021 年，研究“北京产业高质量发展指数”，重点研究创新引领的北京产业高质量发展驱动机制。北京市科学技术研究院依托“创新驱动首都高质量发展”系列研究，持续出版《北京高质量发展报告蓝皮书》，举办“首都高质量发展研讨会”，不断扩大“创新驱动首都高质量发展”研究的影响力，积极为首都发展献言献策！本书系北京社科联高端智库课题“首都区域高质量发展影响力指数建构”的研究成果。

本书相关成果是智库联系社会的反映。希望阅读本书的各界读者提出宝贵意见，以便在后续研究中日臻完善！

作 者

2022 年 1 月 29 日

目　　录

第1章 绪 论

习近平总书记指出[①]，我国经济由高速增长阶段转向高质量发展阶段，对区域协调发展提出了新的要求。不能简单要求各地区在经济发展上达到同一水平，而是要根据各地区的条件，走合理分工、优化发展的路子。要形成几个能够带动全国高质量发展的新动力源，特别是京津冀、长三角、珠三角三大地区，以及一些重要城市群。他提出，产业和人口向优势区域集中，形成以城市群为主要形态的增长动力源，进而带动经济总体效率提升，这是经济规律[①]。

形成以城市群为主要形态的增长动力源，不仅要促进城市的经济、社会、生态、文化等多维度的发展，而且要通过中心城市经济、社会、生态各方面的辐射效应，由少数区位条件优越的点发展成为地区经济发展的增长极，通过其较强的经济、科技、人才等资源优势，带动周围区域各方面的发展，通过城市之间在环境保护、产业布局、城乡建设、基础设施和公共服务、文化创意等领域的协同和整合，将城市群建设成为集生态共治、创新协同、城乡协调、开放联动、文化融合等功能于一体的优势互补高质量发展的区域经济。

这一政策背景下，如何开展城市高质量发展对周边地区是否能够和如何产生的辐射带动作用研究意义重大。既实现高质量发展，又最大限度地发挥对城市群协同发展的影响力，是区域经济学亟待解决的重要问题。

1.1 研究意义

近年来，以北京为中心的京津冀城市群，通过结构优化、效率提升、创新驱动、保护环境、增加福利等措施，大力实施高质量发展战略，区域实现了更高质量、更有效率、更加公平、更可持续的发展，促使京津冀城市群经济、社会、环境、文化价值的整体提升，反过来进一步提高了首都在区域社会、文化、政治、经济、创新等方面的影响力。例如，2018 年，中国社会科学院财经战略研究院刘彦平发布《中国城市影响力指数(2018)报告》，以城市文化影响力指数、创新创业影响力指数、生活品质影响力指数、城市治理影响力指数、城市形象传播指数这五个指标为依据，测算得到了我国前十强城市排名情况，北京在这五个方面均位居第一位。方力等[1]依据全国省域高质量发展的分项指数和综合指数，结果发现北京的高质量发展实现程度较高，排在全国第一位。

高质量发展影响力包括经济、社会、生态发展水平，它的主要表现就是经济、社会、生态各方面的辐射效应，由少数区位条件优越的点发展成为发展的增长极，通过其较强

① 习近平谈治国理政(第三卷). 北京：外文出版社.

的经济、政治、文化、教育、科技、人才等资源优势，带动周围区域经济、政治、文化、教育、科技等方面的发展。通过在生态保护、产业布局、城乡建设、基础设施和公共服务、文化创意等领域的协同和融合，将京津冀地区建设成为集生态共治、创新协同、城乡协调、开放联动、文化融合等功能于一体，引领全球，示范全国的城市群。因此，在协同发展正处于经济发展转型的特殊时期，合理评价首都高质量发展对城市群的影响，利用中心城市拉动周边区域的发展，增强中心城市的辐射力度，既能为首都未来的发展指明方向，又能解决区域下一步的发展问题，同时为全国其他地区提供经验，对促进区域经济协调发展具有一定的战略意义。

1.2 研 究 进 展

本书对城市高质量发展影响力评价方法与政策路径进行研究，主要涉及高质量发展和城市影响力两个方面，高质量发展是研究城市高质量发展影响力的理论基础，而城市影响力评价可为高质量发展影响力评价方法的建构提供方法基础，充分促进城市本身的高质量发展，增强其对周边城市的拉动作用，形成螺旋式上升的良性循环。

1.2.1 高质量发展的含义及测度

要科学评估城市高质量发展的影响力，首先需厘清高质量发展的含义。高质量发展是一种规范性的价值判断，其含义见仁见智，但主流观点认为，对中国现阶段而言，高质量发展是在保持经济增长的同时实现“创新、协调、绿色、开放、共享”[2]。由于高质量发展的多维特征[3]，测度方法主要包括三类：单要素指标、全要素指标和综合评价指标，指标选择与指标体系构建契合了高质量发展内涵的演化历程，由无到有、由笼统到细分，测度方法也更加完善[4]。中心城市是区域协调和高质量发展的核心和关键[5]，城市高质量发展评价从经济、社会、政治、文化、环境等多领域多视角展开[6,7]，但环境维度的指标有待统一归一化，规避不同量纲的影响。

1.2.2 城市影响力的内涵及评价

城市群作为我国未来的经济发展格局和潜力核心，中心城市在城市群发展过程中起到主导作用，对城市群中其他城市起到聚集和辐射作用。德国经济学家克里斯塔勒提出的城市中心地理论，解释了中心城市对其外围地区的辐射范围的相对重要性、吸引资源的能力等，奠定了城市影响力研究的基础。学者们对城市经济影响力的研究主要结合城市影响范围理论，通过西方的理论模型测算城市规模的空间集聚、中心城市的影响范围，Converse 于 1949 年提出断裂点模型确定两个城市之间的断裂点(辐射范围)，再采取辐射场强模型来测算断裂点处的经济影响力[8,9]，该方法考虑了交通这一辐射媒介，也反映了辐射路径和辐射力的差异，应用广泛、效果较好，是本书的评价方法基础。但此类研究仅考虑了经济规模和人口规模指标，具有局限性，进而有学者运用城市的经济综合指标来计算断裂点，使计算结果更加准确，但仍难以客观反映城市高质量发展的全面内涵。城市影响力是城市的综合发展势能[10]，尤其在高质量发展战略的推动下，中心城市通过文化、经济、宜居、创新和传播等因素综合反映城市发展水平[11]，带动城市群的发展，进一步确立对周围城市的主导作用[12-14]。但目前此类研究多结合主成分分析、因子分析法等构建综合发展指数评价，不能有效反映经济体之间的联系强度和辐射路径。

1.2.3 现有研究简评

高质量发展与城市影响力的概念及其评价是一个多学科共同关注的研究热点，涵盖了经济、文化、环境、治理等方面，但迄今尚未形成严谨的学术界定和统一的评价体系，这些评价体系可为本书的指标建构提供借鉴。在研究视角方面，目前将高质量发展与影响力相结合的研究尚属空白。在研究方法方面，传统的断裂点模型和辐射场强模型能够测算出区域之间的经济联系强度，但针对当前高质量发展视角下的空间联系的研究还有待深入，本书运用中心城市的高质量发展水平这个综合指标来计算中心城市的辐射范围，再以场强模型来计算高质量发展的辐射力大小，更全面地从空间角度对中心城市的影响范围和影响大小进行比较分析，使得计算结果更加准确。

1.3 研究目的

在理论层面，创新性地将高质量发展和影响力评价相结合，识别关键要素并确定相互关系，构建高质量发展影响力的理论框架，揭示城市高质量发展影响力的内在机理。

在方法层面，对传统的经济辐射场强模型进行改造，建立高质量发展的辐射场强模型，将高质量发展影响力的大小量化为场强大小，定量评价城市高质量发展的影响力，对城市高质量发展的影响力特征进行全面评估与经验总结，从六个维度提出政策路径和相应的配套措施，为各级政府科学构建高质量发展政策平台提供科学依据和建议。

1.4 研究思路

本书遵循“文献归纳—理论系统分析—指标体系构建—评价方法研究—实证应用—政策路径”的思路展开，主要分为理论分析、方法构建与实证分析三部分。

(1)理论分析部分，主要结合经济发展理论、辐射理论等相关理论，按照“五位一体”的战略部署，界定城市高质量发展影响力的内涵，识别影响要素及其相互关系，进而构建城市高质量发展影响力的评价体系。

(2)方法构建部分，首先利用熵权法确定城市高质量发展综合指数，反映城市发展的综合实力，并将其引入场强模型中，形成高质量发展影响力的评价方法。

(3)综合实证部分，首先综合测算典型城市高质量发展影响力，通过实证研究，检验方法的有效性，随后结合理论分析与实证分析结果，探讨城市高质量发展的政策路径，提供决策参考。具体如技术路线图 1-1 所示。

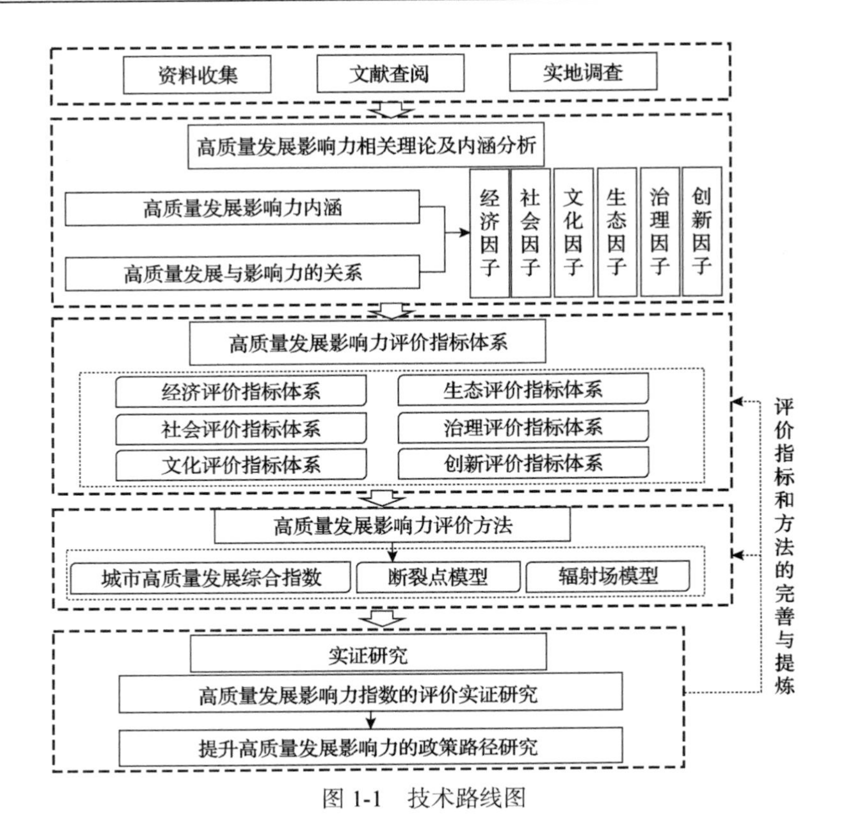

图 1-1 技术路线图

1.5 研究内容

构建本书总体框架与研究内容的前提是清晰地界定高质量发展影响力的含义。尽管其内涵丰富，但与中国发展方式转变密切相关，同时，社会改善、文化建设、现代治理体系、创新驱动等要素也是城市高质量发展影响力提升的应有之义。结合新时代高质量发展的指导思想，并为收敛研究内容，本书将高质量发展影响力的含义界定为推进“五位一体”总体布局，实现自身全面发展、带动周边地区的发展。以“五位一体”为逻辑起点，沿袭“理论分析—体系构建—方法研究—实证研究—政策路径”的逻辑主线，梳理高质量发展影响力提升的研究脉络，构建高质量发展影响力的研究框架，具体包括：

1.5.1 城市高质量发展影响力的概念界定及理论分析

(1) 文献研究及成果借鉴。对相关文献进行系统梳理，重点包括国内外的人类发展指数、文化发展指数、全球创新指数、高质量发展指数、可持续发展指数、中国发展指数、中国社会治理指数等评价体系，涵盖经济、社会、文化、生态、治理、创新六个关键领域，应用较广、效果较好，可为本书高质量发展影响力评价体系的构建提供借鉴和理论基础。

⑵高质量发展影响力的概念界定和内涵识别。高质量发展影响力是指城市在实现高质量发展过程中通过经济、社会、文化、生态、治理、创新等要素的辐射，对周边区域产生的相互影响和作用程度，既实现自身的全面发展又带动周边地区的发展。

⑶高质量发展影响力的关键要素分析。通过系统分析，找出影响城市高质量发展影响力的关键要素，分析要素间的相互关系及其对城市高质量发展影响力的作用方式和影响机理，为表征指标体系的建立提供理论基础。

1.5.2　城市高质量发展影响力指标体系构建

从经济、社会、文化、生态、治理和创新六个维度构建影响力评价指标体系，重点反映两个方面：一是城市本身的高质量发展水平；二是中心城市对周边区域的带动作用(考察影响区域联系方式、强度的指标)。在高质量发展影响力的关键要素辨识基础上，找出高质量发展影响力提升的短板因素。

1.5.3　城市高质量发展影响力评价

运用熵权法得到反映城市高质量发展水平的综合指数，并将其纳入辐射场强模型，构建高质量发展影响力评价方法。

⑴城市高质量发展综合指数合成。突破单一定量评价思路，创新性地提出城市高质量发展综合指数，由经济、社会、文化、生态、治理、创新六个影响力分指数组合赋权构成，综合反映城市实力。

⑵城市高质量发展影响力评价方法研究。本书对传统的经济辐射场强模型加以改造，将高质量发展水平(用高质量发展影响力综合指数进行表征)作为辐射要素纳入场强模型，构建高质量发展影响力的评价方法。首先利用断裂点模型计算出中心城市的辐射力范围，然后利用场强模型测算高质量发展的影响力大小，全面地分析高质量发展的影响力情况。

1.5.4　实证研究与政策路径探讨

实证研究的目的是检验理论与方法的有效性，并在实证过程中结合现行评价方法和评价指标进行理论和方法的修正和完善，进而提出政策路径。

⑴方法应用。从横纵向比较两个维度，进行高质量发展影响力的评价实证研究，根据评价得分和排名确定城市高质量发展影响力的大小。

⑵政策路径研究。在评价结果的基础上，结合高质量发展影响力的关键因素辨识，从六个维度不同层级的指标体系角度，提出促进城市高质量发展影响力提升的政策路径和相应的配套措施，以保证政策的顺利落地实施。

1.6　研究方法

本书的研究方法有：系统分析法、统计分析法、指标分析法、模型分析法、理论与实证研究相结合。

1. 系统分析法

按照系统论的观点，当经济增长系统的基础条件优良、各构成要素相互耦合、各利益主体之间与自然生态系统之间的关系协调均衡时，整体的经济社会系统呈现有序的高质量发展。本书运用系统分析法分析影响区域高质量发展影响力的关键要素。

2. 统计分析法

调研城市高质量发展影响力相关数据，从区域经济、社会、生态、文化、治理及创新能力维度选取数据，分析城市高质量发展影响力。

3. 指标分析法

从城市高质量发展影响力内涵与发展要义出发，构建高质量发展影响力指标体系。城市高质量发展影响力指标体系是一个复合概念，涉及多方面，因此采用多个指标来度量高质量发展的影响力。

4. 模型分析法

评价方法方面，通过建立线性回归分析模型，分析指标之间的相关性。结合电场力模型，定量分析区域经济圈内中心城市对其周边区域的辐射力影响程度。

5. 理论与实证研究相结合

从理论和实证两个方面，对高质量发展影响力指数构建进行系统化研究。

1.7　研究创新点

1. 为现有高质量发展和城市影响力研究做出有效补充

现有研究鲜有将高质量发展和影响力相结合，故本书将城市高质量发展影响力作为研究对象进行量化测度，创新性地提出城市高质量发展影响力综合指数，按照“五位一体”的总体布局，明确将高质量发展影响力作为研究对象进行量化测度，可为现有研究及理论指导提供有效补充。

2. 更为全面地构建高质量影响力指标体系

本书综合考虑了经济、社会、文化、生态、创新、治理等关键领域的影响力，指标体系涵盖范围适当，能够更为全面地反映出城市高质量发展影响力的基本内涵；各子指标体系既能自成一体，又能够统一整合成综合指数，比较容易把握，应用前景较好。

3. 将场强模型引入高质量发展影响力评价具有一定创新价值

本书采取经济地理学方法，在传统的经济辐射场强模型基础上，构建高质量发展场强模型，评价高质量发展的影响力，该研究范式具有一定的创新性。

4. 为转变城市经济发展方式、促进城市高质量发展提供实际指导

本书在反映城市高质量发展的一般特征基础上，一方面可为经济发展方式的转变提供实际指导，另一方面可为城市制定高质量发展影响力提升政策及配套措施提供实际指导，对城市高质量发展影响力的提升提供决策参考。

第 2 章　高质量发展相关理论基础

高质量发展是一个复杂的系统，其理论基础包括中国特色社会主义政治经济学、发展经济学、可持续发展理论、生态经济学理论、区域经济理论及系统理论等。

2.1　中国特色社会主义政治经济学及其对高质量发展的启示

2.1.1　中国特色社会主义政治经济学

中国高质量发展，应以中国特色社会主义政治经济学来指导，其必要性在于两个方面：一方面，中国发展有它特殊的国情，如人口众多、城乡和地区发展不平衡，对此，任何国外的发展理论都较难适用；另一方面，中国的发展不但面临生产力的问题，而且涉及生产关系的调整。中国高质量发展需要把生产力和生产关系结合在一起，需要运用社会主义经济的制度优势推动高质量发展，根据生产力发展规律推动高质量发展[15]。中国特色社会主义理论是高质量发展的重要指导理论。

改革开放 40 多年，中国特色社会主义政治经济学对经济发展重大理论的贡献，从大的方面概括为：一是关于中国特色社会主义理论，以及相关的全面建成小康社会的理论和新型工业化、信息化、城镇化、农业现代化“四化同步”的理论；二是关于经济发展方式和经济发展方式转变的理论；三是关于科学技术是第一生产的理论；四是科学发展观以及新型工业化和城镇化理论等。这些都是改革开放的实践推动的中国特色社会主义政治经济学的理论贡献。党的十八大以来，发展理论又有一系列新的重大贡献，主要体现为习近平新时代中国特色社会主义思想。习近平新时代中国特色社会主义思想是一个科学的、系统的、完整的、发展的思想理论体系。

2017 年 12 月召开的中央经济工作会议，首次提出习近平新时代中国特色社会主义经济思想。对于这一经济思想的内涵，会议提出了“七个坚持”[16]：

(1) 坚持加强党对经济工作的集中统一领导，保证我国经济沿着正确方向发展；

(2) 坚持以人民为中心的发展思想，贯穿到统筹推进“五位一体”总体布局和协调推进“四个全面”战略布局之中；

(3) 坚持适应把握引领经济发展新常态，立足大局，把握规律；

(4) 坚持使市场在资源配置中起决定性作用，更好发挥政府作用，坚决扫除经济发展的体制机制障碍；

(5) 坚持适应我国经济发展主要矛盾变化完善宏观调控，相机抉择，开准药方，把推进供给侧结构性改革作为经济工作的主线；

(6) 坚持问题导向部署经济发展新战略，对我国经济社会发展变革产生深远影响；

(7) 坚持正确工作策略和方法，稳中求进，保持战略定力、坚持底线思维，一步一个脚印向前迈进。

2.1.2　中国特色社会主义政治经济学对高质量发展的启示

中国特色社会主义理论是高质量发展的重要指导理论。党的十八大以来，面对严峻复杂的国际形势和艰巨繁重的国内改革发展稳定任务，以习近平同志为核心的党中央深刻洞察时代发展规律和未来大势，针对事关我国经济发展全局的一系列方向性、根本性、战略性问题，作出一系列重大判断、重大决策和重大部署，科学回答了“怎么看”“怎么干”等重大理论和实践问题，具有鲜明的时代性、针对性，为做好新时代经济工作指明了正确方向、提供了根本遵循，具体包括：第一，我国经济转向高质量发展阶段，要从根本上转变发展理念和发展方式。第二，以创新驱动为引领，破解制约高质量发展的瓶颈。第三，继续深化体制机制改革，为发展持续提供动力和活力。第四，坚持底线思维，主动应对和战胜风险挑战。第五，着力解决发展不平衡不充分问题，扎实推动共同富裕。第六，实行高水平对外开放，推动实现强劲、可持续、平衡、包容增长[①]。中国特色社会主义政治经济学为城市高质量发展提供更强大的动力，也为实现高质量发展指明了方向。

2.2　发展经济学理论及其对高质量发展的启示

发展经济学理论是以发展中国家经济发展为对象的系统性的经济学说。发展经济学产生于 21 世纪 40 年代。刚刚取得独立的原有的殖民地半殖民地国家，都面临着经济发展问题。这些国家被称为发展中国家。摆脱贫困、建立独立的产业体系、实现经济起飞是进入成长阶段的发展中国家的主题。在此背景下应运而生的发展经济学，以发展中国家的经济发展为研究对象，也就发展中国家经济从落后发展到现代化状态的规律性发展经济学。

2.2.1　发展经济学理论

发展经济学作为一门独立的学科出现，是因为已有的经济学——包括宏观经济学和微观经济学，基本上是以发达国家的成熟规范的经济作为背景的，经济学所要解决的问题是资源配置问题，这种经济学不能包容发展中国家的特殊问题。正因为发展中国家具有自身的特殊性，其发展有特殊的规律性，特别是这些国家面临的最紧迫的问题是发展问题，所以由此就产生了以发展中国家为对象，以发展为宗旨的发展经济学。

第二次世界大战后兴起的发展中国家有两类：一类是以公有制为基础的社会主义国家；另一类是走资本主义道路的民族独立的国家。虽然各个国家的社会制度不同，所选择的发展道路也不尽相同，但各个国家所面对的发展状况是相同的，所有解决的发展问题也有共同之处。在发展问题上，各个发展中国家有许多相同的问题，相同的经验教训、相同的发展目标、相同的规律性，因此，有可能形成某些为许多不同类型的发展中国家所使用的一般理论。从发展中国家的发展现实中可以发现：有不少发展的国家已经走出

①中国共产党新闻网. 完整准确全面学习贯彻习近平经济思想.（2022-04-11）. http://theory.people.com.cn/n1/2022/0411/c40531-32395816.html.

了低收入发展阶段。这样发展中国家的经济发展阶段，可以划分为低收入国家发展阶段和中等收入国家发展阶段，相应的发展理论也应该有所不同。

发展理念决定发展理论。为了明确经济发展理论创新的重点，需要回顾一下世界范围内几代发展经济学的发展观的演变。

第一代发展经济学，产生于20世纪40～70年代，以哈罗德-多马模型为代表，其发展观可以概括为三点：第一，发展的重点在国内生产总值的快速增长；第二，经济增长是劳动力、资本、土地等生产要素的函数，十分重视生产要素的投入对经济增长的作用，特别是把资本积累作为发展的必要条件；第三，侧重工业化对发展的作用。这个发展理论对许多发展中国家的发展观的形成产生了很大的影响。

第二代发展经济学，基本上从20世纪50年代末开始，直到90年代。以西蒙·库兹涅茨（Simon S. Kuznets）、罗伯特·索洛（Robert M. Solow）、西奥多·舒尔茨（Theodore W. Schultz）、保罗·罗默（Paul M.Romer）等研究现代经济增长的经济学家为代表，其发展观可以概括为四点：第一，明确认为增长不等于发展，由关注增长的数量转为长期增长的能力，特别是结构调整和优化的作用；第二，由过去的单纯追求物质要素投入转向了技术进步和制度要素，人力资本受到重视；第三，由单纯追求经济转向关注环境和可持续发展；第四，由侧重工业化转向关注农业和农村的发展。

新一代的发展经济学，从21世纪开始，以经济学家阿马蒂亚·森（Amartya Sen）、约瑟夫·斯蒂格利茨（Joseph E. Stiglitz）和世界银行为代表，其发展观可以概括为四点：第一，不仅是增长速度，而且增长的质量也同样重要，增长的来源和模式影响着发展的效果；第二，发展意味着增长加变革，变革不仅是国内生产总值的增长，还有其他目标；第三，高质量的增长需要更宽泛的发展目标。例如减少贫困、分配公平、保护环境以及增强人的能力和自由为目标的发展，因此成功的发展政策不仅必须确定实际收入实现怎样的快速增长，而且必须确定实际收入能够用来实现发展中的其他价值；第四，自由是发展的主要目标，也是促进发展的不可缺少的重要手段[15]。借鉴上述发展经济学的思想，在中国摆脱了贫困，进入全面小康阶段，并且从低收入国家进入中等收入国家以后，所要汲取的发展经济学理论也应该与时俱进。

2.2.2 发展经济学理论对高质量发展的启示

在发展经济学看来，土地及其他资源自然资源匮乏的唯一经济判断是成本，而不是实物的稀缺。发达国家可以依赖其充裕的资本和发达的技术克服大自然的吝啬，改变现有资源的性能，提高其生产率，并且发现新的资源和材料。对这些发达国家来说，自然资源供给相对不是很重要，而发展中国家自然资源的稀缺性的缓解，受资金和技术的限制，自然资源供给状况更加重要。土地资源、矿产资源、环境资源的严重稀缺，给经济增长设置的自然界限非常严格。因此，高质量发展所面对的重要课题，既要研究各种资源，提高生产率的途径，又要研究节约使用资源的机制，还要研究对资源的投入以及改善资源缓解的途径。

从经济发展史来看，发达国家当年谋求工业化现代化所实行的战略，大多数属于掠夺资源型的。而现在全球环境恶化和资源供给条件恶化的背景下，许多发展中国家开始进入了工业化现代化的阶段，发展中国家正在经历的正是发达国家曾经普遍经历过的，因此实现高质量发展，就必须摒弃发达国家所采用的工业化模式和走过的先污染后治理的道路。当然，发展中国家为此所付出的成本要比发达国家高很多。

发展经济学启示我们，城市高质量发展应把环境发展放在优先位置，融入经济发展、文化发展、社会发展等各方面和全过程。推进城市高质量发展要改变经济和社会发展的模式，要坚持节约资源和保护环境的基本国策，坚持节约优先、保护优先、自然恢复为主的方针，着力推进绿色发展、循环发展、低碳发展，形成节约资源和保护环境的空间格局、产业结构、生产方式、生活方式，从源头上扭转生态环境恶化的趋势，为民众创造良好的生态关系，努力建设美丽中国，实现中华民族的永续发展，为全球生态安全做出贡献。

2.3　可持续发展理论及其对高质量发展的启示

2.3.1　可持续发展理论

“可持续发展”一词出现在《增长的极限》中，该书对经济增长和人类前途之间的关系做出了具体预测，提出了增长有极限的论点，主张实现人口、经济“零增长”的发展，警示人们应摈弃工业革命以来形成的、单纯以经济总量衡量人类发展的传统发展观，而主张致力于经济、社会、资源、环境与人口之间的协调发展。1987 年，联合国世界环境与发展委员会在《我们共同的未来》报告中正式使用了可持续发展的概念，该报告对可持续发展的定义是：可持续发展是指既能满足当代的需要，又不对后代满足其需求能力构成危害的发展。

可持续发展理论强调公平性原则。公平性原则是可持续发展理念与以前的各种发展理念之间的重大区别。在传统的发展理念中，公平性原则始终未受到足够重视，传统发展观仅仅是为了生产而生产，单纯追求经济利益，而没有考虑到子孙后代的利益，于是才产生了为实现眼前效益而不惜牺牲宝贵的自然资源与环境的短视行为。可持续发展强调代际公平，即当代人、未来人在实现发展上的权益是平等的，经济社会发展必须平等地满足当代人和未来子孙后代的需要。

可持续发展理论强调可持续性原则。可持续性是指生态系统在受到外界的某种干扰时，仍能够保持其生产率的能力。资源和环境是人类社会赖以存在的基础，因而保持资源与环境的可持续性是人类社会持续存在和发展的前提。为实现资源和环境的可持续，就要求人们在生产和生活中理性地对待资源和环境，既要节约资源，更要合理地利用资源。要改变传统的高消耗、高污染、高排放的生产方式，向低消耗、低污染、低排放甚至零排放发展，努力实现对生态的适度消费，从而保证人类社会的可持续发展。

2.3.2　可持续发展理论对高质量发展的启示

近年来，可持续发展已经成为一个非常热门的研究领域[17]。可持续性的概念有多种视角，如环境保护、生态系统服务、经济考虑、社会接受和外部性等[18-20]。最近的研究表明，可持续发展已经开始超越绿色和竞争力的限制，朝着更全面、更一体化、更具竞争力的方向发展[21-23]。经过改革开放40多年的持续发展，我国经济发展水平得到了大幅提升，创造了举世瞩目的中国奇迹。然而，在经济快速发展的同时，中国也日益感受到了资源和环境压力。这使得中国不得不客观反思以往在经济发展方式方面存在的局限，进而去寻求科学的经济发展方式。在转变经济发展方式过程中，人们逐步认识到高质量发展是重要途径。原因在于，高质量发展是可持续的发展方式，体现在两个层面上：

第一个层面：高质量发展符合公平性原则。高质量发展追求的是社会利益、生态利益与经济利益的最佳结合。中共十九大报告提出，“必须坚持质量第一、效益优先，以供给侧结构性改革为主线，推动经济发展质量变革、效率变革、动力变革，提高全要素生产率”，这就要求统筹好公平与共享，协调好自然与经济发展。人类对大自然的伤害最终会伤及人类自身，推动绿色发展，促进人与自然和谐共生必须破解生产力布局与生态安全格局、经济发展规模与资源环境承载两大突出矛盾，实现社会利益、生态利益与经济利益的最佳结合。

第二个层面：高质量发展符合可持续性原则。高质量发展与可持续发展的三大目标——经济增益、文化增益和环境增益相符合。首先，可持续发展理论强调经济增益——不仅重视经济增长的数量，更关注经济发展的质量；高质量发展要求在实现经济增长的同时，尽可能减少二氧化碳的排放量；其次，可持续发展要求改变传统的“高投入、高消耗、高污染”为特征的生产模式和消费模式，实施清洁生产等环境增益模式；而高质量发展要求发展资源消耗低、环境污染少、生态效益好的产业；再次，可持续发展是文化增益的模式，讲究文明消费、绿色消费，这与高质量发展理念一脉相承[24-26]。

2.4 区域经济学理论及其对高质量发展的启示

2.4.1 区域经济学理论

区域经济理论是研究生产资源在一定空间(区域)优化配置和组合，以获得最大产出的理论学说。生产资源是有限的，但有限的资源在区域内进行优化组合，可以获得尽可能多的经济产出。由于区域经济理论的不同，对于区域内资源配置的重点和布局主张不同，对资源配置方式选择不同，从而形成了以下不同的理论派别。

1. 增长极理论

增长极理论是由法国经济学家佩鲁在20世纪50年代提出，该理论被认为是西方区域经济学中经济区域观念的基石，是不平衡发展论的依据之一。佩鲁在他的经济发展理论中认为，一国的经济是由社会经济中各种分子之间的经济关系构成，即“经济空间”构成。这种“经济空间”不同于“几何空间”或“地理空间”，具有三种表现形式：作为“计划内容”的经济空间，作为同质整体的经济空间以及作为势力范围的经济空间，而佩鲁的增长极主要产生于“势力范围”的经济空间。佩鲁认为，增长并不是同时在任何地方出现，它以不同强度首先出现在增长点，然后通过不同的渠道扩散，而且对整个经济具有不同的终极影响。

佩鲁的增长极理论具有“支配效应”与“创新”的特征。他认为经济单位之间由于相互作用而产生一种不对称的支配与被支配的经济关系。增长极中的推动性产业通过与其他经济单位间的商品供求关系、制度技术创新以及生产要素的相互流动对其他经济单位施加影响，产生支配效应，认为经济增长极的发展主要是靠科技进步与技术创新。创新主要集中于那些规模较大、发展速度很快、与其他部门的相互联系效应较强的推进型产业。“创新把不同或追加的变量引入积极的代理人和一群代理人的经济视野和计划之中，它具有不稳定的效应。”具有创新的经济元素在经济单位中处于支配地位，诱导、推动其他经济因素的发展，进而形成发展核心。

此后，许多学者为了把佩鲁的增长极概念转换到地理空间上做出了很大的努力，其中最具代表性的是法国的另一位经济学家布代维尔。布代维尔尤其注重强调经济空间的区域特征，他将经济空间分为三种类型，即均质空间、极化空间和计划空间。认为每个地域都由若干经济中心所组成，通常把城市作为区域经济中心。每个中心存在的吸引力和排斥力分别指向或背离这些中心。它们都拥有一定的场，城市和腹地的关系，就是中心和引力场的关系。布代维尔主张，通过最有效地规划配置增长极并通过其推进工业的机制，来促进区域经济的发展。美国经济学家盖尔在研究了各种增长极观点后指出，影响发展的空间再组织过程是扩散-回流过程，如果扩散-回流过程导致的空间影响为绝对发展水平的正增长，即是扩散效应，否则是回流效应。

2. 中心地理论

中心地理论解释了中心城市对其外围地区的辐射范围、服务的相对重要性、吸引资源的能力等，城市的中心性大小是衡量一个城市功能地位高低的重要指标之一。

城市中心等级理论最早是德国经济地理学家克里斯塔勒(Christaller)在其《德国南部的中心地》一书中提出的。在书中他明确地指出：“人类经济活动的地理单元小到何种程度，它总是处于不均衡状态，在空间上永远存在中心地和外围的差异”。克里斯塔勒认为，中心地处于周围地域的中心，它可以向周围地域提供商品和服务。中心地分为不同的等级，表现为每个高级中心地都附属几个中心地和更多低级中心地。中心地的等级与其职能相互对应。低级中心地数量多，职能少，提供的商品和服务档次低，种类少，职能满足居民的日常生活需要。而高档家具、贵重物品商店、大商业中心、医院等职能则属于高级中心地，这类中心地数量少，职能多，服务范围广。在数量和职能上介于低级中心和高级中心的是不同层次的中级中心地。

克里斯塔勒还提出以下概念。

(1)中心地(central place)，可以表述为向居住在它周围地域(尤指农村地域)的居民提供各种货物和服务的地方。

具有高级中心地职能布局的中心地为高级中心地，反之为低级中心地。低级中心地的特点是：数量多，分布广，服务范围小，提供的商品和服务档次低，种类少。高级中心地的特点是：数量少，服务范围广，提供的商品和服务种类多。在二者之间还存在一些中级中心地，其供应的商品和服务范围介于两者之间。居民的日常生活用品基本在低级中心地就可以满足，但要购买高级商品或高档次服务必须到中级或高级中心地才能满足。不同规模等级的中心地之间的分布秩序和空间结构是中心地理论研究的中心课题。

(2) 中心货物与服务 (central good and service)，分别指在中心地内生产的货物与提供的服务，亦可称为中心地职能 (central place function)。中心货物和服务是分等级的，即分为较高 (低) 级别的中心地生产的较高 (低) 级别的中心货物或提供较高 (低) 级别的服务。在大多数中心地，每一种中心货物或服务一般要由一家以上的企事业单位承担。例如，一个集镇，往往有两三家杂货店或饮食店。每个担负一种中心地职能的单位，称为一个职能单位 (functional unit)。可以肯定，中心地的职能单位数量必定大于或等于中心地职能种类的数量，通常总是前者的数量超过后者的数量。除了几家单位共同提供一种中心货物或服务之外，也可能有一家单位提供多种中心货物或服务的场合，从而包括了几个职能单位。这种情况多见于百货公司、超级市场等大型零售商业组织。

(3) 中心性 (centrality)。一个地点的中心性可以理解为一个地点对围绕它周围地区的相对意义的总和。简单地说，是中心地所起的中心职能作用的大小。一般认为，城镇的人口规模不能用来测量城镇的中心性，因为城镇大多是多功能的，人口规模是一个城镇在区域中的地位的综合反映。克里斯塔勒用城镇的电话门数作为衡量中心性的主要指标，因为当时电话已广泛使用，电话门数的多少，基本上可以反映城镇作用的大小。

(4) 服务范围。克里斯塔勒认为，中心地提供的每一种货物和服务都有其可变的服务范围。范围的上限是消费者愿意去一个中心地得到货物或服务的最远距离，超过这一距离他便可能去另一个较近的中心地。以最远距离 r 为半径，可得到一个圆形的互补区域，它表示中心地的最大腹地。服务范围的下限是保持一项中心地职能经营所必需的腹地的最短距离。以此为半径，也可得到一个圆形的互补区域，它表示维持某一级中心地存在所必需的最小腹地，亦称之为需求门槛距离，即最低必需销售距离。

3. 点-轴理论

1984 年，我国学者陆大道提出了点-轴系统理论，以增长极理论和生长轴理论为基础，并将二者有机结合起来，不仅在理论上更为完善，还对区域发展的实际指导意义更强。点-轴系统理论的“点”是指一定地域范围内的各级节点 (即各级城镇)，“轴”是指在一定的方向上联结若干不同级别中心城镇的相对密集的产业带或人口线或带，包括各种交通线、动力供应线、水源供应线、通信线路等各种现状基础设施，其中以交通线为主。交通线则包括铁路、公路、内河航线、海运航线等。通过各种线网将各点联系起来组成点-轴系统。

该理论的主要论点是，在一些中等发达国家或地区，一般已经具备一定的物质技术基础和较为丰富的资源，其工业和中小城镇往往围绕某中心城市及交通路线交会处形成经济发展比较高的区域。即几乎在大部分社会经济要素集中在点上的同时，点与点之间也形成由线状基础设施联系在一起形成的轴。随着该发展轴所链接的经济中心实力不断增强，辐射及吸引范围不断扩展，干线会逐渐扩展自己的支线，支线又形成次级轴线，将上级发展中心与次级优先区位点联系起来，主轴线及其上的发展中，自会逐渐向自己经济距离适当、功能互补、较有发展的次级轴线和发展中心扩展，促进次级区域或点域的发展最终形成由不同等级的发展轴及其发展中心组成的具有一定层次结构的点-轴系统，从而带动整个区域发展。

点-轴发展理论基本上符合生产力空间运动的客观规律。首先，它通过重点轴线的开发和渐进扩散形式，弥补梯度推移的平面板块式的递进方式的不足，真正发挥主体优势，有利于转化区域二元结构，促进城镇周围乡村经济的发展，从而更好地协调城市与区域及区域间的经济发展。其次，通过点、轴两要素的结合，在空间结构上，出现由点到轴，由轴到面的格局，呈现出一种立体结构和网络态势，对于信息的横向流动和经济的横向联系有较大的优越性。此外，它将有利于最大限度地实现资源的优化配置，避免资源的不合理流动，同时，且有利于消除区域市场壁垒，促进全国统一市场的形成。

4. 地缘经济学理论

现代意义上的地缘经济学形成于20世纪末，借用了20世纪80～90年代占统治地位的地缘政治学的理论和工具。许多学者预测，在新世纪，力量博弈将从军事领域和政治领域转入经济领域。美国学者爱德华·卢特瓦克于1990年在《国家利益》杂志发表的论文《从地缘政治到地缘经济：冲突的逻辑、贸易法则》奠定了地缘经济学理论的基础。在欧洲，地缘经济的研究主要是由意大利的卡尔罗·让开创的。1991年初，他发表《地缘经济学》一文，带有地缘政治经济和军事战略思维的烙印。军事对抗和政治关系逐渐让位于经济利益和经济关系，各国各地区都在利用地缘优势加强彼此间的合作，使本国和本地区经济越来越国际化和全球化。越来越多的大学、研究机构和学者开始关注并深入研究地缘经济学。

主要代表人物是美国约翰·霍普金斯大学地缘经济学研究所所长卢特瓦西克。其主要研究内容有：①研究地缘经济要素的流动组合及其对世界经济和区域经济的影响，尤其深入研究技术、金融、贸易、跨国公司等要素的流动变化；②研究国际性和区域性经济集团与经济组织形成发展机制以及经济集团与政治集团之间的相互作用与相互影响关系③研究世界各国，尤其各大国以经济实力为核心的综合国力的对比及其发展变化的趋势；④研究地缘核心区与外围区（腹地区）以及它们之间的相互作用关系；⑤研究地缘经济学与地缘政治学相互作用与相互影响关系；⑥研究各国，尤其是大国与大国的经济集团、经济组织之间的地缘经济战略。

我国学者则普遍认为，这种以经济利益和经济关系取代军事对抗和政治关系作为国际关系主轴的理论为地缘经济学。即便将地缘经济学定位于学科上的学者在对其定义时也跑不出三个因素：地缘关系、经济手段、国家利益。在经济全球化和新一轮科技革命推动下，世界相互依存趋势日益明显，各国面临的共有利益和共有问题普遍日渐增多。决定一国国际地位的不再仅仅是军事实力，而是以经济实力为基础、以科技力量为先导的综合国力。

党的十九大报告中明确提出“坚持和平发展道路，推动构建人类命运共同体”的设想，但当今世界正处于大发展、大变革、大调整时期，世界地缘政治经济格局因各种事件快速调整，迫切需要中国特色地缘政治经济学的理论创新，提供一个具有中国特色的适用性分析框架、研究范式和政策工具。在第四届地缘政治经济学论坛会上，中国社会科学院经济研究所党委书记王立胜认为，世界格局已经由单极化向多极化演变，地缘政治在各国经济博弈中具有重要的作用，并对解决双边和多边问题具有重要的理论和实践意义。

2.4.2　区域经济学理论对高质量发展的启示

区域经济的发展水平和可持续发展能力的高低会影响本地区的政治稳定和社会进步，同时会牵扯本地区乃至全国的高质量发展。我们不能低估差距过大对经济发展造成的负担，坐视区域经济差距的不断扩大，同时也不能违背市场经济发展规律，以行政手段强制拉平差距，应该力求把区域差距控制在社会可以承受的范围之内，形成区域内的良性互动。我国作为发展中国家，落后地区的经济发展一直是经济发展过程中需要解决的重点问题之一。改革开放以来，虽然一部分落后地区的经济已取得了可喜的成绩，但是一些地区仍然处于落后贫困的状态，区域经济发展不平衡不充分的问题仍然突出。因此，有必要借鉴西方发达国家的经验做法，通过改善落后地区的投资环境，吸引社会资本投资，促进落后地区的全面发展。

为此，必须改善落后地区的基础设施，特别是交通通信设施，为商品和资本流通创造良好条件；加大教育投入，根据我国的国情，重点抓好基础教育和技术教育，提高劳动者素质，为企业提供大量优秀的劳动力；加大环境治理力度，特别要搞好生态脆弱地区的建设工作，改善人居环境；同时，还必须制定一些减免税收、优惠贷款等优惠政策，以增强贫困地区对民间资本的吸引力。发达国家的实践经验表明，只要政策得当，有限的政府资金就能起到最大的作用，通过引导广大的民间资本，实现促进落后地区发展的历史使命。通过改善落后地区的投资环境，吸引广大的民间资本参与开发落后地区，从而培养落后地区的经济造血功能，才能够增强落后地区的自我集聚、自我发展能力，减少对国家的依赖，我们才有可能在一个比较短的时间内达到控制地区发展差距的目标，使我国的区域经济能够协调发展，实现高质量发展。

2.5　生态经济学理论及其对高质量发展的启示

2.5.1　生态经济学理论

生态经济学 20 世纪 60 年代，美国经济学家肯尼思·艾瓦特博尔丁(Kenneth Ewart Boulding)在《一门科学——生态经济学》文章中把生态学与经济学结合起来，提出了“生态经济学”这一概念。国际生态经济学会的创立以及《生态经济学》的创刊，标志着生态经济学理论研究进入了新的发展阶段，通过不断深入的研究取得了颇有价值的研究成果。美国经济学家里昂惕夫对环境保护与经济发展的关系进行定量研究，运用投入产出分析法，将处理污染物的费用与原材料和劳动力的消耗一并作为产品成本，并将处理工业污染物单独作为一个生产部门。美国经济学家格鲁斯曼和克鲁格在 1991 年提出环境库兹涅茨曲线，他认为当一个国家或者地区经济发展水平较低时，环境污染的程度较轻，但是随着人均收入的增加，环境污染程度增加，环境污染程度因经济的不可持续增长而恶化；但经济发展到一定的水平后，到达某个点后，随着人均收入的增长，环境的污染程度也会由重变轻，即“脱钩”现象或“倒型”。环境库兹涅茨理论认为，在经济发展的初始阶段，人们最关心的是如何解决温饱问题，根本不可能有环保意识。因此，不遗余力、不顾后果地发展经济，造成资源的过度耗费、污染物的大量排放和生态环境的恶化。

不过，随着人们物质生活水平的不断提高，开始关注生活的质量，环保意识逐渐增强，此时，人们有意愿也有能力治理环境污染，改善生态环境。从本质上讲，这就是对发达国家先污染、后治理发展道路的经验总结和反思，对环境高质量发展有一定的启示作用。1980 年，联合国环境规划署在对人类生存环境的各种变化进行观察分析之后，确定将环境经济作为该年《环境状况报告》的首项主题。由此表明，生态经济学作为一门既有理论性又有应用性的新兴科学开始为世人所瞩目。这正如被《华盛顿邮报》称为世界上最有影响的思想家之一的美国经济学家莱斯特·布朗指出——生态经济是有利于地球的经济构想，是一种能够维系环境永续不衰的经济。

2.5.2　生态经济学理论对高质量发展的启示

生态经济是在生态与经济之间矛盾不断激化的背景下产业的。生态经济学阐述了生态、经济和社会三大系统如何不断优化结构和完善功能，从而缓解生态与经济的矛盾。生态经济学理论要求经济与社会高度发展的同时，要兼顾生态环境的可持续发展，从而实现“生态-经济-社会”复合系统的可持续发展。生态可持续发展是根本基础，经济可持续发展是前提条件，而社会可持续发展是最终目的。以生态经济学作为高质量发展的理论基础，就是要遵循生态经济学原理所揭示的客观规律，不能以牺牲生态环境作为经济、社会发展的代价，而是要统筹、兼顾、协同经济高质量发展、社会高质量发展与环境高质量发展。

2.6　系统理论及其对高质量发展的启示

2.6.1　系统理论

“系统”这个词，起源于古希腊语，是由两个希腊单词组成的，语义是“站在一起”(stand together)或“放置在一起”(place together)的意思。由此可见，所谓系统并不是偶然的堆积，而是按一定的关系结合起来的一个整体。系统理论是研究系统的模式、性能、行为和规律的一门科学。“系统”一词，常用来表示复杂的具有一定结构的整体。近代比较完整地提出系统理论的是奥地利学者贝塔朗菲(Bertalanffy)。他在 1952 年发表《抗体系统论》，提出了系统论的思想，1973 年提出了一般系统论原理，从而奠定了这门科学的理论基础。系统是由相互作用和相互依赖的若干组成要素结合而成的。中国著名学者钱学森认为，系统是指由相互作用相互依赖的若干组成部分结合的，具有特定功能的有机整体。系统必须满足以下三个条件：其一，必须由两个或以上系统要素所组成；其二，系统各要素相互作用和相互依存；其三，系统受环境影响和干扰，和环境相互发生作用。

系统理论强调系统的整体性和开放性，追求系统利益的最大化和结构优化。系统理论认为，整体性、相关性、目的性和功能性、环境适应性、动态性、有序性等是系统的共同基本特征。

(1) 整体性：系统是由相互依赖的若干部分组成，各部分之间存在着有机的联系，构成一个综合的整体。因此，系统不是各部分的简单组合，而要有整体性，要充分注意各组成部分或各层次的协调和连接，提高系统整体的运行效果。

(2) 相关性：系统中相互关联的部分或部件形成“部件集”，“集”中各部分的特性和行为相互制约和相互影响，这种相关性确定了系统的性质和形态。

(3) 目的性和功能性：大多数系统的活动或行为可以完成一定的功能，但不一定所有系统都有目的，例如太阳系或某些生物系统。人造系统或复合系统都是根据系统的目的来设定其功能的，这类系统也是系统工程研究的主要对象。例如，经营管理系统要按最佳经济效益来优化配置各种资源。

(4) 环境适应性：一个系统和包围该系统的环境之间通常都有物质、能量和信息的交换，外界环境的变化会引起系统特性的改变，相应地引起系统内各部分相互关系和功能的变化。为了保持和恢复系统原有特性，系统必须具有对环境的适应能力，例如反馈系统、自适应系统和自学习系统等。

(5) 动态性：物质和运动是密不可分的，各种物质的特性、形态、结构、功能及其规律性，都是通过运动表现出来的。要认识物质首先要研究物质的运动，系统的动态性使其具有生命周期。开放系统与外界环境有物质、能量和信息的交换，系统内部结构也可以随时间变化一般来讲，系统的发展是一个有方向性的动态过程。

(6) 有序性：由于系统的结构、功能和层次的动态演变有某种方向性，因而使系统具有有序性的特点。系统论的一个重要成果是把生物和生命现象的有序性和目的性同系统的结构稳定性联系起来，也就是说，有序能使系统趋于稳定，有目的才能使系统走向期望的稳定系统结构。

从广义上说，系统理论还包括信息论与控制论。信息论研究了系统中信息传输、变换和处理问题，认为信息具有可传输性、不守恒性和时效性，因此信息论也是一种系统理论。控制论是研究各类系统的调节和控制规律，它的基本概念就是信息、反馈和控制。协同学是系统理论的重要分支理论。德国著名物理学家赫尔曼·哈肯于 1971 年提出协同的概念，1976 年系统地论述了协同理论。“协同学”源于希腊文，指的是协同作用的科学，是研究不同事物、不同领域的共同特征以及相互之间协同机理的科学。根据哈肯的观点，协同学从统一的观点处理一个系统的各部分，导致宏观水平上的结构和功能的协作，鼓励不同学科之间的协作。协同学的目的就是建立一种用统一的观点去处理复杂系统的概念和方法，主要研究远离平衡态的开放系统在与外界有物质或能量交换的情况下，如何通过内部的协同作用，自发地出现时间、空间和功能上的有序结构。根据相关学者的研究，协同是一种内涵丰富的拥有价值创造的动态过程，从系统角度进行描述，意指为实现系统总体发展目标，各子系统、各要素之间通过有效的协作和科学的协调，从而达到整体和谐的一个动态过程，也是各个子系统、子要素从无序到有序、从低级到高级的运作发展过程。

2.6.2　系统理论对高质量发展的启示

系统理论要求我们在研究经济事物时要把所研究的对象当作一个系统，将系统论、信息论和控制论渗入经济系统，分析该系统的结构和功能，研究系统、要素与环境三者的相互关系和变动的规律。

从系统理论出发，高质量发展涉及众多要素，包括自然、社会、经济等诸多方面的内容，是一个科技-社会-生态的复合系统。该系统是由不同属性的子系统相互作用构成的、具有特定结构和特定功能的开放复杂系统。以环境高质量发展来看，就是一个系统。以系统论作为环境高质量发展的理论基础，就是要系统地对环境质量、污染减排、资源利用、环境管理对高质量发展的促进作用进行深入分析；环境质量是环境高质量发展的有效供给，改善大气质量、加强土地保护、缓解水资源压力等，提升民众幸福感与获得感。污染减排是环境高质量发展的有效手段，告别传统的“资源—产品—废弃物”单向流动的线性生产模式，形成“资源—产品—废弃物—再生资源”循环流动的生产模式，降低生产的边际成本和末端治理费用，提供高质量的绿色产品和服务；资源利用是环境高质量发展的有效路径，促进资本要素由资源利用效率低、环境污染高的部门向资源利用效率高、环境友好的部门流动，提高资源配置效率，促进绿色技术的研发与扩散，拓展资源利用支持可持续增长的能力。环境管理是环境高质量发展的有效保障，通过加大环境管理投入、加强环境治理，提供更多的优质生态产品，满足民众日益增长的对优美生态环境的需要。

第3章　高质量发展核心要义

本章分析了高质量发展的国际背景、国内背景，研究了高质量发展的四大战略性，提出高质量发展的六大特征及城市高质量发展的六大内容。

3.1　高质量发展的背景分析

从高速增长转向高质量发展阶段，是所有后发追赶型国家现代化的必经之路、必然的过程，并非我国所特有，经济发展总是先解决从无到有的问题，然后再解决从有到好的问题。中国经济已经从高速增长阶段，转向高质量发展阶段。

3.1.1　高质量发展的国际背景

从发展经济学来看，由高速增长转向高质量发展是遵循经济规律发展的必然要求。近年来，世界各国的经济发展主要可以划分为两类：一类是技术前沿国家的创新引领式的增长；另一类是落后国家或经济体的追赶性增长。前一种增长主要依靠新的技术突破和人口的自然增长。因此尽管在技术取得重大突破时，也可以实现较快的增长，但长期来看，增长的速度比较平稳和缓慢。例如，美国在过去的大约 180 年的时间里，平均增长率为 3%～4%，其中一半为技术进步的因素，另一半是人口增长的因素。虽然这种增长也会由于经济周期重大技术突破，或者其他经济社会重大事件的影响出现比较大的波动，但总体而言是比较平稳和缓慢的，发展过程中谈不上明显的阶段变化，也不会出现所谓的从高增长阶段向高质量发展阶段的转变。

后一种增长是由于后发优势的存在和作用，常常能够在一段时间里实现比技术前沿国家高得多的增长速度。例如，20 世纪 50～60 年代的日本和 20 世纪 70～80 年代的韩国，这种增长属于追赶型增长或者压缩性高增长[27]。我国改革开放以来的经济高速度增长就属于后一种增长。那么，为什么这种增长会出现明显的阶段性的变化？这是因为在追赶型经济增长过程中，随着发展水平的提升，后发优势会逐渐减弱。如果追赶成功，达到或者接近技术前沿国家的发展水平，后发优势就会明显消失，潜在增长率就会收敛到技术前沿国家的水平。而且越接近技术前沿国家的水平，要实现高增长就越难。这时后发优势就变得比较微弱，已经不足以支撑数量性高增长。因而增长越来越依靠创新驱动，特别到了比较接近高水平国家门槛的中等收入阶段，更是如此。我国当前正处于这样的一个阶段。

对于追赶型经济体而言，能否成功转向高质量发展，不单是一个经济持续发展的问题，还是一切决定国家命运前途的大事——这就是我们常说的“中等收入陷阱”的问题。国际经验表明，一个国家和地区人均国民收入达到 3000～12195 美元阶段，是处于中等向高等收入过渡的机遇期，也是处于多样矛盾的集中爆发期。自 20 世纪 60 年代以来，全球一百多个中等收入经济体中，约有10%的经济体跨越了“中等收入陷阱”，这些国家就是在经历高速增长之后，实现了从数量的扩张到质量型发展的根本转变。纵观不少发展中国家，尽管通过追赶和后发优势，取得数量上的增长，但与此同时也出现了诸多现实问题，如资源浪费严重、生态环境破坏、能源消耗高、结构失衡等，有的国家不能摆脱“中等收入陷阱”，面临着发展难题。以巴西为例，巴西的自然资源比较丰富，而人力资源的开发得不到应有重视，进入中等收入国家行列后，低技术产品逐渐丧失优势，以外源技术为基础的经济增长速度随着低成本优势的消退而放缓，这时往往需要增强自主研发能力，巴西却受到人力资本和自身研发能力的限制，社会劳动生产率低下，产业和产品的转型升级缓慢，最终影响经济持续增长，1961～2015年，巴西人均GDP出现了不同程度地负向增长，经济甚至下行到4%的界限。这启示我们：如果在中等收入期间不能顺利实现经济发展方式的转变，就会导致增长动力不足、经济结构不平衡、民生问题突出，经济出现徘徊或停滞，甚至倒退。同样对中国而言，必须进行转变发展方式，迈向高质量发展。

3.1.2　高质量发展的国内背景

我国经济已由高速增长阶段转向高质量发展阶段，正处在转变发展方式、优化经济结构、转换增长动力的攻关期，建设现代化经济体系是跨越关口的迫切要求和我国发展的战略目标。

从中国经济发展史来看，中国经济发展经历了一个从高速增长阶段逐步转变为高质量发展阶段的过程，这并不是历史偶然，而是蕴含着历史发展进程的客观必然性和主体选择性。新中国成立初期，中国实施了有利于恢复和迅速发展经济的工业化战略目标，成效明显。1953～1978年，中国GDP总量由824亿元增加到3624.1亿元，是1952年的5.3倍，第二产业占国民经济的比重从23.4%增加到48.2%。1950～1978年，中国GDP增长率和人均GDP增长率分别为5.0%、2.9%，高于4.6%和2.7%的世界平均水平[28]。中国国内生产总值由1978年的3645亿元上升为2012年518942亿元，1979～2012年，中国经济增速年均达到9.8%，而同一时期世界经济年均增速仅2.8%。但是，追求经济高速增长目标，经济发展质量必然受到影响。一定条件下，经济增长目标每提高1个百分点，经济发展质量下降近1个百分点[28]。这说明，经济质量与经济数量存在辩证关系，合理把握经济质量与经济数量的关系，是国民经济运行的重大关系。

从经济学来说，当经济发展水平较低时(低质量发展阶段)，国民总效用会随着产出数量的增大而不断上升，而对产出质量和其他方面需求并不敏感，甚至产出质量、其他方面需求会对数量指标和效用产生负向影响；而经济发展到一定阶段后(高质量发展阶段)，产出数量的边际效用递减，且呈加速趋势，最终不再对效用有提升作用，产出质量和其他方面需求对国民消费总效用的正向作用日渐明显，在一定阶段呈现效用提升特征，之后边际效应递减至平稳。

2012年，中国经济增速从上一年的9.55%下降到7.86%，正式告别9%以上的快速增长[29]。2016年降至6.74%，经济增长速度放缓。从国际经验来看：韩国、日本、新加坡等亚洲国家在追赶过程中也经历了经济增长速度从高速到中高速的转换，经济增速从高速下降了大约一半，期间通过经济结构调整和技术创新战略，实现了从中等收入向高等收入的跨越。如果这一阶段没有进行相应的调整，就会出现巴西等拉美国家出现的持续滞留于经济下行的问题。习近平主席在2015年博鳌亚洲论坛指出，我们看中国经济，不能只看增长率，中国经济体量不断增大，现在增长7%左右的经济增量已相当可观，集聚的动能是过去两位数的增长都达不到的①。这也说明了中国经济在下行压力的同时，聚集着发展的潜力。新常态下的中国经济，不再视单一的GDP增长速度为目标，而是在“两个翻番”的实现过程中重构新的增长模式——重塑新的发展源泉，向形态更高级、分工更优化、结构更合理的高质量发展阶段迈进。正如经济学家托马斯·皮凯蒂所言：“高速经济增长只是工业化时期发生的一段特殊历史现象，当工业化完成后这种高速增长将不复存在。”[30]

当前，中国全面进入提质增效的高质量发展阶段。党和国家正是鉴于中国经济在新的历史发展阶段的变化，不失时机地提出追求高质量发展的新目标。党的十九大报告指出，中国特色社会主义进入新时代，我国社会主要矛盾已经转化为人民日益增长的美好生活需要和不平衡不充分的发展之间的矛盾。这也要求我们：未来的经济发展中应当坚持以质量革命为主线不断发展生产力，日渐提升产品的供给能力和质量，尽力满足广大人民群众对高品质生活的强烈诉求。要解决新时期发展的不平衡不充分，满足人民日益增长的美好生活需要，以高质量发展为发展战略，将实现高质量发展作为宏伟的战略目标予以推进。

3.2　高质量发展的四大战略性

高质量发展是一种新的发展理念，是一种新的发展方式，是新的发展战略，是经济发展理论(发展经济学)的重大创新。高质量发展是满足人民日益增长的美好生活需求的发展，是新发展观的具体体现。它强调民生的重要性，它强调环境的重要性，是一种包容的、普遍的发展，是一种实现经济、社会和环境同步的“共同进化”的发展，能够更好地满足人民不断增长的真实需要。这种发展方式不仅要注重生产的有效性和发展的公平性，而且考虑生态环境建设以及人的全面发展[31]。

高质量发展的战略性有四点。

第一，高质量发展是新的发展理念。它以创新为第一动力、协调为内生特点、绿色为普遍形态、开放为必由之路、共享为根本目的的发展。

第二，高质量发展是新的发展方式。不再是简单的生产函数或投入产出问题，核心是发展的质量。发展的质量远不只是产出的质量，而是具有更丰富的内涵和发展要义——它要求人民对美好生活的需要将会不断的得到满足。在高质量发展阶段，人们的闲暇偏好增加，对生活品质的需求在不断提高。新时代下人们生活期盼有更好的教育资源、更完善的基础设施、更高水平的医疗卫生条件和更优美的居住环境。而这一切就需

①新华网.习近平主席在博鳌亚洲论坛2015年年会上的主旨演讲(全文)(2015-03-29).http://www.xinhuanet.com//politics/2015-03/29/c_127632707.htm.

要我们放弃对于速度的偏好，更加重视高质量发展，从而实现人民生活质量的长期提高。同时，科技创新成为驱动高质量发展的第一动力。我国经济过去的高速增长是通过要素投入，粗放型经济增长的路径。这种路径在促进经济增长的同时，一定程度上造成了资源、能源、生态和社会问题，使经济增长缺乏可持续性，缺乏创新能力；同时创新能力的不足不仅制约了经济的发展，而且会阻碍经济结构的转型升级。重要的还在于，创新能力制约缺乏，制约了经济的竞争力。虽然我国研发总支出已经居于世界前列，但整体的科研创新能力仍有待提升。在高速增长阶段，很多行业主要还是依靠低水平重复建设和价格战来争夺市场的缺乏竞争力——这显然与高质量发展的要求背道而驰。在高质量发展的背景下，创新成为驱动高质量发展的第一动力。在高质量发展阶段，科技教育体制改革将得到全面深化，科技成果转化能力显著提升，科研人员流动的体制机制障碍也会得以破除。这样，在科技创新的推动下，全要素生产率跨上新的台阶，从而实现发展方式的真正转变。

第三，高质量发展是新的发展战略。旨在推动中国速度向中国质量转变，中国制造向中国创造转变，中国产品向中国品牌转变，产业链中低端向中高端跃升，实现中国经济发展质量、发展水平、发展层次的全面跃升[32]。

第四，高质量发展是重大战略创新。高质量发展是推动发展理念、发展方式、发展战略的全面创新。

3.3　高质量发展的六大特征

本书认为，高质量发展具有六大特征——发展性、多维性、创新性、协调性、可持续性及其复杂性。

3.3.1　特征之一：发展性

高质量发展离不开经济方面的一定程度的增长。高速度增长与高质量发展是相互联系、前后衔接的发展过程。与高速增长阶段相比，高质量发展，不只是 GDP 数量的增加，而是社会所生产、人民所消费的物品和服务种类的增多，满足人们需求的程度更高，给人们带来的福利效应更大、产业体系更加齐全、产业层次更加高端、生产技术更加先进、产品种类更加丰富，实现了由无到有、由有到优，由制造到创造、由产品到品牌、由生产到技术的优化过程，因此，高质量发展是在数量增长的基础上，实现更高质量、更有效率、更加公平、更可持续的发展，具有发展性。

3.3.2　特征之二：多维性

高质量发展反映的是经济社会质态，不仅体现在经济领域，还体现在更广泛的社会、生态等领域。高质量发展以新发展理念为指导，是顺应社会主要矛盾变化，人民美好生活需要得到满足的发展，囊括经济领域、环境领域、社会领域等多方面，不仅包括经济领域的高质量发展，还包括社会、环境等领域的高质量发展，因此要在经济高质量发展的基础上，同时处理好经济高质量发展与社会高质量发展、环境高质量发展的关系。

与过去高速度增长不同的是，高质量发展特指经济增长处于合理区间的发展，突出质量更高、效率更高的可持续发展，以抛弃经济增长数量为单一准则的发展方式，转向以创新驱动、消费拉动、产业升级等多维度准则的经济发展方式，是对过去的发展理念、发展方式、发展战略、发展动力、发展目标的升级。简而言之，高质量发展既强调提质增效，又重视变革。

概而言之，高质量发展是全方位的变革，不仅是经济方面的质量、效率、动力变革，更是各领域各行业质量、效率的提升和结构的优化，朝着更加合理、科学的方向迈进，高质量发展的最终目的是满足人民美好生活的需要。因此，高质量发展具有多维性。

3.3.3 特征之三：创新性

高速增长的重要特征是要素投入和规模扩张，而高质量发展的重要特征是创新性。习近平同志指出，抓创新就是抓发展，谋创新就是谋未来①。创新成为高质量发展的第一动力。在高质量发展中，配置科技创新的土壤，提高科技创新整体的实力，增加源头的供给，加速推进产学研一体化，推进新型研发机构和科技创新平台，不断完善对基础研究和原创性研究的长期稳定支持机制。在强化原始创新、协同创新、开放创新的过程中，构建全方位、多层次的科技创新格局，为高质量发展培育新动力。瞄准智能化的新的趋势，集聚重点领域和战略性新兴产业，开展科技攻关，优化科技创新的环境，深化科技体制改革，优化科技创新资源的配置，坚持市场导向组织开展研究与创新，完善科技投融资体制，引导社会资金进入科技创新领域，发挥金融资本的作用。与高速增长阶段相比，高质量发展阶段，科技教育体制改革将得到深化，同时科技成果向生态化转化的能力显著提升，科研人员流动的体制机制障碍也会得以改善。这样，在创新的推动下，全要素生产率跨上新的台阶，科技创新成为驱动高质量发展的第一动力。因此，高质量发展具有创新性。

3.3.4 特征之四：协调性

高质量发展阶段，经济结构更加合理，产业部门之间发展的协调性更强，新型工业化、信息化、城镇化、农业现代化同步发展，发展的全面性不断提高。城乡区域之间实现融合发展、联动发展、均衡发展，发展差距明显缩小，发展成果共享程度更高。经济系统中主要平衡关系，例如，实体经济部门中物品和劳务总供求之间的平衡关系、货币金融部门中货币总供求之间的平衡关系、实体经济本部与货币金融部门之间的平衡关系，以及对内和对外经济部门之间的平衡关系更加协调，从而经济运行更加稳健，系统性风险更小。因此，高质量发展具有协调性。

3.3.5 特征之五：可持续性

高速增长的特征是高速度、高投入、低质量和低效益，而高质量发展是高速增长，提高到一定水平后更高层次的目标，是在数量的基础上面对质量的进一步追求，抛弃了

①中国共产党新闻网. 习近平的两会关切事之“科技创新”篇: 抓创新就是抓发展 谋创新就是谋未来. (2022-03-01). http://cpc.people.com.cn/n1/2022/0301/c164113-32362486.html.

过去一味地追求速度的发展目标，而力求发展的可持续性。在高质量发展阶段，生态文明成为千年大计，可持续发展成为高质量发展的重要目标和追求。这样，衡量高质量发展不仅仅看经济规模、经济总量，而是追求经济的可持续性，要统筹经济发展和生态环境的关系。因此，高质量发展具有可持续性。

3.3.6　特征之六：复杂性

与高速度发展相比，高质量发展呈现出复杂性，两难或多难问题多。经济高质量发展中，受学习曲线等规律的制约，大多数产业的升级是一个长期爬坡积累的过程，需要精准把握除旧迎新的节奏和力度，否则可能“腾了笼来不了新鸟”，打乱经济正常循环。处置风险可能导致潜在、隐性风险演变成现实、显性风险，处置过程中可能衍生出更隐蔽更难监管的风险，处置不当还容易出现次生风险，都会影响经济高质量发展。在环境高质量发展中，提升环境质量与短期经济平稳运行、保障就业也存在矛盾。社会高质量发展中，由于收入层次拉大，不同收入人群对需求偏好差别很大，使社会达成共识更加困难。因此，高质量发展具有复杂性。

3.4　城市高质量发展的六大内容

高质量发展有狭义和广义的理解。从狭义上说，高质量发展一般指经济高质量发展，表现为高质量的经济增长、高质量的资源配置以及高质量的投入产出。从广义上说，高质量发展更强调经济效益、社会效益与环境效益的结合，体现人与经济社会的包容性增长。包括高质量的生态环境和高质量的社会保障。因此，高质量发展是指一个国家或区域经济社会发展在数量增长的基础上，实现更高质量、更有效率、更加公平、更可持续的发展。

城市高质量发展包含经济、社会、生态、创新、文化及治理六个维度。

(1) 从经济维度，高质量发展的首要目的是经济发展，其核心是在保持一定经济增长的前提下，通过结构优化、效率提升及创新驱动，实现全要素生产率的提高，加快实现质量变革、效率变革和动力变革。

(2) 从社会维度，高质量发展强调以人民为中心的发展思想，不光是提高人民的收入，而且能够实现共同富裕，享有更多的公共财富，扩大社会保障覆盖面，推进城乡基本公共服务实现均等化，推进社会领域的高质量发展。

(3) 从生态维度，高质量发展强调在经济增长的基础上和生态承载能力范围内，通过合理高效配置资源，形成经济、社会、环境和谐共处的绿色、低碳、循环发展过程，最终实现可持续发展的要求。

(4) 从创新维度，高质量发展是创新作为第一动力的发展，只有创新驱动才能推动我国经济从外延式扩张上升为内涵式发展。我国进入新发展阶段，经济发展不能再依赖劳动力和资源环境的低成本优势；同时，我国科技发展也从跟跑逐渐发展为并跑乃至领跑的新态势。在“并跑”和部分领域“领跑”新阶段，亟须加强基础研究、攻克关键领域的技术难题和发展瓶颈，从而为我国持续发展提供强大动力。

(5) 从文化维度，推动高质量发展的过程，就是不断实现人民对美好生活的向往的过程。未来的中国，人民群众会对物质生活提出更高要求，但非物质需求，文化需求会更加上升。而且，文化是推动高质量发展的深层动因，一些区域高质量发展协调不力就在于文化共识不够。

(6) 从治理维度，高质量发展要求处理好政府与市场的关系，推进治理现代化。治理效能对高质量发展有着重要的影响。随着社会不断发展进步，人民对政府的期待越来越高，对优质的社会生活要求也不断提升，因此治理效能的关注逐渐上升[33]。

第 4 章　十大路径转向高质量发展

改革开放 40 多年来，我国通过改革红利和要素红利刺激经济高速增长，大力发展生产力，以填补“数量缺口”，成为世界第二大经济体。人民的基本物质需求得到了极大满足和保障，经济获得空前发展。当前，我国社会主要矛盾以及面临的国内外形势已经发生重大转变，经济高速增长的要素条件、开放条件、制度条件等也都发生了深刻变化。在高质量发展背景下，发展的格局与内涵要更为丰富，它以总量为基准，但又不仅仅关注经济总量，还包含对经济效率、经济结构、可持续、社会保障等多个角度的多维衡量。

本书认为，“十四五”时期需要把握高质量发展的十大路径——“内循环”体系助力高质量发展、经济结构升级推动高质量发展、自主创新引领高质量发展、新经济驱动高质量发展、数字经济驱动高质量发展、消费拉动高质量发展、服务型制造促进高质量发展、区域协调发展推进高质量发展、“双碳”目标助力高质量发展、共同富裕聚力高质量发展。

4.1　路径之一：“内循环”体系助力高质量发展

党的十九届五中全会通过的《中共中央关于制定国民经济和社会发展第十四个五年规划和二〇三五年远景目标的建议》提出，要加快构建以国内大循环为主体、国内国际双循环相互促进的新发展格局。从北京市科学技术研究院发布的《北京新经济指数报告》可见，北京新经济受中国经济变革的内在规律性要求，2017 年后的北京新经济指数各项数据表现，特别是国际化指数的得分表现支撑了中国经济从国际大循环向国内大循环的战略大转型需求。近 5 年，北京高新技术产品进出口表现为贸易逆差即进口大于出口，其逆差稳步缩小，说明此逆差能够驱动和倒逼北京创造更多本市的高新技术就业机会，以增加高新技术产品出口使其走向贸易平衡或略有逆差。但是，也应该认识到国内大循环在现阶段很难实现完整闭环，自主创新是关键。北京在向国内大循环的战略转型时，需要新经济产业的创新主体共同努力发挥主观能动性，发挥自立自强的精神，坚持自主研发坚持自主创新。

因此，在高质量发展中，需要深刻把握“内循环”体系的战略趋向。从四个方面着力：第一，着力提高人民收入，拉动消费需求。增加居民的财产性收入。由于从小康到富裕存在着较大的增加收入空间，由此能够产生巨大的消费需求。第二，中西部发展是下一步的重点。第三，缩小南北差距。着力缩小东中西、南北差距，避免出现明显的不均衡问题，形成多层次的内需市场。第四，着力推进城乡一体化的发展，拉动消费需求，产生较大规模的内需。虽然中国城市化率已经过半，但是中国整体而言，城市化率还存在较大的提升空间。

这样看来，所有这些扩大内需所产生的经济增益，对发展的引擎动力绝不会比外向型经济小。当然，转向内循环并不意味着回到封闭经济，我们应转向更高层次更高效益的外循环。如果说，外循环体系是以出口及国际市场为导向来安排国内的发展的话，那么，内循环体系则以扩大国内需求以及其结构为导向安排的开放战略。

4.2　路径之二：经济结构升级推动高质量发展

高质量发展具有十分丰富且广泛的内涵和意义，但核心在于如何实现经济结构的转型升级。经济结构升级不仅是我国高质量发展的重要内涵之一，而且是未来区域发展的重要战略趋向。从产业经济学来说，高质量发展需要不断打破经济结构低端的锁定，加速经济结构优化调整，促进经济结构转型升级，进而实现结构协调下的高质量发展。

因此，在高质量发展中，应顺应产业结构升级规律，把握经济结构升级的战略趋向，从三个方面着力：一要着力发展现代服务业，尤其是重点发展生产性服务业。生产性服务业的核心是知识密集型服务业，围绕知识密集型服务业发展研发服务和营销服务，为高质量发展建立专业服务体系。二要着力建立内源性技术体系，通过实践创新、理论创新、制度创新，建立属于自己的技术体系，推动三次产业的发展向中高端迈进。三要着力转变经济发展方式，由资源浪费和环境破坏型向资源节约型和环境友好型转变，践行“绿水青山就是金山银山”理念，大力推行绿色发展，促进传统产业结构转型升级。

在调整产业结构的进程中，应摒弃传统的粗放型工业体系，构建新一代信息技术、节能环保、人工智能、软件和信息服务以及科技服务业等高精尖经济结构，着重发展主导产业，积极推进战略性新兴产业发展进程，培育与孵化新的经济增长点，不断补充与完善现代化服务业体系，在资源得以充分配置的基础之上，形成优质供给和有效供给，进而加快城市经济高质量发展实现进程。

4.3　路径之三：自主创新引领高质量发展

科技创新是经济高质量发展的根本动力，实现质量变革、效率变革和动力变革最重要的是依靠科技进步。过去几十年间，中国经济的高速增长主要依赖于包括劳动力、资源、土地等在内的要素红利，随着全球化进程的持续推进以及中国经济的不断发展，生产过程中的各种要素成本不断上升，导致大量外部投资转向生产要素成本更为低廉的东南亚或者印度等海外市场，部分内部投资也基于此原因产生了外流现象，这些刺激中国经济高速增长的要素红利正在逐渐消失，给高质量发展带来影响。综合考察当前经济高质量发展的基本现实，创新能力和创新人才的不足是制约中国经济发展的关键问题，如何通过人才的吸引和创新驱动来突破固有的顽疾，革除高质量发展路途中的绊脚石，成为我们必须深入思考的话题。习近平总书记强调，加快科技创新是推动高质量发展的需要，是实现人民高品质生活的需要，是构建新发展格局的需要，是顺利开启全面建设社会主义现代化国家新征程的需要[①]。

因此，在高质量发展中，需要把握自主创新引领的战略趋向。关键是三个方面：第

①新华社. 习近平主持召开科学家座谈会并发表重要讲话. (2020-09-11). http://www.gov.cn/xinwen/2020-09/11/content_5542851.htm.

一，加大基础研究在科技投入中的比重。2019 年，我国基础研究经费 1209 亿元，比 2018 年增长了 10.9%，基础研究在科技投入中的比重需要持续提高。第二，积极推进产学研协同创新，有效衔接知识创新和技术创新，将科研成果迅速转化为现实的生产力。自主创新依靠无形要素，实现要素的新的组合，扩大生产的可能性边界。第三，大力培育具有核心竞争力的实体企业。实体经济的繁荣需要具有核心竞争力的实体企业来引领和支撑。应积极在互联网和电商、金融科技，人工智能和数据分析、生物健康等领域布局。第四，秉持创新发展理念，加大对创新型人才引进和培养力度。

在城市高质量发展中，应由依赖资源消耗为核心的单一发展模式转向以创新驱动为主的增长模式，为教育、人才和科技优势全面释放搭建空间，通过政策、资金工具的科学及合理利用，积极搭建服务平台，在创新驱动中提升新旧动能转换率，以促进创新驱动发展方式为城市发展提供动力，进而实现城市经济的高质量发展。

4.4　路径之四：新经济支撑高质量发展

近年来，我国保持较快经济增长的北京、上海、广州、深圳、杭州等发达城市，都是适应了新科技革命的发展，在大数据、信息化、数字经济等方面取得了突破性进展。当前，新科技革命和工业革命方兴未艾，以互联网和大数据为基础的新工业革命正在形成经济发展新的增长点，实现高质量发展必须实现向新经济驱动转变，培育新技术革命的力量。

在高质量发展中，需要深刻把握新经济驱动的战略趋向。从三个方面着力：一要着力关键核心技术，应聚焦“数智五化”等战略性新兴产业以及相关服务产业培育新的投资增长点，推动重点产业领域加快形成规模效应。深入推进北京新经济产业集群发展工程，综合运用财政、土地、金融、科技、人才、知识产权等政策，协同支持新经济产业集群建设、领军企业培育、关键技术研发和人才培养等项目。二要着力新基建发展，从基础设施和关键环节入手，促进新经济发展，实现经济社会系统的可靠传输、智能管理、智慧决策、精准服务，提高社会治理能力，提升经济运行效率。聚焦新经济产业集群应用场景营造，鼓励集群内企业发展面向定制化应用场景的“产品+服务”模式，创新自主知识产权产品推广应用方式和可再生能源综合应用，壮大新经济产业循环。三要着力营造创新环境，让整个社会充满创新、创业、创造的热情。增强新经济产业集群创新引领力，依托新经济集群内优势产学研单位联合建设一批产业创新中心、工程研究中心、产业计量测试中心、质检中心、企业技术中心、标准创新基地、技术创新中心、制造业创新中心、产业知识产权运营中心等创新平台和重点地区承接新经济产业转移平台。

4.5　路径之四：数字经济驱动高质量发展

2020 年，我国数字经济核心产业增加值占 GDP 比重达到 7.8%，数字经济为经济社会持续健康发展提供了强大动力。北京新经济产业逐步实现从“数字”化到“数智”化的跨越，2021 年北京数字经济实现增加值 16251.9 亿元，按现价计算，比上年增长 13.1%，占 GDP 比重达到 40.4%，比上年提高 0.4 个百分点。“数智”化阶段主要是利用大数据、云计算、人工智能等新一代信息技术构建数据智能的运用能力，依托数据的实时共享和利用人工智能算法提供决策支持及精准化的新经济活动运营，是新经济转型的基础和关键。数字经济已成为推动产业结构转型升级、促进经济高质量发展的新引擎。

在高质量发展中，需要深刻把握“数智化”和数字经济驱动的战略趋向。从三个方面着力：一是要加快推进数据产业等战略性新兴产业发展。二是要抢抓新一轮科技和产业革命新机遇，加快推动数字技术产业化、传统产业数字化。通过数字技术，加快形成新的产业协作、资源配置和价值创造体系。三是把握数字经济发展逻辑，以数字经济赋能双循环。从数字经济产业逻辑来看。数字时代变革了我们的产业逻辑，数字经济正在重构全世界的经济格局。面向数字时代要形成新的产业发展逻辑，指导产业发展。数字文明将推动经济社会全新变革，并且从更深层次上影响经济社会发展进度，数字经济发展将推动我国进入高质量发展阶段。从“竞争优势”到“协同创造”。在数字形态下，公司战略不是追求所谓“竞争优势”，而是通过“创造协同”让企业能够“持续创造价值”。从规模经济到范围经济，在网络联通条件下，公司规模无须同步增长即可实现业绩扩张。从组织化管理到平台化管理，在数字时代，管理的核心是平台化管理，是覆盖面更广、更具科学性的管理。从做项目到做生态，不再以引进项目、集聚企业为取向，而是让企业通过网络联通，推动形成跨界融合的产业生态圈。从产能合作向产业链合作延伸，形成产业链互补链接、上下游融合发展的产业共同体。以共创、相互赋能、共享的合作模式实现产业形态升级。

4.6　路径之六：消费拉动高质量发展

2021 年我国最终消费支出对经济贡献率为 65.4%，结构持续改善。这就表明消费对经济增长的贡献率越大，经济增长的效益和质量也就越高。

在高质量发展中，需要把握消费拉动高质量发展的战略趋向。实现的路径有四个：一是增加居民收入，增强消费信心。通过相关改革举措促进收入分配更合理、更有序，推动形成与居民消费升级相匹配的收入可持续增长机制，不断扩大中等收入群体，为扩大居民消费夯实基础；二是把稳就业摆在“六稳”之首，稳定高的就业率；三是贯彻社会保障的公平性原则，实现社会保障全覆盖；四是扩大中等收入者比重并使中等收入者达到大多数，从而在提高消费水平的基础上拉动经济增长。现阶段，消费业态的创新对消费的拉动效果非常明显。借助“互联网+”平台，将网络消费和共享经济更深入扩展消费领域，通过信息消费、绿色消费、旅游休闲消费、教育文化体育消费、养老健康、家政消费等创新消费业态模式，带动生产模式优化。

4.7　路径之七：服务型制造促进高质量发展

以互联网为代表的新技术的进步，加速了制造业服务业的融合。服务型制造发展是现代经济发展的重要形态，也是制造业转型发展的高级形态，是制造业现代化的体现。

制造与服务的深度融合，意味着制成品附加值的提升，也意味着服务的深化，发展服务型制造不仅要求制造业企业做强高附加值服务环节，还将引导制造业企业增加对外服务供给，推动其向服务型企业转变。这些对提升制造业的质量和竞争力具有战略意义。服务型制造发展是未来产业发展的趋势，近年来，服务型制造有力支撑了制造业高质量发展，成为我国制造业转型升级的“点睛之笔”。

因此，在高质量发展中，我们需要深刻把握服务型制造发展的战略趋向。从三个方面着力：第一，利用现代信息技术对企业进行改造，提升工业设计、物流管理、用户需求跟踪、供应链管理、流水线管理能力；第二，促进生产性服务业的发展。发达国家生产性服务业占整个服务业的比重一般在 25%以上，而我国目前这一比重是 15%。生产性服务业的发展空间大。其中生产性服务业的核心是知识密集型服务业，围绕知识密集型服务业发展研发服务和营销服务，为高质量发展建立专业服务体系。第三，积极探索敏捷制造、智能制造、虚拟制造等先进模式，提升服务型制造发展质量。

4.8　路径之八：区域协调发展推进高质量发展

“十四五”规划指出，深入实施区域重大战略、区域协调发展战略、主体功能区战略，健全区域协调发展体制机制，构建高质量发展的区域经济布局和国土空间支撑体系。区域政策和空间布局的进一步完善，各区域的比较优势将进一步得到发挥，从而构建起全国高质量发展的新动力源。习近平总书记指出，实施长三角一体化发展战略要紧扣一体化和高质量两个关键词，以一体化的思路和举措打破行政壁垒、提高政策协同，让要素在更大范围畅通流动，有利于发挥各地区比较优势，实现更合理分工，凝聚更强大的合力，促进高质量发展。①

从区域经济学来说，区域协调发展有利于解决区域均衡发展与非均衡发展问题，从四个方面推动高质量发展：第一，区域协调发展降低了过去的恶性竞争所带来的种种损失，是一种巨大的节约；第二，区域协调发展降低了各个地区之间的交易成本，使得要素和产品的流动更自由，消费者的福利得以提升；第三，区域协调发展具有学习效应，使得那些相对落后的地区能够更快地学习先进经验，实现知识溢出；第四，区域协调发展带来了产业集聚效应和分工效应，使得市场分工不断细化、产业不断集聚，市场交易规模不断扩展，最终推动了区域高质量发展。

因此，在高质量发展中，我们需要深刻把握区域协调发展的战略趋向。从三个方面着力：一是构建良好的协调机制，从“产业协调机制—区域协调机制—分工合作机制—交流学习机制”四个方面构建区域高质量发展的互动协调机制，增强合作动力，更好地发挥区域协调发展的规模效应、集聚效应、同群效应、分工效应和学习效应。这方面应注意借鉴“长三角”的协调发展经验。二要积极推进区域协同发展战略。强化中心城市的核心优势，继续保持和提升中心城市的竞争力，不断提高城市以单中心空间结构为特

①光明网. 打造我国发展强劲活跃增长极——以习近平同志为核心的党中央谋划推动长三角一体化发展纪实. (2021-11-05). https://m.gmw.cn/2021-11/05/content_35290823.htm.

征向多中心空间结构为特征的转变速度，积极促进城市治理平衡的多中心网络化空间格局的形成。三要贯彻新发展理念，缩小区域的差距，在体制变革上下大力气，避免区域发展中可能出现的明显的不均衡问题。

4.9　路径之九："双碳"目标助力高质量发展

纵观世界各国的工业化发展历程，工业化进程往往伴随着对生态环境的严重污染和破坏，对高质量发展带来诸多不利影响，反观中国的工业化进程也有类似的经历。在工业化发展前期，受制于经济、社会、文化等基础条件的限制，为了推动经济的快速发展，扩大经济规模总量，中国主要采取粗放型的发展模式，产业结构相对滞后，对资源依赖较大，而且发展过程中往往投入大量的资源要素，未能充分考虑资源利用效率，多投入并未获得有效产出，导致生态环境遭到一定程度的破坏，人与自然矛盾日益凸显，由此滋生了各种环境问题。高质量发展和五大发展理念紧密相连，具有深层一致性，作为五大发展理念之一，绿色发展在经济高质量发展中具有优先性。北京"十四五"规划中指出，要更加突出绿色发展，让青山绿水蓝天成为首都底色。

资源与环境经济学告诉我们，环境对经济存在重要的促进作用。促进作用表现为两个方面：第一，自然生态系统是社会经济系统的承载本体，其发展质量的高下在很大程度上也决定了社会经济系统的高质量与否；第二，生态环境因素可以通过适当的政策渠道内化到社会经济系统中，典型的例子包括环境税、排污许可、生态补偿等，环境管治的不同模式与手段会影响到经济高质量发展的方向和速度。因此，高质量发展将有别于过往以量为先的经济发展，它不仅仅关注经济增长，同时关注资源、环境、生态、社会等，将环境发展等充分纳入了内涵。而在目标层面，高质量发展提出"努力实现更有效率、更可持续的发展"，即要求以更少的资源投入创造更多的价值，并考虑发展代际公平性，这与环境保护、生态文明建设具有内在统一性。总体而言，生态环境保护与经济高质量发展之间存在着良性互动关系。

在高质量发展中，需要深刻把握生态环境保护的战略趋向，贯彻落实新发展理念。从两个方面着力：一要不断提升生态环境质量，特别是大气环境、土地环境、水环境，扩大生态保护用地(特别是加强对城市绿心的建设和保护)，筑造城市生态保护屏障，为人民生产生活营造一个"绿水青山"的环境；二要加快资源消耗和环境污染较严重产业的转型和升级，促进新兴绿色产业的发展。通过绿色改造等方式，完成高消耗高污染企业生产工艺技术的更新改造，逐步实现绿色生产、清洁生产，把握"绿色工业革命"的契机，挖掘新兴绿色产业对提高社会效益、经济效益、环保效益的作用，最终建立起绿色与效率并存、经济与环境协调的产业体系，进而提高绿色经济发展水平和经济发展质量。

4.10　路径之十：共同富裕聚力高质量发展

共同富裕目标是高质量发展的一个根本的要求。一方面，中等收入阶段富裕人民不仅是提高人民的收入，而且涉及增加居民的财产性收入，另一方面，能够享有更多的公共财富，扩大社会保障覆盖面，城乡基本公共服务实现均等化。这就需要共同富裕。

因此，在高质量发展中，我们需要深刻把握共同富裕目标的战略趋向。从四个方面着力：一要提高社会保障水平，健全农村社会保障体系，打造完善的医疗保障系统，避免农村人口因病积贫、因病返贫，从而构建和谐稳定的乡村环境，缩小区域城乡发展差距、城乡居民收入差距；二要完善公共交通系统，并结合重要交通节点，实现公共交通无缝对接，最大限度地提高公共交通运输能力和服务水平；三要加强兜底保障，需要凸显社会政策对相对贫困人群的兜底保障作用，实施动态监控；四要以人为本，切实处理与人民群众切身利益相关的问题，加快构建运行良好的社会治理机制。

第5章　高质量发展影响力概念界定

在系统梳理国内外相关研究成果的基础上，本章开展高质量发展影响力的概念界定和内涵识别。

5.1　理解高质量发展的三个角度

目前，我国正处于经济高速增长到高质量发展的转型阶段[34-37]。党的十八大以来，学界对高质量发展的评价维度与关注点逐渐从单一的经济发展逐渐转变为经济、社会与生态环境的协同发展。十九大报告指出，我国经济已由高速增长阶段转向高质量发展阶段，正处在转变发展方式、优化经济结构、转换增长动力的攻关期。高质量发展将表现为更高质量、更有效率、更加公平、更可持续的发展。全国政协副主席、国家发展和改革委员会主任何立峰指出，高质量发展需要把握系统性、动态性和长期性三个维度，在高质量发展的推进中要将“质量第一、效益优先”作为衡量标准，把质量改革、效率变革和动力变革作为高质量发展的基本实现途径，把构建市场机制有效、微观主体有活力、宏观调控有度的经济体制作为高质量发展的制度保障。

关于高质量发展的确切定义并无任何统一的看法，文献[7]将学者们对高质量发展的界定分为三类。

第一类，基于“五大发展理念”看待高质量发展。赵昌文[38]认为，高质量发展的界定需要通过识别经济社会发展中的不平衡和不充分问题。而对于高质量发展的判断可以基于是否有利于解决中国社会的主要矛盾和发展不平衡不充分问题，以及能否满足人民日益增长的美好生活需要[39]。何立峰[40]认为，高质量发展应该体现“五大发展理念”，能够满足人民日益增长的美好生活需要。刘志彪[41]认为，高质量发展需要体现新发展理念，满足人民日益增长的美好生活需要，以创新为第一动力、协调为内生特点、绿色为普遍形态、开放为必由之路，共享为根本目的。也就是说，新时代高质量发展是全面的发展，是“创新、协调、绿色、开放、共享”五大发展理念的具体体现[42]，是管全局、管根本、管长远的导向[43]。

第二类，以经济高质量发展作为切入点。张军扩[6]认为，高质量发展应该强调经济增长的质量而非速度，强调经济发展而非经济增长，强调“转向”。金碚[3]认为，高质量发展是一种经济发展方式，强调经济发展结构和动态状态，需要更好满足人民日益增长的美好生活需要，高质量发展指的是经济发展质量的高水平。吕薇[44]从提高全要素生产率、保障民生水平、保持经济运行稳定和可持续以及低风险角度界定高质量发展。刘友金和周健[45]以一系列经济发展高质量特征定义高质量发展，如资源配置效率大幅提高，以创新为第一动力，高技术含量与附加值产品等。陈腾[46]认为，高质量发展的内涵不但关注经济增长的速度，而且强调资源的配置走向和效率、经济发展的效率程度以及经济的稳健性，还注重人民的全面发展。寇欢欢[47]认为，高质量发展是经济总量和规模增长到一定阶段后，围绕着实现“质量、效率、动力”三大变革，从“规模速度至上”全面转向“质量效益优先”、从传统的以劳动和资本驱动转向依靠人力资本质量和技术进步的创新驱动的发展。林春和孙英杰[48]认为，高质量发展的核心就是提高全要素生产率，并且必须从依靠要素驱动向创新驱动良性转变。

第三类，从宏微观角度分狭义和广义界定高质量发展。刘迎秋[49]指出，高质量发展的狭义理解应该是生产发展以产品高质量作为主导，广义的高质量发展包括社会再生产过程以及社会经济生活全过程的高质量发展。汪同三[50]认为，从微观角度理解，高质量发展应该保证产品和服务的质量能够满足消费者需求。宏观层面，高质量发展要与“五大发展理念”、投入产出效益、经济风险识别及应对重大突发事件的能力相联系。李金昌等[7]认为，虽然每位学者所给出的具体定义不相同，但是意义指向具有一致性。当前我国各地经济正处于向高质量发展的转换阶段，其在宏观经济运行上的表现可概括为增长动能转换、产业结构优化、需求结构升级、效率效益提升、发展环境优化[51]。经济高质量发展的表现之一，是资源投入端的合理性与集约性，以及产出端的产品高质性与高效性[52]。经济增长质量在经济增速的基础上还应包括福利分配、生态环境、风险抵抗以及政府治理等。从一个宽泛的概念角度出发，经济增长质量应当涵盖预期寿命、生育率、环境条件、社会福利、政治制度和宗教信仰等内容[53]。

高质量发展的内涵应该具有以下五个方面的内容。第一，根本目的：满足人民日益增长的美好生活需求；第二，根本理念：创新、协调、绿色、开放、共享；第三，根本要求：高质量；第四，根本动力：创新；第五，根本路径：可持续。高质量发展的评估体系至少需要包含上述五个方面的内容。

就城市群发展而言，高质量发展意味着城市之间应构建一个协同发展的现代经济体系，保持一个动态均衡并不断优化的区域结构、城乡结构、产业结构和收入分配结构等经济增长并非单纯的规模扩张，而是更强调全要素生产率的提升，并通过每一种生产要素质量的提高、配置结构的优化，提高增长的质量和效益[54]。

5.2　影响力的概念

影响力是指一个人或组织在同他人、组织交往的过程中，用一种为别人所乐于接受的方式，能够改变他人思想或组织行动的行为能力，也是一个人或一个单位在群体或社会上的声誉或拥有的资源。韦氏词典对影响力的定义，认为影响力是直接或间接产生影响的能力。影响力又被解释为战略影响、印象管理、善于表现的能力、目标的说服力以及合作的影响力等。本书从经济、政治、文化、社会、生态、治理等方面，综合分析影响力在各个关键领域的概念。

5.2.1　城市影响力

城市影响力是一个城市综合实力和话语权的体现，也是城市吸引力和辐射力的重要表征。关于城市影响力的研究可以追溯到克里斯塔勒的中心地理论。国内外大量实证研究在全国、区域和特定城市三个层面上展开，对指导区域经济社会活动的空间格局优化起到了重要作用[55]。城市间相互作用反映在中心城市对周边小城市的经济辐射能力强弱和周边小城市对中心城市经济辐射的接受程度两方面。城市综合实力的强弱能够反映城市之间相互影响力大小，并决定该城市的经济影响范围，表现为中心城市在经济运行中通过各种要素流(人口流、物质流、资金流、技术流、信息流)与周边区域发生相互作用而形成的城市功能空间。城市综合实力越强，对周边城市产生的辐射带动作用越大，城市网络空间结构越复杂，影响势力范围亦越大[56]。

随着城市化速度在发展中国家的快速增长[57,58]，城市影响力的研究也更加重要。

城市的影响力取决于城市与城市之间的相互作用，而相互作用的主要表现方式可分为辐射作用和引力作用[59]。因此，很多学者围绕着中心城市的辐射力和吸引力，将城市影响力视为城市的综合发展势能来加以研究。汪锁田和王亚平[10]将城市影响力定义为，一个城市以其积聚和转化资源、创造价值、占领市场的能力为依托，为其居民提供福利并带动周边地区的发展，从而在一定区域或世界范围内具备很高的知名度和吸引力，进而推动自身全面发展的能力；赵珊和樊重俊[60]则把城市影响力归结为城市综合发展水平，构建了社会、经济、环境可持续发展的评估指标体系，用以揭示城市的辐射力、吸引力和综合服务能力。白茜和张迪[61]认为，城市影响力应包括经济发展水平、文化旅游发展情况、城市环境宜居程度、城市形象传播四方面。有学者细分影响力的研究领域，认为治理影响力包括市场干预能力和政府治理效果[62]，经济影响力包括经济发展水平和经济发展潜力，产业影响力包括产业优化升级，城市的国际传播影响力也是城市综合实力的体现。也有学者从城市营销与传播维度的文献，重点考察城市的形象影响力。例如，聂艳梅[63]梳理了城市形象影响力的构成要素，并建构中国城市形象影响力的评估指标体系；刘彦平等[64,65]、郝胜宇等[66]、谢耘耕等[67]从城市营销发展水平的角度进行了相关评估。

综上所述，城市影响力的概念迄今尚未形成严谨的学术界定，有关城市影响力的研究是一个多学科共同关注的研究热点，更多的是通过一系列的相关概念来表征，比如城市品牌、城市竞争力、城市软实力、城市形象传播等，其所涵盖的领域也包括城市的经济、文化、投资、治理、人居、品牌和环境等方面。本书认为，城市影响力是在特定地理空间和认知空间范围内，一个城市在经济、文化、环境和形象传播等方面的竞争力、话语权、吸引力和辐射力的综合体现。

5.2.2 经济影响力

经济影响力包括经济发展水平和经济发展效益。它的主要表现就是经济辐射效应，经济辐射效应指以城市为经济发展的基点，通过其较强的经济、文化、科技、教育、人才等资源优势，带动周围区域经济、文化、教育、科技等方面的发展。经济增长不会同时出现在所有地区，总是首先由少数区位条件优越的点发展成为经济增长极，由这些点来带动周围区域发展。经济影响力通常用经济增长的变化(产量或增加值)及其带来的工作(就业)和收入(工资)变化来衡量[68]。

2021 年 3 月 11 日，第十三届全国人大第四次会议表决通过了关于国民经济和社会发展第十四个五年规划和 2035 年远景目标纲要的决议，“十四五”时期经济社会发展主要目标——经济发展取得新成效。发展是解决我国一切问题的基础和关键，发展必须坚持新发展理念，在质量效益明显提升的基础上实现经济持续健康发展，增长潜力充分发挥，国内生产总值年均增长保持在合理区间、各年度视情提出，全员劳动生产率增长高于国内生产总值增长，国内市场更加强大，经济结构更加优化，创新能力显著提升，全社会研发经费投入年均增长7%以上、力争投入强度高于“十三五”时期实际，产业基础高级化、产业链现代化水平明显提高，农业基础更加稳固，城乡区域发展协调性明显增强，常住人口城镇化率提高到65%，现代化经济体系建设取得重大进展。改革开放迈出新步伐。社会主义市场经济体制更加完善，高标准市场体系基本建成，市场主体更加充满活力，产权制度改革和要素市场化配置改革取得重大进展，公平竞争制度更加健全，更高水平开放型经济新体制基本形成。

5.2.3 社会影响力

相关研究者认为，社会影响力的概念不是一个单一的属性，而是个体与社会之间复杂的相互作用。王欣[69]认为，所谓社会影响力，是指一个人的情绪、意见或者行为被他人影响的现象。而社会影响力又可以分为宏观社会影响力和微观社会影响力。宏观社会影响力是指自身个体之外的所有人对自身的影响力，微观社会影响力是指自身个人的熟识朋友对自身的影响力。王楠[70]对高校图书馆社会影响力的研究认为，社会影响力是指在社会活动中因对他人的态度或行为而产生的互动作用。它的效果和程度受影响力的生产者、传播者和接受者的影响。高校图书馆的社会影响力可以反映其社会地位、社会价值，以及社会传播效果，其社会影响力的产生往往发生在以下过程中：影响力生产者的行为被接收，被接收的个体再进行传播，就形成了社会影响力，这种影响通过显性或隐性的方式进一步传播，从而对群体乃至社会公众产生影响。伍佳[71]将项目的社会影响评价定义为，分析评价项目对实现国家社会经济各项发展指标中所产生的不利影响和有利影响的研究。项目社会影响评价就是对由于项目建设与运行而对社会经济和社会环境等方面的正负社会效益与影响的分析与评价，项目对社会的影响主要涵盖了以下几种：社会稳定安全、社会保障加强、社会福利、社会经济发展等。

5.2.4 文化影响力

随着工业自动化程度的提高、信息产业的发展，文化传播的速度空前提高，不同国家、民族之间的交往空前密切，正逐步形成人人参与文化生产、人人促进文化生产的局面。21世纪，继资源、管理、科技和人才竞争之后，文化软实力也越来越被视为国家综合实力和国际竞争力的重要因素。文化软实力成为一个国家国际地位的重要标尺，将其纳入国家整体实力的评估体系已经成为一个国际标准的做法。我国明确地把提高国家文化软实力提升到国家战略这一新高度，并纳入推动社会主义文化大发展大繁荣的整体战略中。《辞海》对文化的解释是，从广义上说，指人类社会历史实践过程中所创造的物质财富和精神财富的总和；从狭义上来说，指包括语言及一切意识形态在内的人类社会的精神现象。2007年，党的十七大报告提出，要提高国家文化软实力。

国内学者对文化软实力做了很多的研究，但很少有文章专门提出文化影响力。软实力是通过吸引和影响获得对方的认同，是通过文化生产、文化传播、文化影响而实现的影响力。文化软实力是一种能力，是国家、民族以及企业对人的影响力。这种影响力的本身并不是文化资源，也不是文化产品，而是文化认同力。四川师范大学教授唐代兴[72]提出，软实力分为文化影响力、意识形态影响力、制度影响力和外交影响力，文化影响力是国家软实力中最重要的组成部分。美国参议院外交关系委员会采用了外延更为丰富的国家软实力概念，国家软实力的构成要素包括国际贸易、海外投资、发展援助、外交倡议、文化影响力、人道主义援助和灾难救济、教育以及旅游等多方面内容。其中，文化影响力是国家软实力的构成要素之一。刘洪顺[73]认为，从历史形态上考察，国家文化软实力是随着生产方式的发展而不断发展变化的。王瑾[74]认为，文化软实力是指文化对一个国家或地区的凝聚力、影响力以及感召力。甘雪梅[75]认为，文化软实力是人在创造生存的过程中改变自己或他人的实在影响力，包含内部和外部两方面内容，外部因素包括国家创造力、思想影响力、观念文化的亲和力以及文化产品传播能力和辐射能力，内部因素包括民族团结精神、核心价值观的认同、传统文化的继承等。罗能生等[76]对文化软实力的定义的在一个国家或地区基于文化而具有的感染力、凝聚力、吸纳力、创新力和传播力以及由此而产生的竞争力和影响力。韩丽彦[77]认为，文化软实力可简单概括为一个国家的文化、核心价值观、社会制度、外交政策等对内发挥的凝聚力和对外所产生的影响力。王岩[78]指出，文化软实力是指特定时代、特定地域、特定民族或特定人群在历史实践中生成的文化所具有的创造力、凝聚力和传播力，以及由此产生的吸引力、感召力和影响力。赵昕[79]认为，文化软实力早已成为了世界各国综合国力竞争和经济社会发展的重要因素，中国文化软实力就是指文化国力，即中国特色社会主义建设中的文化建设，这是属于综合国力一部分的一种文化国力。

在文化影响力方面，姜卫玲[80]认为，区域文化影响力作为文化软实力的重要组成部分，是文化传播的渗透率和占有率，以及对受众在心理、思想、情感和行为等方面产生作用的能力，由生产、传播文化内容的能力及文化传播的影响力共同构成。叶敏[81]认为，文化影响力主要体现为一个国家或地区的文化传播力、辐射力、吸引力和感召力。城市文化影响力主要是指一个地区、一个城市的文化在对外交往中所产生的能够影响他人行为的能力。城市文化影响力包括城市物质文化影响力和城市非物质文化影响力，是带动城市竞争力的重要因素。张淑芳[82]认为，城市文化软实力是建立在文化生活、文化产业、文化形象等要素之上，以文化感召、文化说服、文化影响等形态表现出来的竞争力。

随着我国经济建设的深化发展，文化于一个城市的经济发展而言，其作用和影响力日渐被人们所重视。文化是衡量一个国家综合国力的重要指标，是国家软实力的重要体现，文化竞争现已成为国际竞争力的重要组成部分。文化影响力是文化软实力的一部分。文化影响力是指一国通过国际文化互动和文化吸引对国际环境施加实际影响的大小，也是公众和第三方受到影响，进而再影响其他国家。文化影响力的路径有两种方式：直接的和间接的。现在国际社会运用直接的路径比较多，主要是政府直接干预或者国家领导人之间的联系。如果运用间接路径，让公众、非政府组织或者第三方施加影响力，软实力可以产生重要的间接影响。

在文化影响力中，旅游是一个涉及经济、环境及社会的复杂的社会文化现象。旅游影响力是广泛而又深刻的，不但涉及目的地的经济发展，而且对社会发展也具有深远的影响[83]。旅游影响研究于 20 世纪 60 年代，开始于英语国家，并逐渐成为旅游研究中一个范围广阔且意义深远的领域。第二次世界大战以后，随着旅游规模的不断扩大，它所产生的影响日益受到关注。它基本上是从旅游经济影响、旅游环境影响、旅游社会文化影响三个层面展开的[84]。

旅游经济对国民经济的影响和促进作用的程度大小主要表现为旅游对社会需求的扩张程度、旅游对社会产品的价值实现程度以及旅游经济在国民经济中所占的比重三个方面，旅游经济对国民经济的影响力就是这三方面所形成的合力[85]。旅游经济影响力指数，是在旅游产业地位指数、旅游需求扩张指数和社会产品实现深度系数的基础之上，从总体上表征旅游经济对国民经济的影响和促进作用[86]。冯霞等[87]将旅客影响力定义为旅客的出行选择在民航旅客社会网络中传播的能力，通过影响力传播模型模拟旅客在社会网络中的影响力传播，并将其在社会网络中最终能够激活的节点个数作为旅客的真实传播能力[88]。王友明[85]就旅游业对社会经济的影响力问题，从深层次上揭示旅游活动的产业影响力和产业波及效应以及旅游乘数效应，明确旅游在拉动无锡的经济、社会发展中的影响力。

5.2.5　生态影响力

生态影响是指人类活动(经济活动、政治活动和社会活动)对环境的作用和导致的环境变化以及由此引起的对人类社会和经济的效应。按影响的来源分为直接影响、间接影响和累积影响，按影响效果可分为有利影响和不利影响，按影响性质可分为可恢复影响和不可恢复影响，另外，环境影响还可分为短期影响和长期影响，地方影响、区域影响或国家和全球影响，建设阶段影响和运行阶段影响等。各子系统之间，特别是经济、社会和环境子系统之间的协调发展是城市可持续发展的重要组成部分，直接影响城市化的质量[89]。

环境影响评价是指对拟议中的人为活动可能造成的环境影响进行分析论证，并在此基础上提出采取的防治措施和对策。环境影响评价作为一项科学方法和技术手段。任何个人和组织都可应用，为人类开发活动提供指导依据。广义的环境影响评价指对拟议中的人为活动(包括建设项目、资源开发、区域开发、政策、立法、法规等)可能造成的环境影响，包括环境污染和生态破坏，还包括对环境有利影响进行分析、论证的全过程，并在此基础上提出采取的防治措施和对策。狭义的环境影响评价指对拟议中的建设项目在兴建前及可行性研究阶段，对其选址、设计、施工等过程，特别是运营和生产阶段可能带来的环境影响进行预测和分析，提出相应的防治措施，为项目选址、设计及建成投产后的环境管理提供科学依据。

5.2.6　治理影响力

城市治理是由政府、营利组织、非营利组织和市民群众等主体共同构成的管理城市公共事务的方式，并通过一系列的制度来约束和监督各方的行为机制。城市治理能力反映的是城市政府为了管理社会公共事务、提供公共服务、平衡化解社会矛盾、促进社会稳定发展而运用制度统筹各个领域的治理，使其相互协调、共同发展的能力。地方政府是区域经济社会发展的主要推动者和管理者，地方政府能力和治理效能对区域社会经济发展具有重要的影响。地方政府是包含政府职能、政府职责、政府权力的主体，地方政府治理能力则是对地方政府管理社会公共事务结果优劣的评价，也是对地方政府评价的因素之一。随着社会不断发展进步，人民对政府的期待越来越高，对优质的社会生活要求也不断提升，因此对地方政府治理能力的关注也逐渐上升[33]。

传统西方治理理论认为，治理能力是参与公共服务的各主体通过互动、合作和协调，取得共识，共同对公共服务活动进行管理的本领[90]；也有学者认为，治理能力是一种静态制度潜能与动态主体能力[91]。治理能力是促进多元主体充分发挥能力与协同合作，提升居民需求满意度和增加社会福祉的有力保障。治理效果是衡量地方治理能力高低、辨别地方治理成效的科学工具，也是考量地方治理水平与质量的有效手段[92]。早期的社区治理评价主要集中于考评政府绩效，如美国政府颁布的《政府绩效与结果法案》，重点从政府项目管理和预算计划性方面展开评价，以提高政府治理效率与质量。澳大利亚政府则设立专门的评价机构——公共服务委员会，针对政府的社会保障、教育、医疗卫生服务等领域构建绩效评价体系等。

在现有的文献研究中，对于地方政府治理能力概念的界定还没有完全统一。现有的概念都是从宏观上给予界定的，如地方政府治理能力是指将自己的意志转化为现实的本领。我国的多位学者对政府治理能力从不同的角度也做了多种解释。如施雪华[93]认为：政府治理能力就是政府为了维护自己的统治，管理社会公共事务，提供公共服务以满足大众需要，平衡并化解社会矛盾，促进社会稳定发展的潜在的和现有的力量和能量的总和。易学志[94]提出了政府治理最后必须达到的目标就是善治，将地方政府治理能力定义为：地方政府将其意志、目标转化为现实的本领，是地方政府的一种功能性力量，并归纳了我国政府治理能力基本要素框架(政府获得合法性能力、法治能力、回应能力、透明能力、承担责任能力和高效管理能力)[95]。郭蕊和麻宝斌[96]认为，全球化把地方政府推到了竞争与合作的前台，地方政府的治理能力是一个综合体系，包括系统思考、制度创新、公共服务、电子治理、沟通协调和危机应对能力等。汤建辉[97]认为，地方政府治理能力指地方政府在特定的区域环境和制度条件下，通过获取、配置和整合各种有形资源和无形资源而形成独特的政府行为模式，并提供满足社会需求的公共产品与服务，以及执行国家法律规范、制定区域公共政策和维护社会秩序的能力。赵振考[98]认为，政府治理能力应从政府职能履行效果层面来考察，转变政府职能也就成为提高政府治理水平的重要抓手。苟欢[99]认为地方政府治理能力是指地方政府在特定区域及其行政生态内，通过对各类资源的获取与配置形成独特的行为模式，从而实现维护地区社会稳定、满足社会诉求的公共产品及服务等的能力。盛丹[100]认为，地方政府治理能力是指地方政府接受人民赋予的权力在其管辖的区域内，通过整合和重新配置各种资源，实现对区域内公共事务的管理和提供高质量的公共服务与公共产品的能力。王珺和夏宏武[101]以城市政府当前履行的主要职能为标准，可以将城市治理能力划分为经济调节能力、市场监管能力、社会管理能力、公共服务能力和政府财政能力等。

从实践应用的角度，南都大数据研究院以数据辅助社会治理研究为核心业务，最早尝试在城市治理领域进行研究，2014 年首次发布《广州城市治理榜》，是国内第一份由媒体作为第三方对城市现代化治理能力和治理水平进行系统测评的榜单，对媒体参与治理、监督施政、完善共建共治的做法进行分析。评价榜单体系最早引入行政透明度评价体系，作为权力健康指数，重点评价市直部门在主动公开、依申请公开、舆情处理能力、互联网+政务等几个维度的表现。评价体系从最初推动财政预决算公开，到 2015 年加入政务新媒体，再到数字政府建设评价。2018 年增设子榜单高质量发展榜，从经济实力、经济效益、科技创新、人民生活与公共服务四个维度建立指标体系。2018 年增设子榜单营商环境榜，主要评价广州市在政务服务力、行政审批力、政策吸引力和企业满意度等方面的改革成效。2019 年发布的广州城市治理榜，对广州在经济、行政、民生和法治等领域展开系统观察。

总而言之，关于政府治理能力的界定更多是从执政绩效的视角而言的，政府治理能力更多地体现在治理绩效和质量上、制度和政策的执行力上，与治理的操作手段联系紧密。城市治理能力反映的是政府治理行为的水平和质量，是对政府治理模式稳定性、有效性和合法性的直观度量。较强的治理能力意味着政府对经济社会运行具有较强的调节能力，能够较好地规避市场失灵，提高社会成员的总体福利水平[102]。地方政府治理能力是地方政府的基本衍生问题之一，它是判断地方政府绩效水平的重要标准。地方政府治理能力的内涵有广义和狭义之分。广义的地方政府治理能力泛指地方政府有效地适应并改变自身生存环境或综合关系形态，从而在比较意义上获取更好的生存与发展条件的能力；狭义的地方政府治理能力主要是指地方政府在执行中央政策的前提下，将自己的意志、目标转化为现实的能力。

5.2.7　创新影响力

自从 Garfield 提出影响因子以来，学术论文的影响因子作为一个非常重要的文献计量指标在学术期刊评价、机构评价、学者评价等方面得到了广泛应用。随着社交媒体的出现以及学者学术交流行为的变化，学者影响力表现为两个方面：学术影响力与社会影响力。学术影响力是反映学术贡献的重要方面，学术影响力在很大程度上能体现其在学术共同体中的地位，不仅能从个体上反映学者的学术贡献、学术水平以及在研究团体中的重要性，还能从机构和国家层面体现其研究实力[103]。王艺璇[104]将高校智库影响力定义为高校智库由于自身的行为活动、研究成果等，直接或间接地在政府政策制定、引导公众及培养科研人才等方面造成改变或产生影响的能力。学术期刊的影响力评价指标有长期、5 年、2 年、1 年几种类型，但是由于影响因子的地位最重要，应用最广泛。常用的学术期刊影响力指标有总被引频次、影响因子和 h 指数[105]，总被引频次属于数量指标、影响因子属于质量指标，而最典型的是 h 指数体现的是数量与质量相结合指标。

5.2.8　影响力研究述评

总体而言，影响的内涵已被广泛采用到各行各业相关的研究之中，不同的学者从不同的角度也给出了不同的定义。

(1) 从经济学角度，对市场影响力的研究也给出了不同的定义。影响的内涵已被广泛应用到与企业经营管理相关的理论中，并被进一步阐释为市场影响力。

(2) 从管理心理学、社会心理学、组织行为学等学科的相关理论来看，影响力是指特定个体或群体对其他个体或群体的活动或意识产生影响的能力。目前，国内一些学者及相关研究成果也主要是从领导者或者管理者的影响力方面进行阐述的[106-110]。

(3) 从传播学角度，影响力则是指媒介对一定范围内主流社会（影响面）的人群在政治、经济和文化等社会各个方面的思想或行为产生影响的能力[111]。

综上所述，城市影响力的概念迄今尚未形成严谨的学术界定，有关城市影响力的研究是一个多学科共同关注的研究热点，更多的是通过一系列的相关概念来表征，比如城市品牌、城市竞争力、城市软实力等，其所涵盖的领域也囊括城市的经济、文化、投资、治理、人居、品牌和环境等方面。本书认为，城市影响力是在特定地理空间和认知空间范围内，一个城市在经济、文化、环境和科技创新等方面的竞争力、吸引力和辐射力的综合体现。

5.3　高质量发展与影响力的关系辨识

相邻区域之间存在地缘关系，由于在统一的市场范围内，任何两个地区在发展历史、自然条件、发展现状等方面都存在不同程度的差异，其在经济、政治、资源、文化、社会风俗上的相互联系对地区经济发展产生的影响，而且这种影响是相互的。经济增长理论认为，经济增长不会同时出现在所有地区，总是首先由少数区位条件优越的点发展成为经济增长极，由这些点来带动周围区域发展[68]。中心城市的高质量发展会对周围区域带来辐射效应，即以中心城市为经济发展的基点，通过其较强的经济、文化、科技、教育、人才等资源优势，带动周围区域经济、文化、教育、科技等方面的发展。

城市高质量发展与城市影响力提升是相互作用、相互促进的关系。影响力具有凝聚力、号召力、感染力等特性，由于高质量发展是充分体现创新、协调、绿色、开放、共享五大发展理念的发展，高质量发展必然促进城市影响力的扩大，城市影响力的提升有利于提高竞争力，从而进一步推动高质量发展，二者相辅相成，缺一不可。此外，影响力的提升还有助于推动高质量发展，有利于将资源优势最大化，科学合理地整合和开发利用资源，形成独特的区域特色，最大限度地挖掘区域的经济效益和社会效益。

5.4　高质量发展影响力的定义

党的十九大从经济、政治、文化、社会、生态文明五个方面，制定了新时代统筹推进“五位一体”总体布局的战略目标。高质量发展不仅指经济的高质量发展，而且还涉及诸多维度：经济的维度，增长、效率、结构、公平等；生态的维度，节能减排等；社会的维度，社会发展、社会和谐等；国家的维度，国家治理体系和治理能力现代化等。具体来说，在经济效益上，要由高成本、低效益转向低成本、高效益的方向；在产业结构上，要由资源密集型、劳动密集型产业为主转向技术密集型、知识密集型产业为主；在生态环境上，要由高排放、高污染转向循环经济和环境友好型经济，自然环境的友好可持续；在社会效益上，要能够更好地协调城乡关系，不同产业部门之间的收入分配的平衡关系；在政府治理方面，处理好市场效率，国家治理更加文明进步；在创新方面，包括产业技术的进步、升级。推动高质量发展的过程，就是不断实现人民对美好生活的向往的过程。未来的中国，人民群众会对物质生活提出更高要求，但非物质需求，公共产品与服务的需求，譬如人民群众对民主、法治、公平、正义、安全、环境等方面的需求会更加上升。因此，经济发展要从单纯追求总量扩展，转变为适应人们更高标准的、更加多样化的需求。也就是说，高质量发展与“五位一体”的总体要求是一脉相承的。

城市影响力是一个多学科共同关注的研究热点，与城市竞争力、城市软实力、城市品牌、城市形象等概念常常相互交叉。城市影响力是一个城市综合实力的体现，也是城市吸引力和辐射力的重要表征，其也受制于区域交通运输的建设发展[112]。

高质量发展影响力的表现就是经济、社会、生态、文化、治理、创新等方面的辐射效应，首先由少数区位条件优越的点发展成为高质量发展的增长极，通过其较强的经济、文化、科技、教育、人才等资源优势，由这些点来带动周围区域经济、文化、社会、生态等方面的协同发展(图 5-1)。本书认为，城市高质量发展影响力指一个城市在高质量发展进程中，在社会、经济、生态环境、政治和文化方面，对周边城市的经济、社会、生态、文化、治理及创新能力等方面产生的辐射力、吸引力和综合服务能力。也就是说，在特定地理空间和认知空间范围内，一个城市以其积聚和转化资源、创造价值、占领市场的高质量发展能力为依托，为其居民提供福利并带动周边地区的发展，从而在一定区域或世界范围内具备很高的知名度和吸引力，进而推动自身全面发展的能力。

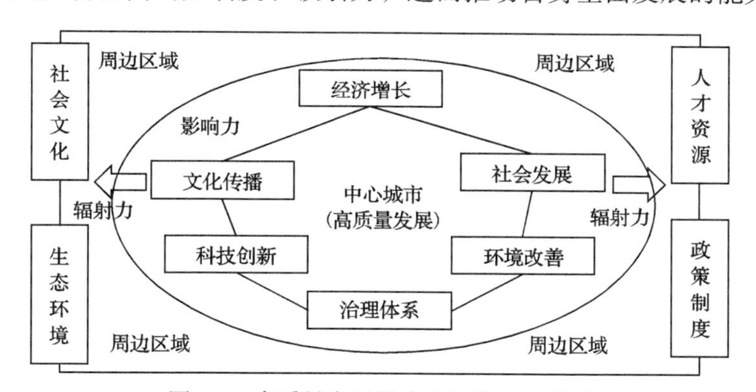

图 5-1　高质量发展影响力的概念示意图

高质量发展影响力可分为经济影响力、社会影响力、生态影响力、文化影响力、治理影响力和创新能力六个方面。其中，经济影响力、社会影响力、生态影响力、文化影响力是城市高质量发展的直接结果，治理影响力、创新能力是深层动力。经济影响力主要反映城市经济发展对区域经济的影响程度；生态影响力主要反映城市生态环境保护和建设活动对区域环境产生的影响程度；社会、文化影响力主要反映城市社会文化活动对区域社会结构、文化水平、价值观念等方面的影响程度以及社会传播效果。

第 6 章　高质量发展影响力评价指标研究综述

本章对高质量发展指标体系及影响力评价进行了文献梳理。从现有的文献来看，高质量发展的理论研究和实证研究较为丰富，高质量发展并不仅限于经济领域内，而是全面覆盖文化、生态、社会等各个领域，构建的指标体系主要依据“创新、协调、绿色、开放、共享”理念，包涵经济、社会和环境等要素。城市影响力是一个城市综合实力的体现，也是城市吸引力和辐射力的重要表征。对于城市影响力的研究围绕城市经济发展维度、城市社会发展维度、城市生态保护维度、城市治理管理维度、城市科技创新等维度等展开。

6.1　高质量发展指标体系文献研究

在高质量发展指标体系建构中，第一类研究认为，高质量发展近似等同于“高效率发展”，因此，主要采用反映经济效率或经济效益的单一指标衡量高质量发展状况，如全要素生产率[113]、绿色全要素生产率[114]、人均实际 GDP[115]、技术进步对经济增长的贡献率[27]、福利生态强度[116]等。例如，刘丽波[51]聚焦新时代区域经济高质量发展，将其宏观特征概括为增长动能转换、产业结构优化、需求结构升级、效率效益提升、发展环境优化五个方面，构建了衡量区域经济高质量发展的评价指标体系。同时，有许多学者利用科技创新来评价城市的高质量发展。林春和孙英杰[48]从创新驱动角度出发，认为创新驱动对全要素生产率有显著提高，从而实现高质量发展。另外有学者从城市营商环境角度出发，冯颖等(2020)[117]从营商角度出发，同时考虑生态环境、政务环境、市场环境、创新环境、国际化环境和法制环境。贺小桐[118]从产学研合作角度，提出提升创新型城市影响力的因素指标是构建科技人力资源和创新平台。然而，经济效率或经济效益主要从投入产出角度反映高质量发展成效，并不等同于高质量发展本身，劳动效率或全要素生产率较低的情形下也可能生产出较高质量的产品[119]。因此，单一指标衡量可能具有较大的片面性，难以综合、全面、准确反映经济高质量发展水平。

第二类研究认为，高质量发展具有多维性，应该从不同维度构建高质量发展指标体系，形成高质量发展指数来衡量高质量发展状况。因此，学界对高质量发展的评价维度与关注点也逐渐从单一的经济发展逐渐转变为经济、社会与环境的协同发展。例如，方力等[1]认为，高质量发展覆盖了经济增长、环境保护、资源利用、社会事业等各个方面，贯穿了生产流通、分配和销售等社会再生产的全过程，是一个复杂的系统工程，必须结合国家和首都的资源禀赋特征，开展系统的研究，制定合理可行的发展目标和路径，在《北京高质量发展报告(2021)蓝皮书》中提出衡量区域高质量发展的三个维度——经济高质量发展、社会高质量发展、环境高质量发展，建构了衡量区域高质量发展的 68 个指标体系，对北京高质量发展进行了评价分析，并与上海等高质量发展水平较高的城市进行了比较研究。任保平和李禹墨[120]认为，中国经济高质量发展评价体系应由经济发展高质量、改革开放高质量、城乡建设高质量、生态环境高质量和人民生活高质量五个维度构成。牛桂敏和王会芝[121]与周永道等[122]按照“五位一体”的战略布局，将经济建设、政治建设、文化建设、社会建设、生态文明建设设为一级指标，构建了衡量区域综合发展的指标体系。丁文珺[123]认为，制定高质量发展评价体系需要跳出传统的以规模扩张和数量增长为主要导向的评判标准，在评价体系中全面体现以人民为中心的发展思想、以效率为重点的评判标准、以经济社会环境协调发展为方向的价值导向。李金昌等[7]从人民美好生活需要和不平衡不充分发展两方面着手，构建了一个包含经济活力、创新效率、绿色发展、人民生活与社会和谐五个维度的评价体系。肖宏伟[124]与朱启贵[125]按照全面建成小康社会的整体要求，从经济、民主法制、人民生活、文化和生态文明五个维度构建了区域发展指标体系。这里需要注意的是，人民的美好生活需要绝不仅是物质性的要求，而是更多地表现为对获得全面发展的渴望。魏敏和李书昊[126]构建了一个涵盖经济结构、创新驱动、资源配置、市场机制、增长稳定、协调共享、产品质量、基础设施、生态文明和经济成果惠民十个维度的高质量发展测度体系。鲁继通[127]设计了能够综合测度宏观、中观、微观三个层面的高质量发展评价体系，宏观层面包含经济发展、社会进步与生态文明三个二级指标，中观层面包含产业升级、结构优化与区域协调二级指标，微观层面包含动力变革、质量变革与效率变革三个二级指标。张涛[128]建立了包含创新、绿色、开放、共享、高效和风险防控六个维度的宏微观一体化高质量发展测度体系。李晓楠[129]从发展活力、发展效益和发展环境三大维度出发构建了我国及区域的高质量发展水平评价指标体系，并应用基于实数编码的遗传算法（RAGA）的投影寻踪模型对我国 31 个地区的高质量发展水平予以评价。李梦欣和任保平[130]认为，高质量发展指标体系除了体现速度、总量、财务指标外，应更加注重结构协调性、质量效益、新动能发展方面的指标，可从长期与短期、宏观与微观、总量与结构、全局与局部、经济发展与社会发展等多个维度构建高质量发展指标体系。师博和张冰瑶[131]构建了包含发展基本面、发展的社会成果、发展的生态成果三个维度的城市高质量发展测度体系，研究结果认为经济增长仍是驱动城市高质量发展的核心动力，提升经济高质量发展水平需要不断优化城市在社会和生态层面的发展成果。贺健和张红梅[132]从经济质效、创新驱动、结构优化、绿色发展及民生和谐五个维度构建了新时代经济高质量发展水平指标体系，并基于熵权优劣解距离法（TOPSIS）法测度了 2013～2018 年 30 个省份经济高质量发展水平。陈星宇[133]选取政府干预度、人口自然增长率、税负水平及第三产业增加值占国内生产总值比重作为控制变量，从全国及分区域层面进行金融创新对经济高质量发展影响的实证分析。王博和魏晓[134]研究区块链与实体经济可以在产品溯源、智能经济、信息共享和物联网等领域实现有效契合，推动区块链与实体经济的深度融合，实现经济的高质量发展，必须从政府引导、企业主导和人才培育三个方面采取相应对策。

在区域层面，东部城市、大城市的经济高质量发展水平优于中西部城市、中小城市。张侠和高文武[135]从经济动力、效率创新、绿色发展、美好生活、和谐社会五个维度构建经济高质量发展的指标体系，采用极值熵权法赋权，衡量中国各省份经济质量发展水平。寇欢欢[47]从发展质量、运行效率和创新能力三个方面构建湖北省工业经济高质量发展水平评价指标体系。张博雅[136]从经济发展、社会进步、开放创新、生态友好和人民生活五个角度构建较为全面科学的高质量发展评价指标体系。马海涛和徐楦钫[43]从创新、协调、绿色、开放、共享五个维度构建黄河流域城市群高质量发展评价指标体系。张国兴和苏钊贤[137]从经济结构优化、创新驱动发展、生态适度宜居、资源配置有效、公共服务共享的维度出发，运用熵值法对黄河流域中心城市高质量发展水平进行测度。郭倍利等[138]从经济发展、环境保护、社会建设、居民生活、创新发展五个维度得到各维度指数及河北省高质量发展综合指数，发现河北省高质量发展存在区域不平衡、整体发展不充分等问题。

在具体行业层面，辛岭和安晓宁[139]设计了包含绿色发展、供给提质增效、规模化生产和产业多元融合四个维度中国农业高质量发展测度体系。王丽娟[140]从创新驱动、结构优化、速度效益、要素效率、融合发展、绿色发展和对外开放七个维度构建辽宁省制造业高质量发展的评价体系。陈腾[46]从创新发展、协调发展、绿色发展、开放发展和共享发展五个方面构建了实体经济高质量发展指数指标体系，并创新性地加入传统产业与战略性新兴产业的协调度。王瑞峰和李爽[141]认为，中美贸易摩擦背景下中国外贸高质量发展内涵体系是由生产要素、需求条件、相关支持产业、外贸战略结构和行业竞争等本国决定因素以及中美贸易摩擦、政府推动两个外部因素组成的有机整体。汤婧和夏杰长[142]从兼顾开放与安全、优化协调贸易结构、创新驱动服务升级、提升国际竞争力、可持续发展等层面，构建服务贸易高质量发展评价指标体系。曲维玺等[143]指出，构建符合创新、协调、绿色、开放、共享理念的外贸高质量发展评价指标体系，须以提高发展质量和效益为中心，突出创新在贸易发展中的主导驱动作用，促进知识、技术、信息、数据等新型生产要素在贸易领域的集聚，这些相关的指标体系如表 6-1 所示。

表 6-1　高质量发展评价维度指标

文献	高质量发展评价维度
方力等[1]	经济、社会、环境
殷醒民[144]	全要素生产率、科技创新能力、人力资源质量、金融体系效率、市场配置资源机制
任保平和李禹墨[120]	经济增长速度、经济结构、创新成果质量、经济发展可持续性
吕薇[44]	经济结构、经济效率、人民生活质量、经济活力
朱启贵[125]	动力变革、产业升级、结构优化、质量变革、效率变革、民生发展
刘惟蓝[145]	产出效益、结构优化、科技创新、开发合作和绿色生态
李金昌等[7]	经济活力、创新效率、绿色发展、人民生活和社会和谐

因此，从现有的文献来看，高质量发展的理论研究和实证研究较为丰富，高质量发展影响力也并不仅限于经济领域内，而是全面覆盖文化、生态、社会等各个领域，构建的指标体系主要依据“创新、协调、绿色、开放、共享”理念，包涵经济、社会和环境等要素，研究方法多选择熵权法、主成分分析法、综合指数法等，从区域和行业角度全面分析了我国高质量发展现状。但是，根据文献检索结果来看，关于京津冀区域的高质量发展程度评价文献资料较少。

6.2 影响力指标体系研究

城市影响力是一个城市综合实力和话语权的体现，也是城市吸引力和辐射力的重要表征。对于城市影响力的研究基本围绕城市经济发展维度、城市社会发展维度、城市生态保护维度、城市治理管理维度、城市营销传播维度等展开，根据经济、文化、环境和传播等各个要素的影响程度，开展城市影响力评估。例如，魏然[146]从环境、经济、社会、旅游四个方面构建城市品牌影响力，认为城市品牌影响力是城市利用其既有的比较优势，通过有吸引力的城市社会环境输入而形成的。城市品牌影响力间接输出表现为城市内部个体(投资者、人才、旅游者)数量的增多和满意度的提升，直接输出表现为城市经济的持续、快速、和谐发展。赵珊和樊重俊[60]则把城市影响力归结为城市综合发展水平，构建了社会、经济、环境可持续发展的评估体系。刘彦平[14]从文化影响力指数、经济影响力指数、宜居影响力指数和传播影响力指数四个方面构建了城市影响力指数，其分别构建了文化独特性、包容性、开放性的文化影响力指数，经济基础、旅游发展、营商环境、创新就业的经济影响力指数，生态环境、社会治理、民生质量的宜居影响力指数，城市知名度、网络传播、旅游推广、投资推广、网络政务服务的传播影响力指数。叶敏[82]从城市规划、建筑设计、环境质量、居住安全、生活保障、设施完善等方面，全方位考虑城市的吸引力、影响力、安居力等一系列问题，从而评估城市的影响力。白茜和张迪[61]通过经济、文化、环境和传播四个方面构成城市影响力要素，经济方面构成要素主要有人均 GDP、人均可支配收入、企业增值率、开办企业便利度等九个方面，文化方面有文化历史厚重感、文化资源丰富程度、年游客量 4A、5A 级景区数量、文化旅游产业占 GDP 比重等，环境指标有公共医疗、文化、住房状况、基础教育、地表水达标度等十五个方面，传播指标有城市定位、形象片宣传片的创作、网络自媒体宣传等七个方面。

在城市经济方面，邓羽等[147]采用引力模型和改进场强模型两种方法对中国中部地区的城市影响范围进行测度和比较研究。栾强等[12]研究用分形模型对都市圈中心城市的辐射力进行综合评价，选取了经济实力、经济结构、科技创新、人力资本四个具有代表性的一级指标对中心城市辐射力进行评价。韩晓涵和许杰智[148]选取区域内生产总值、物价消费指数以及财政预算实际等指标反映城市的内在功能，选取货物周转率、旅客周转量等反映城市的外在功能，进而评价核心城市影响力。

在文化影响方面，聂艳梅[63]考虑了软实力对城市形象影响力的作用，基于城市形象识别、城市形象体验和城市形象效益构建了城市形象影响力指标体系。从城市品牌宣传影响力而言，韦路等[149]认为，城市的国际传播影响力不仅反映城市的知名度，还是城市对外吸引力的彰显，并从网络宣传、媒体报道、社交媒体、搜索引擎和国际访客来构建城市的国际传播影响力。

其他相关领域影响力评价见下文。

6.2.1　经济影响力指标体系研究

在经济辐射力评价方面，郭倩倩和陈永红[150]应用层次分析法，围绕经济辐射力的要素经济辐射源、经济辐射通道以及经济辐射流选取指标，构建宁波都市圈经济辐射力评价指标体系。陈浩杰等[151]基于主成分分析和综合评价方法，以广州市为对象对珠三角地区的经济影响力进行评价。鲍玮婷和左晓慧[152]选择从国民经济、固定资产投资和财政与金融三个层面来衡量经济辐射源，从对外经济贸易与交通运输两个层面来衡量经济辐射流，指标层选取 GDP、人均 GDP、第一产业增加值、第二产业增加值、第三产业增加值五项指标，分别从国民经济总量、均量以及不同产业结构等多个方面来衡量经济发展水平，固定资产投资方面，选取固定资产投资额和房地产开发投资额两项指标进行衡量；财政与金融方面，主要选取城乡居民储蓄存款余额和财政收入两项指标进行衡量；对外经济贸易方面选取外商直接投资额、进出口总额和国际旅游外汇收入三项指标进行衡量；交通运输方面选取货运量和公路里程数两项指标分别从运输生产成果和运输能力两个方面进行衡量。

在经济高质量发展和经济效益评价方面，徐银良和王慧艳[153]主要从经济规模、产业结构、经济效率、动能优化、经济开放五个层面构建经济效益考核指标，经济规模选取的指标有人均 GDP、地区生产总值增长率，产业结构选取了第三产业增加值占 GDP 比重、新兴产业占 GDP 比重反映产业升级状况，经济效率具体衡量指标有全员劳动生产率、资本生产率，动能优化选取了企业信息化指数、独角兽及瞪羚企业数量、累计山东名牌产品数量，经济开放的具体指标有外贸依存度、外商投资、全年每万人口接待入境游客数。鲁邦克等[154]从经济增长强度（人均 GDP）、经济增长稳定性（经济波动率）、经济增长效率（资本产出率和能源消耗率）、经济开放程度（进出口总额占地区生产总值比）、经济产业结构（产业结构高级化指数）等方面建立经济高质量发展指标体系。王晓慧[155]认为，可用资源生产率、劳动生产率、物质要素生产率、全要素率指标衡量经济增长效率，从产品供给质量、需求结构优化、产业结构升级方面构建经济增长结构指标。毛艳[156]从经济增长结构、经济增长福利分配、经济增长稳定性三个方面构建经济高质量发展水平测度指标，经济增长结构包括产业结构、投资消费结构、金融结构，经济增长福利分配包括福利分配，经济增长稳定性包括产出波动（经济波动率）、价格波动（生产者物价指数和消费者物价指数）、就业波动（城镇登记失业率）。郭倍利等[138]选取规模、结构和效率三个方面构建经济高质量发展指标，经济规模指标具体包含 GDP、人均 GDP、实际利用外商投资额，经济结构指标有对外资本依存度、社会消费品零售总额占 GDP 的比重、第三产业生产产值占 GDP 的比重，经济效率指标包含资本生产率（GDP 与全社会固定资产投资之比）、劳动生产率（GDP 与全部从业人员数之比）、GDP 增长率。贺健和张红梅[131]从人均 GDP、GDP 增速、消费贡献率、外贸开放度等方面构建经济质效指标。经济影响力相关评价指标具体如表 6-2 所示。

表 6-2　经济影响力相关评价指标体系

指标体系名称	细分指标体系	文献来源
经济规模	GDP、人均 GDP、第一产业增加值、第二产业增加值、第三产业增加值	鲍玮婷和左晓慧[152]
	人均 GDP、地区生产总值增长率	徐银良和王慧艳[153]
	人均 GDP	鲁邦克等[154]
	GDP、人均 GDP、实际利用外商投资额	郭倍利等[138]
经济结构	第三产业增加值占 GDP 比重、新兴产业占 GDP 比重	徐银良和王慧艳[153]
	产业结构高级化指数	鲁邦克等[154]
	产品供给质量、需求结构优化、产业结构升级	王晓慧[155]
	产业结构(第一产业产值/GRP、第二产业产值/GRP、第三产业产值/GRP)、投资消费结构(资本形成总额/GRP、最终消费支出/GRP)、金融结构(贷款余额/GRP、存款余额/GRP)	毛艳[156]
	对外资本依存度、社会消费品零售总额占 GDP 的比重、第三产业生产产值占 GDP 的比重	郭倍利等[138]
经济质效	全员劳动生产率、资本生产率	徐银良和王慧艳[153]
	资本产出率、能源消耗率	鲁邦克等[154]
	资源生产率、劳动生产率、物质要素生产率、全要素率指标	王晓慧[155]
	资本生产率(GDP 与全社会固定资产投资之比)、劳动生产率(GDP 与全部从业人员数之比)、GDP 增长率	郭倍利等[138]
	劳动效率、资本效率、土地产出率、全要素生产率、工业企业经济效益	简新华和聂长飞[157]
	人均 GDP、GDP 增速、消费贡献率、外贸开放度	贺健和张红梅[131]
经济开放	外贸依存度、外商投资、全年每万人口接待入境游人次	徐银良和王慧艳[153]
	进出口总额占地区生产总值比	鲁邦克等[154]
经济增长稳定性	产出波动(经济波动率)、价格波动(生产者物价指数和消费者物价指数)、就业波动(城镇登记失业率)	毛艳[156]
	经济波动率	鲁邦克等[154]
经济增长福利分配	农村人均住房面积、城镇居民家庭恩格尔系数、农村居民家庭恩格尔系数、人均 GRP	毛艳[156]

6.2.2　社会影响力指标体系研究

社会影响力评价是一个复杂的过程。伍佳[71]对新城医院项目的社会影响力进行评价，确立了经济发展影响指标(对区域经济贡献程度、提升地区知名度和竞争力、促进周边土地开发利用、促进服务业发展、周边居民经济情况变化、提供就业机会)、服务水平提升影响指标(医疗环境改善、医疗科技和医疗教育发展水平提升、健康促进和预防服务水平提高、就诊人数增加情况，医疗服务态度改善)、社会发展影响指标(社会保障加强、地区人流量增大、完善基础设施和公共服务设施、区域社会更加安定、居民生活便利度提高)和生态文明发展影响指标(对自然资源利用和保护、项目污染控制、环境质量改善)。

王艺璇[104]从公益性活动、社会性成果、媒体关注度、获奖情况、研究领域等方面评价高校智库的社会影响力评价体系。王楠[70]从社会包容、社会参与、社会资本三个方面构建高校图书馆社会影响力评价体系。

社会关系作为一种主观属性，具有动态性、事件差异性、不对称性、传递性等多种特征，而且在社会网络中频繁的用户互动和网络结构的变化使社会影响力评价更加困难。关于社会影响力评价模型的研究一直都有学者在研究。曾荷[158]从反映网络信息资源的利用程度的四类客观计量指标入手考察一般访问量指标（访问次数和页面浏览数）、深度访问量指标（人均访问页面数）、可见度指标（网络可见度）、链接指标（入链网页数和入链网站数）。贺恩锋等[159]在充分考虑舆情传播的要素、规律及特点的基础上，引入测算当前时段网络舆情传播媒体、传播范围、传播速度、舆情信息质量、情绪倾向离散或集中程度及主体与事件相关度等舆情要素来反映主题舆情向相关主题渗透扩张程度以增强指标体系的预警能力。选取广度因子（点击量和回复数）、强度因子（行政级别、地域范围和信息质量）、效度因子（媒体知名度、媒体参与数、媒体权威度）、倾向性因子（倾向程度）和相关度因子（主体相关度、客体相关度和标准相关度）来度量舆情潜在影响力。韦路等[149]从网络宣传、媒体报道、社交媒体、搜索引擎和国际访客来构建城市的国际传播影响力。

6.2.3 生态影响力指标体系研究

城市是造成环境问题和资源消耗的主要原因[160]。绿色指标体系的构建多从环境承载力、环境治理、环境质量、资源利用、绿色生活等方面入手。例如，王宁[161]采用绿化覆盖率、环境空气质量优良率、饮用水源水质达标率、污水处理率、生活垃圾无害化处理率、工业固体废物综合利用率、环保投资占 GDP 比重来反映生态城市的环境子系统的指标。周舟[162]从环境污染、环境治理、生态建设三个方面构建环境可持续指标系统，具体指标包括城市固体废弃物排放、工业二氧化硫排放量、生活垃圾无害化处理率、工业废水排放达标率、环境保护投资、人均公共绿地面积、城市绿化覆盖率、城市建设与 GDP 投资比。晋晓琴等[163]从环境承载力和环境治理能力两方面衡量高质量发展的绿色程度，选用森林覆盖率衡量环境承载力，选用环境空气监测点位数、单位 GDP 环保能力建设资金使用额衡量环境治理能力。马海涛和徐楦钫[43]认为，城市群高质量发展的绿色指标主要包括城镇生活污水处理率、垃圾无害化处理率、工业固体废物综合利用率、万元工业总产值废水排放量、万元工业总产值 SO_2 排放量、万元工业总产值烟尘排放量、建成区绿化覆盖率等。张旭等[164]认为，高质量绿色发展状态的主要表现为地区能源结构与资源利用情况。龙志和曾绍伦[165]从森林覆盖率、国家级公园数量、省级森林公园数量和森林公园面积四个指标评价区域旅游高质量发展的生态状况。郭倍利等[138]主要从节能减排和绿色环保两个方面来衡量环境保护推动高质量发展的程度，节能减排指标有单位 GDP 能耗、单位 GDP 电耗、单位 GDP 工业废气排放、单位 GDP 工业废水排放，绿色环保指标有人均绿地面积、建成区绿化覆盖率、一般工业固体废物综合利用率、城市污水处理率和生活垃圾无害化处理率。窦若愚[166]认为，绿色高质量发展评价指标体系由高质量绿色发展、绿色创新发展、绿色协调发展、绿色开放发展和绿色共享发展五个方面共同组成，高质量绿色发展分为绿色生产方式、绿色生活方式和绿色发展绩效三部分，绿色创新发展从绿色技术创新投入和绿色创新能力两个维度展开，绿色协调发展由城乡绿色发展差异和城市间绿色发展差异两个指标构成，绿色开放发展分为绿色外商直接投资（FDI）和绿色贸易两个部分，绿色共享发展由共享绿色成果和共建绿色成果两组成部分。陈腾[47]将实体经济绿色发展指标分为大气污染程度、工业废水排放量、万元工业增加值能耗、万元工业增加值水耗、一般工业固体废物综合利用率。王丽娟[140]从资源利用和环境治理两个方面评价制造业的绿色发展情况。许力飞[167]从空间结构优化、资源能源节约利用、生态环境保护、生态文明制度建设四个维度构建生态文明建设指标体系。徐银良和王慧艳[153]主要从环境治理、环境质量、资源利用、绿色生活和农地保护五个方面考核区域绿色发展系统，其中，环境治理主要包括污水处理率、工业固体废物综合利用率、空气质量综合指数；环境质量选取空气优良天数、万元 GDP 氮氧化物排放量、万元 GDP 烟粉尘排放量这些指标；资源利用主要选取万元 GDP 耗能降幅、万元 GDP 耗电量；绿色生活主要包括建成区绿化覆盖率、万人拥有公交车辆、生活垃圾无害化处理率；农地保护包括单位耕地面积化肥使用量、单位耕地面积农药使用量、单位耕地面积塑料薄膜使用量。王晓慧[155]从资源供给、环境容量、资源需求、环境压力四个维度建构经济绿色发展的二级指标，其中，反映资源供给的指标有陆地面积、人均耕地面积、人均水资源量、能源总产量；反映环境容量的指标有总承载力、工业废水处理率、工业废气处理率、工业固体废弃物综合利用率、生活垃圾无害化处理率、绿化率；反映资源需求的指标有能源最终消费总量、能源强度、水消耗强度；反映环境压力的指标包括废弃物排放量、环境污染程度、单位生产能耗、污染治理投资占国内生产总值比例。生态影响力相关评价指标体系如表 6-3 所示。

表 6-3　生态影响力相关评价指标体系

指标体系名称	细分指标体系	文献来源
资源环境承载力	森林覆盖率	晋晓琴等[163]
	陆地面积、人均耕地面积、人均水资源量、能源总产量	王晓慧[155]
环境治理	环境空气监测点位数、单位 GDP 环保能力建设资金使用额	晋晓琴等[163]
	污水处理率、工业固体废物综合利用率、空气质量综合指数	徐银良和王慧艳[153]
节能减排	单位 GDP 能耗、单位 GDP 电耗、单位 GDP 工业废气排放、单位 GDP 工业废水排放	郭倍利等[138]
	废弃物排放量、环境污染程度、单位生产能耗、污染治理投资占国内生产总值比例	王晓慧[155]
	污水处理厂集中处理率、生活垃圾无害化处理率、工业固体废物综合利用率	田鑫[168]
环境质量	空气优良天数、万元 GDP 氮氧化物排放量、万元 GDP 烟粉尘排放量	徐银良和王慧艳[153]
资源利用	万元 GDP 耗能降幅、万元 GDP 耗电量	徐银良和王慧艳[153]
	能源最终消费总量、能源强度、水消耗强度	王晓慧[155]
绿色生活	建成区绿化覆盖率、万人拥有公交车辆、生活垃圾无害化处理率	徐银良和王慧艳[153]
	人均绿地面积、建成区绿化覆盖率、一般工业固体废物综合利用率、城市污水处理率和生活垃圾无害化处理率	郭倍利等[138]

6.2.4　文化影响力指标体系研究

孙亮[169]指出，文化软实力指标构成的六大要素，包括发展模式软实力、核心价值观软实力、国家形象文化软实力、文化生态软实力、外交软实力、传播软实力。其中，发展模式软实力由中国社会发展的实践成效、文化生产、文化传播、文化消费、国民的幸福指数等指标构成，核心价值观软实力由核心价值体系理论完备性、核心价值体系的正当性、对内的凝聚力等指标体系构成，国家形象文化软实力由国民素质形象、全球视野中中国文化的比较地位、文化生产力、文化学习力等指标构成，文化生态软实力由中国文化消融力、中国文化软实力的承接力、中国文化的和谐程度构成，外交软实力由外交话语权、国际事务处理、国家间关系中的亲和力等指标构成，传播软实力由文化产业状况、文化的进出口程度、文化竞争力水平等指标构成。罗能生等[77]从文化生产力、文化传播力、文化影响力、文化保障力、文化创新力和文化核心力六个维度设置了区域文化软实力评估指标体系。其中，文化生产力由文化产业产值比例、文化产业从业人员比例、文化产业规模企业比例、报刊发行比例、图书发行比例、电影产量比例等指标组成，文化传播力由电视入户率、互联网入户率、广播入户率、电话拥有率、博物馆拥有率、图书馆拥有率、影剧院拥有率、艺术表演团体拥有率等指标构成，文化影响力由文化商品和服务出口比例、国际旅游收支总额、区际高等学校学生交流人数、区域文化交流次数、区域形象等指标构成，文化保障力由政府文教投入、企事文教投入、居民文教投入、知识产权保护程度等指标构成，文化创新力由文化现代化程度、企业品牌的知名度比例、文化产业附加值、文化产业市场化程度和专业技术人才比例等指标构成，文化核心力由居民文化素质、区域民众的凝聚力、区域文化资源等指标构成。王怀诗和郭彩萍[170]从文化环境、文化市场、文化设施、文化机构及其文化资源等方面建立了一带一路对甘肃文化影响的评价指标体系。张淑芳[82]从文化生活、文化产业、文化形象不同方面构建了一套城市文化软实力评价指标体系。其中，文化生活由每万人拥有艺术演出场次、每万人拥有公共图书馆藏书量、剧场、影剧院数、全国重点文物保护单位数、国家级非物质文化遗产数等指标构成；文化产业由文化产业增加值占 GDP 比重、人均教育文化娱乐服务消费支出、文化体育和娱乐从业人员数、国家文化出口重点企业数、国家文化产业示范基地数等指标构成；文化形象由世界文化遗产数、国家 4A 级及以上风景区数、接待国内游客数、接待国际旅游入境人数、人均国际旅游收入等指标构成。

6.2.5　创新影响力指标体系研究

创新是引领发展的第一动力，从投入与产出两方面衡量创新能力。郭倍利等[138]以研发（R&D）人员投入强度、R&D 经费投入强度、科技支出占财政支出的比重衡量科技投入力度，以万人专利授权量、万人成果登记数、专利授权率衡量产出水平。寇欢欢[47]将创新能力指标分为高新制造业产值占工业总产值比重、R&D 活动的规模以上工业企业比例、R&D 人员比重、企业平均 R&D 支出、工业技术改造占固定资产投资比例、专利授权增长率、有效发明增长率、新产品销售增长率、新产品开发经费效益。张涛[128]将区域发展指数分为区域创新投入能力和区域创新产出能力。其中，区域创新投入能力包括区域创新经费投入力度(区域内所有企业研发经费投入与主营业务收入之比)和区域创新智力投入力度(区域内所有企业研发部门员工人数占员工人数总和比重)；区域创新产出能力包括区域创新质量(区域内所有企业发明专利项数占专利申请总量比重)和区域新技术应用能力(区域内高新技术企业总产值占地区生产总值比重)。鲁邦克等[154]将创新发展高质量分为创新投入和创新产出。其中，创新投入包括 R&D 经费占生产总值比重和万人 R&D 人员拥有量；创新产出包括万人发明专利拥有量、技术合同成交额/生产总值、新兴产品销售收入占主营业务收入比重。Cooke 等[171]、Asheim 和 Isaksen[172]、Shan[173]从投入能力、创新环境、管理能力和创新能力等方面选取指标，运用层次分析法构建了区域创新能力评价体系。

创新发展是城市群引领区域发展的第一动力，包含创新投入、创新产出和创新环境三个方面。王丽娟[140]指出，科学技术支出占地方一般公共预算支出的比重反映创新环境指标，工业企业 R&D 人员投入强度和工业企业 R&D 经费投入强度反映创新投入指标，单位 R&D 经费支出有效发明专利数和工业新产品销售收入占比反映创新产出指标。晋晓琴等[163]认为，创新发展往往关注创新投入与创新产出，创新投入用 R&D 投入来衡量，创新产出用专利授权量和技术市场成交额比来衡量。马海涛和徐楦钫[43]认为，创新发展指标分为全社会研发投入占 GDP 比重、万人专利授权量、万人专利申请受理量、万人高等学校在校学生数。贺健和张红梅[132]将创新驱动指标分为专利申请数、R&D 经费投入强度、技术市场成交额占比。徐银良和王慧艳[153]从创新资源、创新产出、创新绩效、创新环境四个方面构建创新系统考核指标。创新资源主要选取 R&D 投入占 GDP 比重、万人 R&D 研究人员数、规模以上工业企业研发经费占主营业务收入比重、规模以上工业企业研发 R&D 研究人员占全社会 R&D 研究人员比重四个指标考核政府对创新投入力度。创新产出选取了发明专利数申请数、技术合同实现交易额。创新绩效选取新产品销售收入占主营业务收入比重和高技术产业增加值占工业增加值比重来衡量。创新环境指标有科技经费支出占地方财政比重、每万人大专以上学历人数、研究机构数量。马林静[174]认为，促进外贸增长和高质量发展的创新驱动完整体系应该包含技术创新、制度创新和模式创新，三者相互促进、互为支撑，是推动外贸高质量发展重要的支撑要素和动力源泉。

创新是引领高质量发展的关键动力。汤婧和夏杰长[142]的文献旨在反映服务贸易在新理念、新技术、新业态、新模式等方面的创新驱动发展。将创新驱动指标分为服务贸易技术效益率、服务贸易技术出口贡献率、服务业发明专利拥有率、知识产权使用费增长率、服务业 R&D 投入率、数字贸易增长率、服务贸易创新发展试点服务贸易额占比。林春和孙英杰[48]从创新驱动角度出发，认为创新驱动对全要素生产率有显著提高，从而实现高质量发展。王晓慧[155]认为，创新是驱动新时代中国经济高质量发展的新动力，主要依靠增加无形要素的投入实现要素生产率的提高，是科学技术发明成果在生产、经营中的应用和广泛传播，科技创新的同时更加突出人力资本的重要性，从而有利于提高居民收入在国民收入分配中的比重和劳动报酬在初次分配中的比重，有利于增进社会和谐和提高居民生活质量。反映创新驱动经济的指标设计为信息化水平、人力资本水平、科技贡献水平。信息化水平越高，代表创新驱动经济力越强，可用互联网上网人数占总人口的比重，移动电话占总人口的比重来衡量。人力资本水平包括公共教育占 GDP 比重、人均公共教育支出、财政性教育经费投入占国内生产总值比重、人均受教育年限、学前三年教育毛入学率、高中入学率、每 10 万人拥有的大专及以上人口、高等教育毛入学率；科技贡献水平包括研究机构 R&D 人数、技术研发使用率、研究与试验发展投入强度、R&D 部门每百万人中研究员人数、技术市场成交额、科技活动人员中科学家和工程师的比重、每万人发明专利授权数、居民专利技术申请量、科技成果转化率、地方财政科技拨款占地方财政支出比重进行衡量。陈腾[46]将实体经济创新发展指数分为科技支出占财政支出的比重、研发经费投入强度、规模以上工业企业 R&D 人员折合全时当量、高新技术产业增加值占比、工业新产品产值占比、工业企业全员劳动生产率。

另外有学者从城市营商环境角度进行研究，例如，冯颖等[117]从营商角度出发，同时考虑生态环境，政务环境，市场环境，创新环境，国际化环境和法制环境。夏楠[175]对成都市的全球影响力发展评价时，将城市创新发展竞争力分为创新投入、创新成果、创新动力三个方面的竞争。贺小桐[118]从产学研合作角度，指出提升创新型城市影响力的因素指标是构建科技人力资源和创新平台，进行网络深度合作，进行技术成果应用转换，提升社会服务能力和高新技术贡献力。创新影响力相关评价指标体系如表 6-4 所示。

表 6-4 创新影响力相关评价指标体系

指标体系名称	细分指标体系	资料来源
创新投入	R&D 人员投入强度、R&D 经费投入强度、科技支出占财政支出的比重	郭倍利等[138]
	R&D 经费占生产总值比、万人 R&D 人员拥有量	鲁邦克等[154]
	单位 R&D 经费支出有效发明专利数、工业新产品销售收入占比	王丽娟[140]
	区域创新经费投入力度（区域内所有企业研发经费投入与主营业务收入之比）、区域创新智力投入力度（区域内所有企业研发部门员工人数占员工人数总和比重）	张涛[128]
创新产出	全社会研发投入占 GDP 比重、万人专利授权量、万人专利申请受理量、万人高等学校在校学生数	马海涛和徐楦钫[43]
	万人发明专利拥有量、技术合同成交额/生产总值、新兴产品销售收入占主营业务收入比重	鲁邦克等[154]
	万人专利授权量、万人成果登记数、专利授权率	郭倍利等[138]
	区域创新质量（区域内所有企业发明专利项数占专利申请总量比重）、区域新技术应用能力（区域内高新技术企业总产值占地区生产总值比重）	张涛[128]

6.2.6 治理影响力指标体系研究

第二次世界大战后，一些国际组织源于对发展中国家投资、援助以及支持经济增长和社会进步的需要，纷纷研究和制订了社会治理评估指标，以评价发展中国家和地区的治理状况。西方国家和国际组织的治理指标体系构建在理念上强调政府、社会公民和私人部门之间的相互支持和合作关系，在指标内容上重视参与、决策透明、负责任、法治和可预测。如世界银行的世界治理指标体系，在言论和责任、政治稳定、政府效能、管制质量、法律、控制腐败这六个治理领域，通过大量调查和跨国评估发展出了包括集成指标和单一指标在内的指标体系；美国国际发展署的民主与治理评估框架，主要集中于法律、民主和责任政府体制、政治自由和竞争、公民参与和建议四个方面[176]。1993年，美国国家绩效评估委员会（National Performance Review）建立了评价政府及其职能部门工作人员的绩效评价指标体系，包括六大指标投入指标、能量指标、产出指标、结果指标、效率和成本效益指标、生产力指标[177]。2002年，英国政府审计委员会出台了地方政府的绩效评价框架，包括资源利用、服务评估和市政当局评价三个部分[178]。也有学者提出基于生态系统的社会适应性治理的框架[179]。

国外一些国家主要从政府与经济增长、国际竞争力以及政府绩效角度研究相关城市政府治理能力评价指标体系，我国则主要从政府公共产品供给职能角度设计评价指标体系，大多还停留在框架建立和指标选取阶段，尚未进行数据收集阶段的可行性验证。近年来，我国政府更加重视社会管理和社会管理体制创新[180]。施雪华[93]认为，一个政府综合治理能力的强弱，应当将硬的有形的物质指标与软的无形的精神指标结合起来进行评估。我国学者吴建南等对政府效能进行了系统研究，将文献中绩效的概念总结为四个维度，即经济（economy）、效率（efficiency）、效果（effectiveness）以及公平性（equity），并提出效能将关注结果的绩效与关注过程的能力统一起来，将效能建设举措总结为权力制约（制度建设、政务公开、行政审批改革、规范行政行为）、能力建设（转变工作作风、加强行政队伍建设、信息技术支持、组织建设）与激励问责（绩效评估和民主监督）三个方面[181-183]。唐任伍和唐天伟[184]构建的省级地方政府效率测度指标体系包含政府公共服务、政府公共物品、政府规模以及居民经济福利四个方面的评价内容。包国宪和周云飞[185]从法治、参与、透明度、责任、效能、公平、可持续性七个维度建立中国公共治理绩效评价指标体系，评价达成善治目标的进展。天则经济研究所发布的“中国省市公共治理指数”，从公民权利、公共服务、治理方式三个二级指标出发，利用问卷调查方式收集数据并进行实际测评[186]；胡税根和陈彪[187]从输入、过程、输出、结果四个环节入手，提出了治理评价的13个维度。施雪华和方盛举[93,188]以省级政府公共治理效能为研究对象，从社会管理与公共服务政策以及经济调节与市场监管两大维度入手，构建了包括53个指标的评价指标体系。王珺和夏宏武[101]构建了包括基础设施、文化教育、医疗卫生、社会保障、环境保护、园林绿化六个要素的区域中心城市治理能力评价体系。郭燕芬和柏维春[189]通过对227份政策文本的分析构建了治理转型视角下的地方政府效能评价指标。陈琪[190]认为，地方政府治理能力指标体系主要体现为经济治理、社会治理和生态治理三个方面。其中，经济治理包括经济发展（GDP增长率、地方财政收入）、经济效益（人均地区生产总值）、人民生活（恩格尔系数、消费物价指数）三个指标，社会治理分为教育（教育经费、平均受教育年限）、医疗（每万人口执业医师数每万人口医院和卫生院床位）、社会保障（失业率、社会保险覆盖率、社会救助比例、年新增就业岗位数），生态治理包括环境治理（三废处理达标率、环保投资经费占财政支出比、耕地污染控制合格率）和生态建设（年造林成活面积、人均公共绿地面积、三废重复利用率）。也有学者认为，治理影响力包括市场干预能力和政府治理效果[62]。

大数据是海量、高增长、多样化的信息资产。大数据分析就是利用数据分析技术对文本、声音、图像、视频等大量动态数据中所蕴含的实体、事件、关系、模式进行适时分析、提取和展现的过程。大数据对于政府治理效能提升的作用受到了较多关注。王芳和陈锋[191]指出，大数据既是国家治理的对象与环境，也是国家治理的工具。郭建锦和郭建平[192]从四个方面论述了大数据对国家治理的提升作用，包括提升智慧决策水平、公共服务能力、腐败防治水平和风险治理能力。张红春[193]认为，利用大数据技术可以提升政府治理决策的科学化，增强政府治理的有效性，改进政府治理的绩效评估。胡税根等[194]认为，大数据可以协助政府部门掌握网民公共需求与态度偏好，理解网民行为特征缘由，判断前期施政效果，调整和优化公共政策，提高政府的觉察能力、回应能力、治理能力。

城市治理能力评价可以归结为能够反映城市政府治理能力的一系列先进的具有时代特征的指标体系或指标集合。从治理指标的理论和系统开发来看，我国治理评价工作还处于起步阶段，国内治理指标体系由于多数仍处于理念模型阶段，较少进行实际测评，这同西方治理指标的实用主义和实践导向存在较大的区别。因此指标体系的操作化、测量方法体系的选择等往往被忽视。城市治理评估指标体系的制定不仅要将基于治理理论的发展理念纳入指标建构中，还需要系统的方法论来指导指标的具体操作化。

6.3 国内外相关研究机构代表性指标体系

6.3.1 经济发展类指标体系

1. 中国发展指数(中国人民大学中国调查与数据中心)

2010年,中国人民大学中国调查与数据中心编制中国发展指数(RCDI),旨在弥补GDP指标的片面性，全面测量国家与地区发展。中国发展指数由健康、教育、生活水平、社会环境四个二级指标，15个三级指标构成(表6-5)。指数已经连续发布10年,《中国发展指数(2015)》显示，尽管经济增速下行，但中国发展指数整体上行，发展结构进一步优化。重庆、湖北、安徽、云南、陕西总指数增长率位居全国前五位。北京、上海、天津教育指数远远领先全国其他省区。青海、贵州、四川、陕西等省份健康指数增长率较高。

表6-5 中国发展指数

一级指标	二级指标	三级指标
中国发展指数	健康指数	每万人平均病床数
		婴儿死亡率
		出生预期寿命
	教育指数	人均受教育年限
		大专以上文化程度人口比例
	生活水平指数	农村居民人均纯收入
		人均GDP
		城镇居民恩格尔系数
		城乡居民人均消费比

续表

一级指标	二级指标	三级指标
中国发展指数	社会环境指数	人均道路面积
		单位地区生产总值能耗
		城镇登记失业率
		第三产业增加值占 GDP 比例
		省会城市空气质量
		单位增加值污水耗氧量

2. 经济发展新动能指数(国家统计局科学研究所)

经济发展新动能指数是由国家统计局科学研究所提出，随着“双创”广泛开展，新产业、新业态、新商业模式蓬勃兴起，大大激发了经济发展的新活力。包括网络经济指数、经济活力指数、创新驱动指数、转型升级指数、知识能力指数(表 6-6)。

表 6-6　经济发展新动能指数

一级指标	二级指标	三级指标
经济发展新动能	知识能力指数	经济活动人口汇总硕士及以上学历人数比例
		“四上”*企业从业人员中专业技术人员占比
		非信息部门信息人员比重
		每万名就业人员 R&D 人员折合当时当量
	经济活力指数	新登记注册市场主体数量
		科技企业孵化器数量
		国家高新技术开发区企业单位数
		创业板、新三板挂牌公司数量
		实际使用外资金额
		对外直接投资额
		快递业务量
	创新驱动指数	R&D 经费支出占 GDP 比重
		企业 R&D 经费
		科技企业孵化器内累计毕业企业数
		每万名 R&D 人员专利授权量
		技术市场成交合同额

续表

一级指标	二级指标	三级指标
经济发展新动能	网络经济指数	固定互联网宽带接入用户数
		移动互联网用户数
		移动互联网接入流量
		电子商务平台交易额
		跨境电子商务交易额
		实物商品网上零售额占社会消费品零售总额的比重
		网购替代率
	转型升级指数	战略性新兴产业增加值占 GDP 比重
		高技术制造业增加值占规模以上工业增加值比重
		农业产业化经营组织数量
		通过电子商务交易平台销售商品或服务的“四上”企业占比
		高技术产品出口额占出口总额的比重
		单位 GDP 能耗降低率

注：*“四上”企业是现阶段我国统计工作实践中对达到一定规模、资质或限额的法人单位的一种通俗称谓，是规模以上工业企业、资质等级建筑业企业、限额以上批零住餐企业、国家重点服务业企业等这四类规模以上企业的统称。

据测算，中国经济发展新动能指数逐年攀升，表明中国经济发展新动能加速发展壮大，经济活力进一步释放，成为缓解经济下行压力，推动高质量发展的重要动力。2017 年，五个分类指数均实现了不同程度的提高。其中，网络经济指数比上年增长 79.1%，对总指数的贡献率为 34.5%；经济活力指数比上年增长 38.4%，对总指数的贡献率为 27.1%；创新驱动指数比上年增长 13.4%，对总指数的贡献率为 13.6%；转型升级指数比上年增长 6.4%，对总指数的贡献率为 12.6%；知识能力指数比上年增长 2.7%，对总指数的贡献率为 12.2%。随着智能终端的普及以及固定宽带和移动网络的不断提速，以电子商务为代表的网络经济对经济发展的推动作用进一步凸显。

3. 高质量发展指数（上海华夏经济发展研究所）

2020 年，上海华夏经济发展研究所对外发布《长三角高质量发展指数报（2019）》，全面客观评价长三角地区高质量发展水平和发展趋势。报告显示，上海、浙江、江苏和安徽三省一市全面推进各领域协同联动，科创产业、基础设施、生态环境、公共服务等重点领域一体化发展取得实质性突破，区域经济社会高质量发展水平明显提升。从分项指数来看，在创新发展方面，上海、杭州、南京、苏州创新实力保持领先，无锡、常州、宁波、镇江、合肥、芜湖跻身该地区前 10 位。在开放发展方面，上海、苏州继续保持较高开放水平，江苏和安徽部分城市的开放水平仍有很大提升空间。在绿色发展方面，长三角 41 座城市生态环境建设成效明显。在协调发展方面，41 座城市协调发展指数比较接近，得分在80以上的城市占82.9%。在共享发展方面，41座城市的共享发展指数平均得分达到80.2分。高质量发展指数如表6-7所示。

表6-7　高质量发展指数

一级指标	二级指标
高质量发展指数	创新发展指数
	绿色发展指数
	共享发展指数
	开放发展指数
	协调发展指数

4. 中国中小城市高质量研究指标体系（中小城市发展战略研究院、国信中小城市指数研究院有限公司）

2019年，中小城市发展战略研究院、国信中小城市指数研究院有限公司等机构发布《中国中小城市高质量发展指数研究成果》，依据新发展理念和经济高质量发展的要求，中小城市发展指数研究体系从现代经济发展、社会民生改善、生态环境建设、城乡融合发展和政府服务效率五个方面进行研究，系统、全面显示我国中小城市的经济发展状况（表6-8）。通过研究树立全国百强县、百强区、千强镇等发展典型，引领中小城市在践行高质量发展实践中发挥更积极的导向作用。

表6-8　中国中小城市高质量研究指标体系

一级指标	二级指标
现代经济发展	经济发展水平指数
	经济发展质量指数
社会民生改善	居民生活质量指数
	公共服务水平指数
生态环境建设	环境质量指数
	环境驱动指数
城乡融合发展	城镇化水平指数
	城乡差距指数
政府服务效率	政府行为规范化指数
	政府行为效率指数
	行政审批效率指数

5. 中国数字经济发展指数（赛迪顾问股份有限公司）

2020年，赛迪顾问股份有限公司发布了中国数字经济发展指数（DEDI），选取数字经济各维度典型指标，利用统计方法将其合成计算，通过所得结果反映数字经济发展情况的科学评价体系。下设基础、产业、融合、环境4个一级指标、9个二级指标、41个三级指标，对全国 31 个省(自治区、直辖市)(不包括我国港澳台地区，下同)的数字经济发展情况进行评估(表 6-9)。

表 6-9 中国数字经济发展指数

一级指标	二级指标	三级指标
基础指标	传统数字基础设施	4G 用户数
		4G 平均下载速率
		固定宽带用户数
		固定宽带平均下载速率
		互联网普及率
		网页数量
		域名数量
	新型数字基础设施	数据中心招标数量
		数据中心招标金额
		5G 试点城市数量
		规划 5G 基站数量
		IPv6 比例
产业指标	产业规模	计算机、通信和其他电子设备制造业总产值
		信息传输、软件和信息技术服务业总产值
		电信业务总量
	产业主体	ICT 领域主板上市企业数量
		互联网百强企业数量
		独角兽企业数量
融合指标	工业和信息化融合	“两化融合”*水平
		生产设备数字化率
		数字化研发设计工具普及率
		应用电子商务比例
		实现网络化协同的企业比例
		“两化融合”商标企业数量
		关键工序数控化率
	农业数字化	数字农业农村创新项目数量
		淘宝村数量
		第三方支付金融牌照数量
		电子商务交易额
		互联网医院数量
		国家信息化教育示范区数量
		智慧景区数量

续表

一级指标	二级指标	三级指标
环境指标	政务新媒体	政府网站数量缩减比例
		政务机构微博数量
		政务头条号数量
	政务网上服务	政府网上政务服务在线办理成熟度
		政府网上政务服务在线服务成效度
	政务数据治理	政务数据治理平台项目数量
		政务数据平台建设资金投入
		政务数据治理工作推动力
		省级以上政务数据开放平台建设情况

注：*“两化融合”是信息化和工业化的高层次的深度结合，是指以信息化带动工业化、以工业化促进信息化，走新型工业化道路。

6. 发展支持系统(中国科学院)

发展支持系统是由中国科学院提出的一个概念，亦称“动力支持系统”，是反映一个国家(或地区)的资源、人力、技术和资本可以转化为产品和服务的总体能力(表6-10)。可持续发展要求这种能力在不危及其子系统的前提下，与人类的进一步需求同步提升和增长。在可持续发展战略的结构体系中，生存支持系统与发展支持系统是相互衔接的，一般是先有生存，后有发展；没有生存，就没有发展。

表6-10　发展支持系统

一级指标	二级指标	三级指标	四级指标
区域发展成本	自然成本指数	地形限制系数	
		资源组合优势度	
		生态响应成本系数	
	经济成本指数	吸引率	外资占全国份额
			外资占本地GDP比例
			进出口总额占全国份额
			外贸依存度
		通达率	省会距最近出海港距离
			交通密度
		潜势率	交通通信投资占基建投资比
			交通通信投资密度
			交通通信投资占全国份额

续表

一级指标	二级指标	三级指标	四级指标
区域发展成本	社会成本指数	人力资本系数	
		万人拥有智力资源量	
		人口对发展的压力	人口对经济的压力比
			发展弹性系数
区域发展水平	基础设施能力	单位面积货运周转量	
		每万人邮电业务总量	
		千人拥有国际互联网的用户数	
		千人拥有电话量	
		百户拥有个人电脑数	
	经济规模指数	GDP 占全国的份额	
		人均 GDP	
		GDP 密度	
		GDP 增长率	
	经济推动力指数	投资占全国份额	
		固定资产投资密度	
		人均储蓄率	
		资本金份额	
		社会商品零售总额	
		出口增长率	
	结构合理度指数	非农产值占总产值比例	
		技术密度型工业产值占工业总产值比例	
区域发展质量	工业经济效益指数	总体效益水平	工业增加值率
			利税占有率
			市场占有率
		投入产出水平	工业全员劳动生产率
			成本费用收益率
		运营效率	流动资产周转率
			产销率
		盈利水平	总资产贡献率
			净资产收益率
			营运资金比例

续表

一级指标	二级指标	三级指标	四级指标
区域发展质量	产品质量指数	产品质量优等品率	
		产品质量损失率	
		新产品产值率	
	经济集约化指数	主要原材料消耗系数	
		万元产值能耗	
		万元产值废水排放	
		万元产值废气排放	
		万元产值固体废弃物排放	
		全社会劳动生产率	

7. 综合发展指标(联合国社会发展研究所)

2000 年，联合国提出了 8 项“千年发展目标”及相关的 18 项具体目标和 48 项指标，内容涉及社会公平(消除贫困、教育平等、性别平等)、生命健康、环境保护及全球合作等方面，成为衡量社会发展进程的重要标准。

8. 数字经济与社会指数(欧盟)

2014 年起，欧盟发布了《欧盟数字经济与社会报告(Digital Economy & Society in the EU)》和数字经济与社会指数(Digital Economy and Society Index，DESI)。DESI 是刻画欧盟各国数字经济发展程度的合成指数，该指数由欧盟根据各国宽带接入、人力资本、互联网应用、数字技术应用和数字化公共服务程度等 5 个主要方面的 31 项等级指标计算得出(表 6-11)。该指标的合成方法参照了《建立复合指数：方法论与用户说明手册》，具有较高的理论水平、科学性和可延续性。并且，该指数兼顾数字经济对社会的影响，是探析欧盟成员国数字经济和社会发展程度、相互比较、总结发展经验的重要窗口。该指标体系的另一大优势是，大部分指标数据来源于欧盟家庭信息-通信-技术(information communications technology，ICT)调查、企业 ICT 调查等专项统计调查，具有充分的研究积累和数据支撑。

9. 高技术产业能力监测指标体系(美国)

高技术制造业是促进美国和全世界经济增长的关键贡献者，美国高度重视高技术产业能力的监测。“美国科学与工程指标”中涉及高技术产业能力的指标可以归整为投入和产出 2 个一级指标，分 4 个二级指标、13 个三级指标，具体如表 6-12 所示。

表 6-11　数字经济与社会指数

一级指标	二级指标	三级指标
互联互通	固定宽带	固定宽带覆盖率
		固定宽带占用
	移动宽带	移动宽带占用
		4G 覆盖率
		光谱
	速率	NGA 覆盖范围
		快速宽带订阅数
	支付能力	固定宽带的价格
数字技能	基本技能和用法	互联网用户数
		至少有基本的数字技能
	高级技能和发展	信息和通信技术专家
		STEM*毕业生
互联网的使用	内容	新闻
		音乐、视频、游戏
		视频点播
	通信	视频通话
		社交网络
	事务	银行
		购物
数字技术整合	业务数字化	电子信息共享
		射频识别
		社交媒体
		电子发票
		云服务
	电子商务	中小企业网上销售额
		电子商务营业额
		网上跨境销售额
数字公共服务	电子政务	电子政务用户
		预先填写表单
		在线服务完成者
		公开数据

注：*STEM 是科学（science）、技术（technology）、工程（engineering）、数学（mathematics）的缩写。

表 6-12　高技术产业能力监测指标体系

一级指标	二级指标	三级指标
投入	研发密集度	总研发密集度
		行业研发密集度占比
	风险投资	互联网企业风险投资占比
		软件企业风险投资占比
		软件和医疗健康企业风险投资占比
		投资于种子阶段的资金占比
产出	专利	专利件数
		授予国外发明者专利率
		生物技术专利率
	出口	高技术产业出口占比
		高技术产业在世界高技术出口占比
		高技术企业在高技术群占比
		高技术群占世界出口份额

6.3.2　文化发展类指标体系

1. 中国城市文化创意指数评价指标体系(北京大学文化产业研究院)

中国城市文化创意指数是 2018 年由北京大学文化产业研究院作为学术指导单位、北京九州一方文化创意院编制、新华网和北京大学文化产业研究院联合发布的。以“文化创意+”理论为基础，以文化创意的审美驱动和价值驱动为核心，构建城市文化创意发展评价评级标准，应用于城市更新、城市文化创意及产业升级转型。

中国城市文化创意指数，作为城市资源战略管理工具，统领城市文化创意资源的数据量化，以数据为支撑、观点为辅助，作为城市管理决策依据，从而推动城市有水平、高水准发展。中国城市文化创意指数以“文化创意+”理论为基础，其核心评价模型与中华古老智慧相融合，延伸出文化创意的价值驱动和审美驱动，再外延至四象即四个二级指标：“文化创意+”创意生态、“文化创意+”赋能能力、“文化创意+”审美驱动力、“文化创意+”创新驱动力四象，由此构成中国城市文化创意指数评价指标体系(表 6-13)。

2. 2020 年中国文化产业系列指数(中国人民大学文化产业研究院、中国人民大学文化科技园)

2021 年 2 月，中国人民大学文化科技园、中国人民大学文化产业研究院发布 2020 年中国文化产业系列指数(图 6-14)。在原有指数体系基础上，中国人民大学文化产业研究院遵循系统性、实时性和前瞻性的原则构建了“2020 年新版中国省市文化产业发展指数”体系：一是新增了文化企业合法诚信度、资本活跃度、投资吸引力、创新成效、融合能力等指标，更加关注社会效益与文化产业高质量发展的时代需求和趋势；二是扩大了数据来源，深度运用大数据技术，引入超过 1 万个维度的文化产业数据，综合计算得出指数结果；三是细化了评价对象，由省级文化产业指数评估下沉到对区县级文化产业发展状况的监测与指数评估，这对中央与地方政府制定文化产业政策具有“可量化”的现实参考意义。

表 6-13　中国城市文化创意指数评价指标体系

一级指标	二级指标	三级指标
中国城市文化创意指数评价指标体系	“文化创意+”创意生态	治理资本
		资本环境
		政策环境
		市场潜力
	“文化创意+”赋能能力	文化创意 GDP
		价值驱动力
		产品设计力
		消费驱动力
	“文化创意+”审美驱动力	城市好客度
		城市好感
		城市普惠度
		城市幸福感
	“文化创意+”创能驱动力	智权成果
		失败容忍度
		创新研发力
		未来可塑性

从综合指数结果来看，2020 年综合指数前十的省市分别是北京、浙江、广东、上海、山东、江苏、湖北、河南、四川、安徽。北京在“十三五”期间连续 5 年保持第一，浙江连续三年位列第二。北京、浙江、广东、上海、山东等省市位列第一方阵，产业生产力底数大，影响力和驱动力表现均同步强劲，发展稳定性好。排名进步较大的省份有湖北、重庆、黑龙江，其中重庆在产业驱动力上明显提升，较 2019 年排名提高了四名。我国文化产业整体均衡度有所提升，江苏、河南、安徽、四川四省变异系数较小，均衡度最高。

表 6-14　2020 年中国文化产业系列指数

一级指标	二级指标
中国文化产业系列指数	中国省市文化产业发展指数
	中国省市文化产业资本活跃度指数
	中国省市文化产业投资吸引力指数
	国家级文化产业园区高质量发展指标体系

3. 文化产业发展指数(中国人民大学)

2016年，中国人民大学创意产业技术研究院对外发布了“2015文化产业发展指数”，该指数由三个分指数:产业生产力指数、产业影响力指数和产业驱动力指数构成(表6-15)。产业生产力是指文化产业要素投入和资源禀赋，反映文化产业发展的实力和潜力；产业影响力则是从产出的角度来评价文化产业的发展绩效，反映文化产业发展的经济效益和社会效益；产业驱动力反映的是文化产业发展的外部环境，体现了政府推动文化产业发展的态度和力度。

表6-15 中国省市文化产业发展指数

一级指标	二级指标	三级指标
中国省市文化产业发展指数	生产力指数	文化产业的人才、资本等要素
		文化资源禀赋
	影响力指数	文化产业的经济效益
		文化产业的社会效益
	驱动力指数	文化产业发展的市场环境
		文化产业发展的政策环境
		文化产业发展的创新环境

4. 2019中国文化产业高质量发展指数(中央财经大学文化经济研究院、清华大学文化创意发展研究院)

2020年6月，由中央财经大学文化经济研究院、清华大学文化创意发展研究院主办，北京文投大数据有限公司、新华网协办的“后疫情中国文化产业高质量发展”研讨会在线上召开。中央财经大学文化经济研究院院长、清华大学文化创意发展研究院学术委员会副主任魏鹏举作为指数首席专家，会上正式发布了中国文化产业高质量发展指数(2019)。该指数根据文化产业高质量发展内涵和发展要求，从投入水平和产出品质这一基本架构模型入手，以期测度能够更加匹配建立在人民追求美好生活需求的文化产业高质量发展架构。在投入水平上，包括主体结构、人才供给、资本规模、资源环境四大维度；在产出品质上，包括社会效益、经济效益、创新效益、溢出效益四大维度。最终形成了2个一级指标、8个二级指标、32个三级指标的中国文化产业高质量发展指数评价体系(表6-16)。

5. 中国城市文化发展指数(国务院发展研究中心东方文化与城市发展研究所)

2015年11月，国务院发展研究中心东方文化与城市发展研究所在武汉发布中国城市文化发展指数。分为城市文化发展指数、文化产业园区发展指数、文化企业发展指数三个大类(表6-17)，重点考察文化资源、公共文化服务、文化产业三个维度。

表 6-16　2019 中国文化产业高质量发展指数

一级指标	二级指标	三级指标
投入水平	主体结构	文化企业比重
		规模以上文化企业比重
		文化类高新技术企业占比
		企业多样化指数
	人才供给	文化产业从业人员数量
		每十万人口拥有国家级非物质文化遗产代表性项目代表性传承人数量
		创新人员投入数量
		每十万人口拥有高等教育平均在校生数量
	资本规模	文化体育与传媒预算支出规模
		人均文化事业费用规模
		区域文化、体育和娱乐业固定资产投资(不含农户)比上年增长情况
		文化企业吸纳投资规模
	资源环境	A 级旅游景区数量
		每万人博物馆文物藏品数量
		每万人艺术表演场馆数量
		国家级文化产业示范园区数量
产出品质	社会效益	党委政府举办的国家级文艺评奖获奖作品数量
		公共文化设施地均服务人次
		规模以上文化企业户均应交增值税金额
		图书、期刊和报纸数量
	经济效益	规模以上文化企业户均资产规模
		规模以上文化产业地均收入规模
		规模以上文化产业从业人员人均收入规模
		博物馆门票销售总额
	创新效益	文化企业获得专利数量
		文化企业获得商标数量
		文化企业获得软件著作权数量
		文化企业获得作品著作权数量
	溢出效益	国际旅游收入金额
		旅游总收入
		移动互联网用户数量
		人均文化消费支出规模

表 6-17　中国城市文化发展指数

一级指标	二级指标
中国城市文化发展指数	城市文化发展指数
	文化产业园区发展指数
	文化企业发展指数

该指数研究范围涉及全国 31 个省份（自治区、直辖市）288 个地级以上城市，是目前国内数据最新、覆盖城市最多的文化发展指数研究。中国文化城市 100 强中，排名前三的城市依次为北京、上海、深圳；文化产业园区前三强分别为上海张江文化控股有限公司、中央新闻纪录电影制片厂（集团）、北京懋隆文化创意产业创业园；文化企业前三强依次为深圳华侨城股份有限公司、同方股份有限公司、乐视网信息技术（北京）股份有限公司。

6. 中国文化发展指数（上海交通大学国家文化产业创新与发展研究基地）

2015 年，由中华文化促进会和上海交通大学共同编制的《2015：中国文化发展指数报告》在京发布。该报告首次提出“中国文化发展指数”这一新概念，构建了由文化投入、文化生产、文化供给、文化传播和文化消费 5 个一级指标以及 44 个二级指标组成的文化发展评价指标体系，由此对全国 31 个省（自治区、直辖市）的文化发展状况进行实证分析，通过数据展示和分析了近年来我国文化发展的状况，以期对各地区文化发展水平做出准确评价，推动地区文化发展水平的提升。文化发展指数能够准确衡量各地区文化发展状况和水平，为制定相应的公共文化政策提供有益参考。

7. 文化指标（传播学家格伯纳）

美国总统尼克松在任期间曾授意发展研究一个可以反映美国生活素质的指标。传播学者格伯纳和另一位教授在 1972 年得到美国国家科学基金会的支持，开始进行“文化指标”的研究。格伯纳选择了传媒作为他的研究重心，他的文化指针研究共分为三个部分：传媒体系制作过程分析（institutional process analysis）、信息系统分析（message system analysis）及涵化分析（cultivation analysis）（表 6-18）。前者是研究传媒的拥有权、传媒与其他社会制度的关系、影响传媒制作的因素、信息的内容及意识形态等，而涵化分析则主要探究传媒生产出来的信息，究竟怎样在社会上培养价值观及发挥影响力？针对传媒的影响力究竟应该制定什么公共政策？格伯纳认为，要了解社会文化的形成及变迁是需要长时期的观察。“文化指标”研究显示，传媒在塑造社会文化方面，担当着十分重要的角色。正如加拿大传播学者麦克卢汉指出，人活在传媒环境中，并不留意它的存在；正如鱼活在水中，并不意识到水的存在一样，但传媒环境对人的重要就等于水对鱼的重要。如果污染的水会令鱼死亡，那么污染了的传媒环境对社会的成员会构成的影响是可想而知的。

格伯纳认为，社会结构和媒介内容的关系和核心在于：变化变迁起源于科技革命所带来的讯息生产，这种大众产品经快速分配后，创造出新的符号环境。所谓文化指标，是一套标识变迁和符号环境系统，其作用是帮助决策和指导有效的社会行为。

表 6-18　格伯纳文化指标

一级指标	二级指标
文化指标	传媒体系制作过程分析
	信息系统分析
	涵化分析

8. 全国文化中心核心指标体系(首都文化创新与文化传播工程研究院)

该指标体系包含四项核心指标，分别为文化资源力、文化创新力、文化传播力、文化涵育力，下设多个二级指标(表 6-19)。在此基础上，完成文明呈现与价值实践。在吸取国内外相关文化发展评估指标的基础上，以国际文化中心城市为对标，尝试建立全国文化中心核心指标体系。该体系以首都定位与人本理念为核心，探讨城市可持续发展的动力之源。同时以数理逻辑与价值判断为抓手，发现城市发展要素的相互作用力。

该体系在文化中心发展目标上以伦敦、纽约、巴黎等世界文化中心为对标城市，在广泛参考国内外有关城市评价指标体系基础上，将全国文化中心指标确定为文化资源力、文化创新力、文化传播力、文化涵育力和文化凝聚力五项核心指标。

表 6-19　全国文化中心核心指标体系

一级指标	二级指标	三级指标
文化资源力	文化遗产资源	物质文化遗产资源
		非物质文化遗产资源
	文化设施资源	室外文化空间资源
		室内文化空间资源
	文化人力资源	文化人才资源积累
		文化人才政策资源
文化创新力	文化政策动力	顶层设计体系
		试点示范平台
	文化资本活力	文化资金流入
		投资引导运营
	文化企业实力	
	文化经济体量	文化产业营收额
		产业增加值
文化传播力	城市文化品牌塑造	
	核心内容产品辐射	

续表

一级指标	二级指标	三级指标
文化传播力	重大活动影响	以世界园艺博览会为代表的国际顶级节事活动
		以奥运会为代表的国际顶级赛事
		以“一带一路”国际合作高峰论坛为代表的国际顶级会议
文化涵育力	投入指标	文化事业投入
		惠民文化政策
	建设指标	图书馆、文化馆、博物馆、美术馆等公共文化资源
	效果指标	市民文化素养

1) 文化资源力

文化资源力是指文化主体为满足市民文化需求和城市文化发展而发掘、积累自然资源或社会资源的能力，文化资源力是能力建设的基础条件。参照现有的分类体系，结合全国文化中心特质，文化资源力进一步分为文化遗产资源、文化设施资源、文化人力资源三个二级指标。文化遗产资源，包括物质文化遗产资源与非物质文化遗产资源。按照《保护世界文化和自然遗产公约》的分类，文化遗产资源包括历史文物、历史建筑和人类文化遗址，以丰富性和多样性为评定的主要标准。北京拥有 7 处世界级文化遗产，居全国首位。但在第一批 580 项国家级非物质文化遗产中，北京只有 13 项且社会认知度较低。文化设施资源的核心要素是文化空间资源，文化空间资源是指可供开展文化活动的实体文化资源，分为室外文化空间资源（如公共绿地等）、室内文化空间资源（如书店等）。文化人力资源，指支持文化活动的智力资源，包括文化人才资源积累和文化人才政策资源。北京市文创产业的从业人员数量较大，但人均产值与发达国家仍有差距。

2) 文化创新力

文化创新力是以文化企业作为创新主体，以文化科技、文化金融等要素催生发展动能，以文化平台为支撑，以创新驱动为核心实现文化资源与价值创新转化的能力。文化创新力以驱动文化发展、促进产业融合、形成价值引领为其出发点和落脚点。文化创新力包括文化政策动力、文化资本活力、文化企业实力、文化经济体量四个指标。文化政策动力指政府引导文化产业发展方向、优化文化营商环境的制度性机制，包括顶层设计体系、试点示范平台等。其中，顶层设计体系为全方位、多层次、多领域文化政策评估提供整体框架，试点示范平台提供文化创新改革探索、文化政策先行和产业融合试验田。文化资本活力指与文化资金流动及组合模式有关的有形及无形资产的活跃程度，包括文化资金流入、投资引导运营，核心是促进轻资产的价值转化。文化企业实力考察的是作为创新主体的文化龙头企业与文化独角兽企业，在促进文化要素发挥作用的过程中，如何促进知识要素转化和市场要素有序流动，实现业态创新。文化经济体量是反映文化经营活动成果和占国内生产总值比重的指标，包括文化产业营收额和产业增加值。二者分别体现文化产业基础总量和文化创新附加值情况，是考察文化产业创新的综合环境和效益的重要指标。

3) 文化传播力

文化传播力指通过文化产品输出、媒体融合传播，实现引领全国文化风尚、促进世界文化沟通的能力，以此来促进城市文化品牌塑造与提升，承担有效传播大国文化的使命。文化传播力的建设目标有两个：面向全国塑造首都形象，发挥文化中心的辐射带动作用；面向世界建构大国文化形象，实现中国文化的正向传播。具体可分解为三个二级指标：城市文化品牌塑造、核心内容产品辐射、重大活动影响。城市文化品牌塑造是指通过媒体提炼和突显城市文化特质，面向国内外公众构建北京城市文化形象，实现城市文化的有效传播和城市品牌的主动塑造。核心内容产品辐射是指围绕文化演出、书籍出版、影视网剧、游戏动漫等核心文化内容产品，借助多种传播渠道对目标受众产生影响，让文化内容产品打上鲜明的“北京制造”烙印，凸显时代特征、原创价值和文化魅力，将北京打造成中国文化精品的主要产出地，实现中国文化价值的国内辐射和国际传播。重大活动影响是国际公认的城市核心文化表征，集中展示城市文化魅力和影响力。主要分为三类：以世界园艺博览会为代表的国际顶级节事活动、以奥运会为代表的国际顶级赛事、以“一带一路”国际合作高峰论坛为代表的国际顶级会议。重大活动承载着文化沟通和展示平台的风向标作用，在国家形象塑造上具有不可替代的价值。

4) 文化涵育力

文化涵育力指以深厚的文化底蕴、丰富的文化形态和充足的文化供应，涵养与化育首都市民的能力。文化涵育力以培养具有高文化素质和文明素养的“人”为出发点和落脚点，有利于促进文化的代际传承，提升市民的文明素养和首都的文明程度。文化涵育力可分为投入指标、建设指标、效果指标三个二级指标。投入指标是政府为确保居民享有文化权利而提供的相关保障，主要包括文化事业投入和惠民文化政策两方面。文化事业投入，考察的是政府以财政资金直接投入或以基金扶持的方式支持文化事业发展的情况。惠民文化政策，是政府为鼓励市民增加在文化消费上的投入而出台的相关扶持、激励政策，考察的是政府在政策制定上的引导性和灵活性。建设指标是指满足居民基础性文化需求而进行的公共文化设施建设指标，核心是公共文化服务，主要包括图书馆、文化馆、博物馆、美术馆等公共文化资源。调动多元主体积极参与其中，充分利用各种资源最大限度满足公民的文化权利，是世界文化中心城市共同的努力方向。效果指标是指政府的文化投入和建设在提升居民文化素养方面的表现和结果，核心是市民文明素养。

5) 文化凝聚力

文化凝聚力是在文化的资源力、创新力、传播力、涵育力的基础上形成的一种向上、向善的道德规范和价值取向，是吸引、聚合所有成员形成稳固的文化共同体的合力。文化凝聚力表现为吸引、团结一个文化共同体，或某一文化圈所有成员的感召力和约束力，能唤起人们主动追求积极向上的价值观念，激发人们自强不息的奋斗精神，最大限度地发挥人的主观能动性，创造出无可比拟的物质财富和精神财富。

全国文化中心核心指标体系的构建，意在帮助文化中心的建设主体在能力建设上找落差，补短板。应根据上述指标所涉及的建设实践现状，推进北京全国文化中心核心能力的建设与提升。

在文化资源力方面，通过文化遗产课程进校园，提升青少年乃至全社会对非遗项目的认知程度。通过推动文博符号的创新转化，放大已有的资源优势。通过创新文化人才引进标准实施方案，提升文化从业人员信心。

在文化创新力方面，通过政策赋权，盘活现有文化政策存量效能，提高政策对产业的支撑能力，激发文化市场主体活力。通过资本赋值，创新使用文化资本大数据，撬动更多元的社会资本进入文化产业。通过平台赋能，优化文化科技成果转化的评价方式，激活“新文创”，引领新动能，将北京打造成为国家文化创新的重要策源地。

在文化传播力方面，借势国内外主流媒体及新媒体平台，打造北京城市文化气质与文化品牌，塑造北京文化形象。增强对青年群体、移民群体的对象化传播能力，以多元文化视角选择传播媒介和传播方式。文化内容品牌建设主打“组合拳”，着力打造“北京制造”文化品牌，实现内容产品的整合营销传播。

在文化涵育力方面，文化投入应适当向非中心城区倾斜，提高文化供给的公平性和均衡性。高质量建设覆盖全市的公共数字文化云平台，提高文化服务的便捷性与可达性。提升面向社区的文化供给质量，切实增强普通市民的文化获得感。

在文化凝聚力上，提高对内吸引力，让北京成为国内居民进行文化消费的首选城市。这要求北京要选择高品质、内涵式发展道路，保持对游客的持续吸引力。加大对外吸引力，不断改善国际营商环境，提升国际化水平，提高北京全球旅游城市排名和全球商务区排名，增强城市综合辐射力。

9. 文化评估指标体系（美国）

美国硅谷文化新举措协会（Cultural Initiatives Silicon Valley）于 2002 年和 2005 年对文化评估指标进行了系统深入的研究，研究目的主要是向人们展示文化本身具有的巨大价值，尤其是知识型文化产业对经济发展的重要贡献。文化评估维度主要包括文化杠杆作用、文化资产、文化参与性及文化结果四个方面（表 6-20）。

表 6-20　文化评估指标体系的指标分类

一级指标	二级指标
文化评估指标体系	文化杠杆作用
	文化资产
	文化参与性
	文化结果

10. 文化评估指标（新西兰）

新西兰是一个多民族国家，政府扶持并不是该国文化发展的重要支柱，该国更注重的是挖掘文化自身的角色潜力，包括其对经济和社会发展带来的巨大效益。新西兰国家文化遗产统计部是研究文化评估指标的代表力量，其指标构建维度主要包括文化参与度、文化统一性与多样性、社会凝聚力及经济发展（表 6-21）。

表 6-21　文化评估指标

一级指标	二级指标
文化评估指标	文化参与度
	文化统一性与多样性
	社会凝聚力
	经济发展

6.3.3　社会治理类指标体系

1. 中国治理评估框架（中央编译局比较政治与经济研究中心）

2008 年 12 月 15 日，中央编译局比较政治与经济研究中心主持的“中国治理评估框架”课题学术成果发布会举行。

建构中国治理评估框架着重关注的领域包括科学发展、政治文明、和谐社会、小康社会、新农村建设、服务型政府、创新型国家和生态文明等。中国治理评估框架包括 12 个方面的基本内容（表 6-22）。公民参与、人权与公民权、党内民主、法治、合法性、社会公正、社会稳定、政务公开、行政效益、政府责任、公共服务、廉政。

表 6-22　中国治理评估框架

指标名称	治理目标	重点领域或主要关注点
中国治理评估框架	公民参与	选举法规；直接选举的范围；竞争性选举的程度；村民自治；居民自治；职工代表大会的作用；重大决策的公众听证和协商；社会组织或民间组织的状况；社会组织的制度环境；社会组织对国家政治生活的影响；公民利用网络和手机参与公共生活的情况
	人权与公民权	法律对公民权利的保护；公民法定权利的实现程度；妇女、儿童、贫困居民等弱势群体的权利保护；对少数派和不同意见者的保护和宽容；公民和官员的人权意识；公民合法地游行示威；公民的自我保护能力；公民的维权；对公民的法律救助
	党内民主	党内选举、决策和监督法规；各级党委领导人的产生方式；党委推荐和任用干部的民主程度；党代会的作用；党委的决策和议事程序；党内的权力监督；党务公开的程度；党代表的直接选举；执政党与其他民主党派的协商
	法治	国家的立法状况；宪法和法律的权威；党和政府的依法执政、依法行政程度；公民和官员对法律的了解和尊重；法律在实际政治生活中的作用；立法活动和司法活动的自主性和权威性；律师的作用；官员和公民的法律意识；政府政策的法律审查；司法审判的执行情况
	合法性	公民对宪法的认同；公民对党和政府的认同；法律的权威和适用性；党和政府的权威；公民对基层政府的信任；公民对周围官员的信任程度；公民对政治现状的满意程度；公民对主流意识形态的认可；公民对国家发展前景的态度
	社会公正	基尼系数；恩格尔系数；城乡差别；地区发展差别；教育公平程度；医疗保健公平程度；就业公平程度；党政干部中的女性比例；党政官员的代表性；人大代表和政协委员的代表性；基本公共服务均等化程度

续表

指标名称	治理目标	重点领域或主要关注点
中国治理评估框架	社会稳定	政府对突发事件的处置能力；公民的社会安全感；政策的延续性；社会治安状况；通货膨胀率；民族区域的冲突事件；群体性事件的数量；上访数量及比例；家庭暴力；公共暴力
	政务公开	政务公开的法规及效果；政治传播渠道的数量和质量；决策过程的公开化程度；行政机关、法院、检察院等活动的公开化制度；公民对政治事务的了解程度；新闻媒体的自主性；公民获取政治信息的权利和渠道；党政干部的收入及财产申报及其真实和透明情况
	行政效益	政府的行政成本；党政干部的行政能力；政府的行政效能；党政机关的协调程度；决策失误的概率；公共项目的投入产出率；电子政务；政府的快速反应和处事能力；公民对政府决策和处事效率的满意程度
	政府责任	官员对其行为的负责程度；对渎职官员的惩罚；官员与公民的沟通渠道；官员对公民意见的尊重；党和政府接收和处理公民诉求的机制；党和政府的决策咨询机制；政策反馈及决策部门对政策的修订情况；政策反映或代表公民要求的程度；公民意见对政府决策的影响；行政诉讼的数量及后果
	公共服务	政府预算公共服务支出的比例；基本社会保障的状况；九年制义务教育普及率；基本医疗保险覆盖率；政府对穷人和困难者的帮助；政府一站式服务的普及率；国家提供公共基础设施的力度；公民对政府服务的满意程度；政府的生态治理及其效果
	廉政	廉政法规及其效果；腐败官员的数量及惩处；对政府及党政干部的经济审计；公共预算监督；权力的相互制约；公民对政府权力的制约；新闻舆论监督；公众举报等社会监督；党和政府的自律

2. 中国公共治理绩效评价指标体系(中国行政管理学会全国政府绩效管理研究会)

包国宪教授在多年来从事政府绩效评估研究的基础上，借鉴国内外相关治理评价体系，提出了中国公共治理绩效评价指标体系。这套指标体系紧紧围绕善治这个公共治理的根本目标，从法治、参与、透明度、责任、效能、公平、可持续性 7 个维度评价达成善治目标的进展(表 6-23)，符合国际国内学术界对善治标准的期待。

表 6-23　中国公共治理绩效评价指标体系

一级指标	二级指标	三级指标
中国公共治理绩效评价指标体系	法治	国家的法律体系的完备状况
		公民和官员对法律的了解和尊重
		法律在全国范围内和各个部门中的执行情况
		法律对公民权利的保护情况
	参与	公民参与国家立法、公共政策制定渠道的数量与质量
		地方自治的范围和层次
		民间组织对公共事务的参与程度和影响程度
		公民和民间组织对公共部门政策的自觉执行程度

续表

一级指标	二级指标	三级指标
中国公共治理绩效评价指标体系	透明度	公共信息传播渠道的数量和质量
		公民对公共事务的认知程度
		公民知情权的尊重情况
		公共部门活动的公开化程度
	责任	公共部门对公民需求的回应情况
		公共部门对突发事件的应急处理能力
		官员的廉洁程度
		公共物品的供给质量
	效能	行政成本高低的情况
		公务员工作的绩效水平
		公民对公共部门工作的满意度
		公共部门服务承诺的兑现程度
	公平	公共部门行为的公正程度
		价值分配的公平程度
		社会保障的覆盖率
		公民迁徙的自由程度
	可持续性	公共部门政策的连续程度
		公共部门的学习创新能力
		社会秩序的稳定程度
		公共部门对环境变化的感知与自身部门的适时调整

3. 社会和谐度指标体系（中国社会科学院社会学研究所）

2006 年，中国社会科学院社会学研究所朱庆芳研究员从国家统计局的相关数据中选取了 38 个重要指标组成指标体系，建立了能反映社会和谐度的指标体系，它包括社会结构、人口素质、经济效益、生活质量、社会秩序、社会稳定 6 个子系统（表 6-24）。

现用指标体系和翔实的统计数字，对 30 年的改革开放的成果进行描述和分析：经济社会发展获得了高速增长，社会结构得到优化，人口素质和居民生活质量都有明显提高，社会基本稳定。

表 6-24　社会和谐度指标体系

一级指标	二级指标	三级指标
社会和谐度指标体系	社会结构	第三产业从业人员比重
		非农业从业人员比重
		城镇人口比重
		科教文卫社会保障福利占 GDP 的比重
		预算内教育经费占国内生产总值的比重
		出口总额占国内生产总值的比重
	人口素质	人口自然增长率
		初中以上文化程度人口占总人口比重
		每万人口大学在校学生数
		每万人口大中专毕业人数
		每万人职工拥有专业技术人员数量
		每万人口医生数量
	经济效益	人均国内生产总值
		社会劳动生产率
		人均财政收入
		工业企业总资产贡献率
		固定资产投资效果系数
		每万元 GDP 消耗的能源(标准煤)
	生活质量	居民消费水平
		居民消费率
		农民人均纯收入
		城镇居民人均可支配收入
		恩格尔系数
		人均居住面积
		人均生活用电量
		环境质量指数
		性别平等指数
	社会秩序	每万人口警察人数
		每万人口刑事案件立案数
		每 10 万人口贪污贿赂、渎职受案率
		每万人口治安案件查处率
		每 10 万人口各类事故死亡率
	社会稳定	通货膨胀率
		城镇登记失业率
		社会保障覆盖面
		贫困人口比重
		贫富差距
		城乡收入差距

4. 中国县域社会治理指数(浙江大学社会治理研究院)

2019 年 11 月 12 日，浙江大学公共管理学院院长、浙江大学社会治理研究院院长郁建兴院长和陈丽君教授、吴超研究员在宁波发布了“中国县域社会治理指数模型暨 2019 年浙江省县域社会治理十佳县(市)区”。浙江大学社会治理研究院开发并构建的中国县域社会治理指数模型，是新时代推进县域社会治理现代化的重要参考依据。它对系统评价全国县域社会治理水平与治理质量，探索总结县域社会治理的一般规律，丰富和完善县域社会治理理论体系，研究县域社会治理的实现条件与路径，具有重要意义。

中国县域社会治理指数模型的构建，坚持理论与实践相结合的原则，以善治为价值导向，强调结果导向与过程关注并重，体现中央顶层设计的同时兼顾县域特色，使指数模型具有良好的适用性和可操作性。在维度设计上，确立社会管理、政社共治、社会自主治理及科技支撑四大维度(表 6-25)。同时，在多轮调研和反复论证基础上，确立了党建引领、经济活力、公共安全、法治保障、民生保障、政府支持、社会参与、村(居)民自治及社会组织治理、政务服务能力和智慧基础设施建设 11 项二级指标，以及包括队伍建设、经济发展、创新转型、刑事安全、治安安全、司法效能、公共教育、文化建设、生态环境、信息公开、创新试点、公众参与、社会组织培育、民主决策、民主管理、民主监督、社会组织发展等 24 项三级指标。最终的 78 个三级指标以客观性、可量化、可获得为标准实现遴选。此外，所有三级指标均采用相对数，以区域生产总值、人口等作为调整系数，兼顾了不同发展水平的区县，确保指数结果更科学和更客观。

表 6-25　中国县域社会治理指数

一级指标	二级指标	三级指标
社会管理	党建引领	队伍建设
	经济活力	经济发展
		创新转型
	公共安全	刑事安全
		治安安全
		消防安全
		道路交通安全
		生产安全
	法治保障	司法效能
	民生保障	公共教育
		社会保障和就业
		医疗卫生
		住房保障
		文化建设
		生态环境

续表

一级指标	二级指标	三级指标
政社共治	政府支持	信息公开
		创新试点
	社会参与	公众参与
		社会组织培育
社会自治治理	村(居)民自治	民主选举
		民主决策
		民主管理
		民主监督
	社会组织治理	社会组织发展
科技支撑	政务服务能力	
	智慧基础设施建设	

5. 中国社会治理评价指标体系(中央编译局比较政治与经济研究中心、清华大学凯风发展研究院)

2012年6月，中央编译局与清华大学在北京联合发布“中国社会治理评价指标体系”标准，包括1个一级指标即中国社会治理指数，6个二级指标即人类发展、社会公平、公共服务、社会保障、公共安全和社会参与，以及35项三级指标(表6-26)，其中，6个二级指标作为六个评价维度构成了中国社会治理评价指标体系基本框架的六大支柱，体现了民主、法治、公平、正义、稳定、参与、透明、自治等社会治理的重要价值和理念，有助于引领社会管理创新和社会治理改革的发展方向。三级指标包括29个客观指标和6个主观指标。中国社会治理评价指标体系，旨在引导社会管理创新和社会治理改革的方向，评估社会管理创新和社会治理改革的成就，发现社会管理和社会治理中存在的问题，寻找社会建设和社会发展中的薄弱环节，及时调整政府的社会政策，从整体上提高中国的社会治理水平。

6. 政府治理效能评价指标体系(南开大学网络社会治理研究中心)

2019年5月，在贵阳举行的中国国际大数据产业博览会上，南开大学网络社会治理研究中心教授王芳发布“2019 大数据提升政府治理效能评价指数”。南开大学网络社会治理研究中心运用变脸技术(variable face technology，VFT)原理，在政策分析、文献梳理、案例研究、专家调研的基础上，构建了包括治理绩效、治理能力、制度保障、公众参与4个一级指标，共19个二级指标和38个三级指标的指标体系(表6-27)，并运用德尔菲法与AHP方法确立了指标权重。

表 6-26　中国社会治理评价指标体系

一级指标	二级指标	三级指标
中国社会治理指数	人类发展	人均可支配收入
		平均受教育年限
		平均预期寿命
		居民幸福感
	社会公平	城乡居民收入比
		基尼系数
		高中阶段毕业生性别比系数
		县处级以上正职领导干部中女干部比重
		居民公平感
	公共服务	人均基本公共服务支出
		基本公共服务支出占财政总支出比重
		人均公共服务设施指数
		一站式服务普及率
		失业率
		居民对公共服务的满意度
	社会保障	基本社会保障覆盖率
		住房支出占人均可支配收入比例
		社会救助比例
		低保标准与人均消费比
		居民对社会保障水平的满意度
	公共安全	万人刑事案件发案率
		万人治安案件发案率
		非正常死亡率
		群体性事件数量
		万人恐怖袭击伤亡人数
		居民安全感
	社会参与	万人社会组织数量
		万人志愿者数量
		政府购买社会组织公共服务占公共服务支出比重
		居民委员会直选率
		居民参选率
		重大决策听证率
		预算制定过程中的公众参与率
		媒体监督的有效性
		居民对参与社会管理的满意度

表 6-27　政府治理效能评价指标体系

一级指标	二级指标	三级指标
治理绩效	行政效率	一网通办(政府网站一网通办的建设情况)
		一站式服务(政府服务事项中可全程在线办理的事项占比)
		政府网站留言平均办理时间
	经济增长	信息传播、软件与信息技术服务业经济增长值占 GDP 比重
		信息传输、软件与信息技术服务业增长值增速
	行业监管	城市综合信用指数
	公共服务	环境空气质量综合指数
		每万人交通事故案件发生率
		大数据研究项目立项数
		每万人治安案件查处数
	社会治理	互联网治理综合指数
		利用大数据进行社会救助的事件数
		舆情应对不当或失误的事件数
	权力监督	利用大数据反腐的案例数量
	数据开放	数据开放综合指数
	智慧城市	智慧城市综合指数
治理能力	行业监管能力	省级或市级平台建设的完善程度
	公共服务能力	教育大数据平台建设情况
		卫生健康大数据平台建设情况
		气象部门大数据平台建设情况
		生态环境大数据平台建设情况
		人力资源和社会保障大数据平台建设情况
		大数据智能交通平台建设情况
		公安或警情大数据平台建设情况
	组织领导能力	信息中心最高行政级别
		信息中心总数
		政府大数据中心最高行政级别
		政府大数据中心总数
	数据技术能力	数据开放平台网站建设情况
		12345 网站建设情况
		政务云平台建设情况
制度保障	法规政策	省市级大数据政策法规数量
	技术标准	大数据相关技术标准总数
	信息安全管理制度	数据安全或信息安全管理办法制定情况
	绩效问责制度	绩效评估制度
公众参与	政务微信热度	市政务微信订阅数
	政务微博热度	市政务微博粉丝数量
	政府网站公众参与决策情况	政策决策公众意见征集数量

总体上看，运用大数据提升政府治理效能的表现与城市行政级别呈现相关性。其中，直辖市在各项指标上表现远远优于其他城市，副部级城市紧随其后，省会城市除贵阳外整体表现与非省会城市没有太大差距。在制度保障方面，不同行政层级的城市差别尤其显著。从 4 个一级指标来看，制度保障总体表现最好，其次是治理能力，比较薄弱的是治理绩效与公众参与。根据各级指标的表现，报告将城市类型划分为均衡型、制度支撑型、能力与制度支撑型、绩效与能力支撑型、公众弱化型以及公众参与型 6 类。

7. 基层社会治理“六和指数”（杭州市某研究院）

2020 年 8 月，杭州在打造市域社会治理“六和塔”工作体系基础上，以《杭州市推进市域社会治理现代化试点工作计划书》等文件为依据，杭州市“六和塔”评估体系建立了一个由党建领和、政府主和、社会协和、智慧促和、法治守和、文化育和为二级指标（表 6-28），同时包含 20 个二级指标、59 个三级指标的评估指标体系，探索了基层社会治理“六和指数”评估体系，成为杭州近年来着力打造市域社会治理标杆城市的又一生动实践。

表 6-28　基层社会治理“六和指数”

一级指标	二级指标
基层社会治理“六和指数”	党建领和
	政府主和
	社会协和
	智慧促和
	法治守和
	文化育和

相对于过去基层治理考核偏重经济、安全与民生等指标，新的评估体系更加强调基层治理是一种复合化治理。此外，每个层级的指标权重会根据政府年度工作目标导向和重点任务做出动态调整。在评估方式上，更加强调以市域为主导开展评估。相对于以往基层社会治理考核主要以区（县市）条线部门为主，以市域为主导开展基层社会治理评估，有助于在更加统一的标准下比较各镇（街）社会治理状况。在此基础上，更加统一的评估标准还有助于对考评结果的进一步加权汇总，进而把握杭州市域基层社会治理总体水平。

8. “平安+”市域社会治理指数（珠海市某研究院）

2019 年 11 月 27 日，在平安指数发布五周年之际，珠海市正式发布“平安+”市域社会治理指数。“平安+”指数是借鉴“互联网+”思维，以市域层面各类安全大数据为支撑，由内容体系、方法体系、应用体系三大体系构成，全面反映全市各镇街社会治理水平的综合工作机制。“平安+”指数以“国家长治久安、社会安定有序、人民安居乐业”为目标导向，涵盖社会稳定、生态安全、安全生产、社会共建、治安指数、文明指数、城市管理、社会正气、市民诉求、食药安全、交通安全、消防安全、消费评价、社会保障14个二级指标(表6-29)。具体分为日度指数和月度指数。其中日度指数包含7个一级指标，每日发布，具有城市平安现状晴雨表的作用；月度指数包含14个一级指标，以月度报告形式发布，全方位评价全市各区各镇街平安建设成效。

“平安+”指数在评分标准上采取横比与纵比相结合、标准差计算等科学方法，更加客观地反映地区平安状况。同时，依托云计算、大数据等技术，整合了公安、应急、城管、卫健、市场监督、12345服务热线等信息数据资源，建立了统一、开放、共享的信息系统。通过一键发布、查询统计、数据分析、事件热力图、态势感知、趋势预测等模块，实现了工作的全数字化。

表6-29　“平安+”市域社会治理指数

一级指标	二级指标
“平安+”市域社会治理指数	社会稳定
	生态安全
	安全生产
	社会共建
	治安指数
	文明指数
	城市管理
	社会正气
	市民诉求
	食药安全
	交通安全
	消防安全
	消费评价
	社会保障

9. 中国社会治理与发展指数(清华大学国家治理与全球治理研究院、清华大学社会治理与发展研究院、清华大学社会科学学院)

2020年11月，由清华大学国家治理与全球治理研究院、清华大学社会治理与发展研究院、清华大学社会科学学院主办，北京师范大学中国社会管理研究院、中国知网协办的“科技赋能·智治社会：面向‘中国之治’的社会治理现代化”暨第二届中国社会治理与发展高层论坛在清华同方科技大厦举行。《2020中国社会治理与发展指数(CSGDI)年度报告》在第二届中国社会治理与发展高层论坛上正式发布。

中国社会治理与发展指数(China Social Governance and Development Index，CSGDI)是结合社会治理理论和我国社会治理与发展实际，将社会治理和发展有机结合而创立的指数。该指数包括政府责任、安全、民生、社会参与、社会公平、可持续发展与民众满意度在内的 7 项二级指标（表 6-30），对我国 31 个省（自治区、直辖市）进行全面的评估和分析，客观指标与主观指标相结合,系统地反映和评估我国社会治理与发展的现状。

表 6-30　中国社会治理与发展指数

一级指标	二级指标
中国社会治理与发展指数	政府责任
	安全
	民生
	社会参与
	社会公平
	可持续发展
	民众满意度

10. 社会支持系统（中国科学院）

社会支持系统是由中国科学院所提出的一个体系，指的是可持续发展能力水平的有序运作、社会稳定能力的集中体现（表 6-31）。社会支持系统是由中国科学院所提出的一个概念，指的是可持续发展能力水平的有序运作、社会稳定能力的集中体现，其通过社会发展水平、社会安全水平和社会进步动力 3 个一级指标来保障社会支持系统的运行能力和系统的重建能力。

表 6-31　社会支持系统

一级指标	二级指标	三级指标
社会发展水平	人口发展指数	出生时平均预期寿命
		人口自然增长率
		全社会文盲率
	社会结构指数	第三产业劳动者占社会劳动者比例
		城市化率
		三人户占总户数的比例
	生活质量指数	居民生活条件
		居民消费水平
社会安全水平	社会公平指数	城乡收入水平差异
		就业公平度
		受教育公平度
	社会安全指数	城镇失业率
		贫困发生率
	社会保障指数	赡养比
		社会保障覆盖率

续表

一级指标	二级指标	三级指标
社会进步动力	社会潜在效能指数	劳动者文盲人口比例
		劳动者小学程度人口程度
		劳动者中学程度人口比例
		劳动者大学程度以上人口比例
	社会创造能力指数	欠教育人口参与比
		第二产业人口参与比
		科学家、工程师人口参与比

11. 中国中小城市投资潜力研究指标体系（中小城市发展战略研究院、国信中小城市指数研究院）

2019年，中国中小城市高质量发展指数研究成果发布，依据新发展理念和经济高质量发展的要求，中小城市发展指数研究体系从人口和劳动力、基础设施、交通区位、生态环境、营商环境五个维度，系统全面显示我国中小城市发展状况。通过研究树立全国百强县、百强区、千强镇等发展典型，引领中小城市在践行高质量发展实践中发挥更积极的导向作用。

投资潜力研究侧重于对蕴涵在区域这一综合体中的投资环境的营造和投资机会的发掘，努力引导区域发展方向，并对投资者决策提出建议。投资潜力研究指标体系包含五个方面：人口和劳动力、基础设施、交通区位、生态环境和营商环境（表6-32）。2019年，中小城市投资潜力进一步改善，投资潜力指数达到82.4，提高了0.1。对投资潜力提升贡献最大的是基础设施建设和生态环境改善。分区域看，东部、中部、西部和东北地区投资潜力分别为84.3、83.2、79.9和79.8。

表6-32 中国中小城市投资潜力研究指标体系

一级指标	二级指标
人口和劳动力	常住人口规模
	户籍人口占常住人口比重
	劳动年龄人口平均受教育年限
基础设施	辖区内国家级和省级产业园区数量
	建成区路网密度（快速道、主干道）
	万人公共厕所数量
	城镇公共供水普及率
	城镇管道燃气普及率
	城镇宽带接入速率

续表

一级指标	二级指标
交通区位	辖区内是否有（高铁站、民航机场、普通客运火车站、货运火车站、港口）
	辖区内高速公路出入口个数
	与超大城市、特大城市、大城市距离
生态环境	森林覆盖率
	空气质量优良率
	PM2.5 浓度下降率
	断面水质达标率
	建成区环境噪声达标区覆盖率
	建成区绿地率
营商环境	非税收入占一般公共财政预算收入的比重
	政府债务变化率
	财政供养公职人员与常住人口之比
	本级政府审批事项的数量
	审批性备案事项在全部备案事项中所占比重

12. ASHA（American Social Health Association）指标法（美国社会卫生组织）

ASHA 指数是美国社会卫生组织提出的，主要用来反映一个国家尤其是发展中国家的社会经济发展水平以及在满足人民基本需要方面所取得的成就。

表 6-33　ASHA 指标法

一级指标	二级指标
ASHA 指标法	就业率
	识字率
	平均预期寿命
	人均 GDP
	人口出生率
	婴儿死亡率

6.3.4　创新类指标体系

1. 国家创新指数（中国科学技术发展战略研究院）

2013 年，中国科学技术发展战略研究院提出了国家创新指数。按照国际学者观点，创新型国家是指创新能力排在前 20 位的国家。为全面、客观和综合地评价我国科技发展对经济社会发展的作用，根据建设创新型国家目标，自 2006 年开始借鉴国内外相关成果，开展了持续的研究，提出了国家创新指数指标体系和计算方法，对 40 个国家的创新指数进行了测算。根据对“创新型国家”的定义和领导专家意见，经分析比较，最后形成以创新资源、知识创新、企业创新、创新绩效和创新环境 5 个方面构成的二级指标体系框架(表 6-34)。

表 6-34　国家创新指数指标体系

一级指标	二级指标	三级指标
国家创新指数	创新资源	R&D 经费与 GDP 的比值
		每万人口中 R&D 人员
		高等教育毛入学率
		R&D 经费总额
	知识创新	学术部门每百万研发经费的科学论文引证数(SCI)
		每万 R&D 人员的科技论文数
		每百人互联网用户数
		每亿美元 GDP 发明专利申请数
		发明专利授权数
	企业创新	企业研发经费占工业增加值的比例
		每万企业研究人员拥有三方专利数
		高技术产业增加值占 GDP 的比重
		知识服务业增加值占 GDP 的比重
		高技术产业增加值
	创新绩效	综合技术自主率
		总体生产率水平(人均 GDP)
		高技术产业出口占制造业出口的比重
		单位能源消耗的 GDP 产出
		高技术产业出口额
	创新环境	知识产权保护力度
		政府规章对企业负担影响
		宏观经济环境
		当地研究与培训专业服务状况
		反垄断政策效果
		员工收入与效率挂钩程度
		企业创新项目获得风险资本支持的难易程度
		产业集群发展状况
		企业与大学研发协作程度
		政府采购对技术创新影响

2017 年中国创新指数为 196.3（以 2005 年为 100），比上年增长 6.8%。分领域看，创新环境指数、创新投入指数、创新产出指数和创新成效指数分别达到 203.6、182.8、236.5 和 162.2，分别比上年增长 10.4%、6.2%、5.9%和 4.8%。2019 年中国的创新指数排名跃升至全球第 14 位，是前 15 名中唯一的发展中国家。

2. 创新系统生态评价（清华大学创新发展研究院）

城市创新是国家经济增长与社会发展的关键驱动要素，对它的研究不仅要关注当下时点的效率情况，更要观测城市创新未来的可持续性。在理论框架上，分别从效率和健康度方面对城市创新进行解析。在参考自然生态系统评价标准的基础上，充分考虑人的主观能动性，提出了从效率和健康度两个大维度对城市创新生态系统进行评价。效率关注城市创新生态系统当前的创新水平，在创新过程的调节下，创新产出和创新投入能否实现比值最优。健康度则强调城市创新生态系统的开放、成长与可持续性，健康的城市创新生态系统能够通过创新的新陈代谢，不断实现自我的演化成长。

3. 中国创新指数（CII）（国家统计局社科文司）

为落实党的十八大报告提出的“实施创新驱动发展战略”精神，客观反映建设创新型国家进程中我国创新能力的发展情况，国家统计局社科文司《中国创新指数（CII）研究》课题组研究设计了评价我国创新能力的指标体系和指数编制方法，并对 2005～2011 年中国创新指数（China Innovation Index，CII）及 4 个分指数（创新环境指数、创新投入指数、创新产出指数、创新成效指数）进行了初步测算。测算结果表明，2005 年以来我国创新能力稳步提升，在创新环境、创新投入、创新产出、创新成效 4 个领域均取得了积极进展。

中国创新指标体系分成三个层次（表 6-35）。第一个层次用以反映我国创新总体发展情况，通过计算创新总指数实现；第二个层次用以反映我国在创新环境、创新投入、创新产出和创新成效 4 个领域的发展情况，通过计算分领域指数实现；第三个层次用以反映构成创新能力各方面的具体发展情况，通过上述 4 个领域所选取的 21 个评价指标实现。

表 6-35　中国创新指数（CII）

一级指标	二级指标	三级指标
中国创新指数	创新环境	经济活动人口中大专及以上学历人数
		人均 GDP
		信息化指数
		科技拨款占财政拨款的比重
		享受加计扣除减免税企业所占比重
	创新投入	每万人 R&D 人员全时当量
		R&D 经费占 GDP 比重
		基础研究人员人均经费
		R&D 经费占主营业务收入的比重
		有研发机构的企业所占比重
		开展产学研合作的企业所占比重

续表

一级指标	二级指标	三级指标
中国创新指数	创新产出	每万人科技论文数
		每万名R&D人员专利授权数
		发明专利授权数占专利授权数的比重
		每百家企业商标拥有量
		每万名科技活动人员技术市场成交额
	创新成效	新产品销售收入占主营业务收入的比重
		高技术产品出口占货物出口额的比重
		单位GDP能耗
		劳动生产率
		科技进步贡献率

4. 创新城市评价指标体系(国家统计局统计科学研究所)

2009年国家统计局统计科学研究所创新城市评价课题组根据城市创新的特殊性，参考了经济合作与发展组织(OECD)的《OECD科学技术和工业计分牌》、欧盟的《欧洲创新计分牌》、国家统计局的《创新型国家进程统计监测研究报告》，建立了由6个模块和30个指标构成的评价体系，并对我国主要创新城市进行了评价。创新城市评价采用综合评价方法，即在创新城市评价指标体系的基础上，将不同量纲的指标加以综合而形成无量纲化的二级评价值，将这些评价值按照创新资源、创新投入、创新企业、创新产业、创新产出和创新效率6个模块合成为6个一级评价值(一级指数)，然后再将这6个一级指数合成为总指数(表6-36)。

表6-36 创新城市评价指标体系

一级指标	二级指标	三级指标
创新城市评价指标体系	创新资源	专业技术人员占就业人员比重
		大专以上学历人口占总人口比重
		百万人口大专院校在校学生数
		人均GDP
		万人国际互联网络用户数
	创新投入	R&D经费支出占GDP比例
		企业R&D经费支出中政府投入所占比重
		研究机构和高校的R8D经费支出中企业投入所占比重
		基础研究支出占R&D经费支出比重
		地方财政科技拨款占地方财政支出比重

续表

一级指标	二级指标	三级指标
创新城市评价指标体系	创新企业	企业 R&D 经费支出占产品销售收入比重
		开展创新活动的企业占比重
		企业其他创新经费支出占产品销售收入比重
		企业消化吸收经费支出与技术引进经费支出比例
		企业 R&D 科学家和工程师占企业就业人员比重
	创新产业	高技术产业就业人员占全社会就业人员比重
		知识密集型服务业就业人员占全社会就业人员比重
		高技术产品出口额占商品出口额比重
		新产品销售收入占产品销售收入比重
		高新技术产业开发区技术性收入占总收入比重
	创新产出	百万人发明专利拥有量
		百万人美国专利拥有量
		百万人技术合同成交额
		百万人向国外转让的专利使用费和特许费
		百万人驰名商标拥有量
	创新效率	高技术产业劳动生产率
		知识密集型服务业劳动生产率
		劳动生产率
		资本生产率
		综合能耗产出率

根据创新城市评价标准，参评城市总体的创新水平指数为 32.16%，相当于较先进发达国家水平的 1/3 左右。从一级指标看，创新资源指数、创新产业指数和创新效率指数相当于较先进发达国家的 1/3 左右；创新投入指数、创新企业指数和创新产出指数相当于较先进发达国家水平的 1/4 左右。可见，即使是我国创新水平较高的 20 个城市与较先进的发达国家比较，也还存在相当大的差距。

5. 智力支持系统（中国科学院）

智力支持系统由中国科学院提出（表 6-37），亦称“制度支持系统”。它是可持续发展能力水平的决策指挥中枢，反映管理的调控能力。它要求人的认识能力、判断能力、竞争能力和创新能力能适应总体发展的水平。即人的智力开发和对自然-社会-经济复合系统的驾驭能力要适应可持续发展水平的要求。

表 6-37　智力支持系统指标体系

一级指标	二级指标	三级指标	
区域教育能力	教育投入指数	教育经费支出占 GDP 比例	
		教育经费占全国份额	
	教育规模指数	万人中等学校在校学生数	
		万人在校大学生数	
		万人拥有中等学校教师数	
		万人拥有大学教师数	
	教育成就指数	学龄儿童入学率	
		中等学校以上在校学生数占学生总数比例	
		文盲减少率	
区域科技能力	科技资源指数	科技人力资源	万人拥有科技人员数
			科学家工程师人数占科技人员比例
		科技经费资源	R&D 经费占 GDP 比例
			地方科技事业费、科技三费占财政支出比例
			大型企业技术开发费占产品销售收入比例
			科技人员平均经费
			企业研发经费与政府研发经费之比
	科技产出指数	科技论文产出	千名科技人员发表论文数
			单位科研经费的论文产出
		专利产出能力	万人专利授权量
			各省专利授权量占全国份额
	科技贡献指数	直接经济效益	技术市场成交额占全国份额
			技术市场成交额占 GDP 比例
			大中型企业新产品产值占其总产值比例
			企业技术开发人员人均创造的新产品销售收入
		间接经济效益	主要原材料节约程度
			万元产值能耗下降率
			万元产值废水排放下降率
			万元产值废气排放下降率
			万元产值固体废物排放下降率
			全社会劳动生产率的增长率

续表

一级指标	二级指标	三级指标	
区域管理能力	政府效率指数	政府财政效率	财政自给率
			财政收入弹性系数
			人均财政收入
		政府工作效率	公务员占总就业人数比例
			行政管理费用占财政支出比例
			每个公务员创造的服务收益
			政府消费占 GDP 比例
	经社调控指数	经济调控绩效	财政收入占 GDP 比例
			经济波动系数
			市场化程度
		社会调控绩效	城乡收入差距变动
			失业率的变化
			城市化增长率
	环境管理指数	环境影响评价执行力度	
		制度执行力度	
		污染源限期治理及目标责任制执行力度	
		环境问题来访处理率	

6. 中国中小城市科技创新指数（中小城市发展战略研究院、国信中小城市指数研究院）

2019 年，中小城市发展战略研究院、国信中小城市指数研究院通过《中国中小城市绿皮书 2019》发布中国中小城市高质量发展指数研究成果，依据新发展理念和经济高质量发展的要求，中小城市发展指数研究体系从综合实力、绿色发展、投资潜力、科技创新和新型城镇化质量五个维度，系统、全面显示我国中小城市发展状况。通过研究树立全国百强县、百强区、千强镇等发展典型，引领中小城市在践行高质量发展实践中发挥更积极的导向作用。

科技创新研究力图对创新环境、创新服务、创新融资、创新主体、创新成效等进行系统评估。科技创新研究指标体系包括“双创”平台建设、研发潜力、科技创新活力和科技创新成效四个方面（表 6-38）。2019 年，中小城市科技创新指数为 58.5，创新指数有所提升，但与大城市相比，创新能力较弱、创新成效不显著等问题仍然比较明显。分区域看，东部、中部、西部和东北地区的中小城市科技创新指数分别为 65.8、56.4、52.5 和 52.2，区域之间创新发展差距进一步拉大。

表 6-38　中国中小城市科技创新研究指标体系

一级指标	二级指标
“双创”平台建设	国家级、省级高新技术产业园区数
	国家级、省级、市级科技部门认定的新型研发机构数
	国家级、省级、市级科技创新创业平台数
研发潜力	教育科技支出占本级财政支出比重
	研发投入占 GDP 比重
	每万人专业技术人员数
	每万人大专以上学历人员数
	高新技术企业数
科技创新活力	新增发明专利授权占专利授权总数的比重
	新增注册商标数占全部商标比重
	新增企业占全部企业比重
	累积上市企业数(不含新三板)
科技创新成效	战略性新兴产业产值占规上工业总产值比重
	技术市场成交金额占 GDP 比重

7. 全球创新指数(世界知识产权组织、欧洲工商管理学院、美国康奈尔大学)

全球创新指数(global innovation index，GII)是世界知识产权组织、康奈尔大学、欧洲工商管理学院于 2007 年共同创立的年度排名，衡量全球 120 多个经济体在创新能力的表现，是全球政策制定者、企业管理执行者等人士的主要基准工具。全球创新指数从 2007 年起每年发布，旨在帮助全球决策者更好地制定政策，促进创新(表 6-39)。2018 年全球创新指数的主题为“为世界注入能量”，以包括知识产权申报率、移动应用开发、教育支出以及科技出版物等在内的 80 项指标为分析依据，对 126 个经济体创新情况进行了排名。

表 6-39　全球创新指数

一级指标	二级指标	三级指标
全球创新指数	创新投入	创新的制度与政策环境
		人力资源
		基础设施
		市场成熟度
		商业成熟度
	创新产出	知识创造
		创意产出

《2020 年全球创新指数报告》显示，排名前十的为瑞士、瑞典、美国、英国、荷兰、

丹麦、芬兰、新加坡、德国和韩国。与 2019 年相比，中国排名保持不变，位居第 14。中国香港也作为一个经济体参与了 2020 全球创新指数排名，在 131 个经济体中名列第 11 位。

8. 科技竞争力评价指数（瑞士洛桑国际管理学院）

在综合指标评比排序中大量使用"软指标"，是科技竞争力评价指标的一个突出特色。它的科技要素评价统计指标的依据是科技指标研究。在严格规范的统计基础上，科技指标研究为科技政策的研究与制定研究提供了丰富的数据和系统细致的指标分析和国际比较（表 6-40）。

表 6-40　科技竞争力评价指数

一级指标	二级指标
科技竞争力评价指数	研究与开发支出
	研究与开发的人力
	技术管理
	科学环境
	知识产权

6.3.5　环境类指标体系

1. 生态建设类指标（中国统计学会）

"十二五"规划建议指出，坚持把建设资源节约型、环境友好型社会作为加快转变经济发展方式的重要着力点。深入贯彻节约资源和保护环境基本国策，节约能源，降低温室气体排放强度，发展循环经济，推广低碳技术，积极应对气候变化，促进经济社会发展与人口资源环境相协调，走可持续发展之路。因此，生态建设模块设置了资源消耗、CO_2 排放、环境治理 9 项二级指标（表 6-41）。

表 6-41　生态建设类指标

一级指标	二级指标
生态建设类规划	资源消耗
	单位 GDP 水耗
	单位 GDP 建设用地占用
	CO_2 排放
	环境治理
	工业"三废"处理达标率
	城市生活垃圾无害化处理率
	城镇生活污水处理率
	环境质量指数

2. 中国可持续发展指标体系（中国国际经济交流中心、哥伦比亚大学地球研究院）

2017 年 12 月 19 日，中国可持续发展指标体系（CSDIS）研究成果首次发布。该项研究成果是由中国国际经济交流中心与哥伦比亚大学地球研究院历时近三年联合完成的。双方课题组以及国家发改委、生态环境部（原环保部）、统计局、国际机构等相关专家学者参加了研讨会。

中方课题组负责人表示，新建一套能被社会普遍认可的指标体系是件很难的事。党的十九大精神为开展可持续发展、低碳发展、绿色发展等指标体系研究提供了强大的精神动力。课题组在进行国际比较分析的基础上，结合中国国情，初建了一套中国可持续发展指标体系，尝试创新经济发展考量体系，以弥补 GDP 指标的缺陷和不足，以加快适应新时代高质量发展和建设美丽中国的要求。依据这套测评系统，课题组还向社会发布了除西藏之外的 30 个省、自治区和直辖市，以及 70 个大中城市的可持续发展表现排名情况，同时也进行了国际城市案例比较。中国可持续发展测评系统的构建有助于中国更好地参与全球环境治理，有利于对全国可持续发展程度进行监测和评估。同时，也对各省市贯彻新发展理念、促进可持续发展提供参考。

3. 生存支持系统（中国科学院）

生存支持系统由中国科学院所提出的一个概念，亦称“基础支持系统”，是可持续发展能力水平的基本支撑（表 6-42）。以供养人口并保证其生理延续为标志。是反映一个国家（或地区）按人口平均的资源数量和质量对该空间内人口的基本生存和发展的支撑能力。如果考虑资源的世代分配后满足支持要求，则具备了可持续发展的初步条件；如果在自然状态下不能满足，则应依靠科技进步寻找替代资源，使生存支持系统保持在区域人口第一需求的满足范围之内。指标如表 6-43 所示。

表 6-42　生存支持系统

一级指标	二级指标	三级指标
生存资源禀赋	土地资源指数	人均耕地
		耕地质量
		耕地占全国份额
	水资源指数	人均水资源
		水资源密度
	水土资源匹配指数	水资源占全国份额
		土地资源占全国份额
	气候资源指数	光合有效辐射
		≥10℃积温
		年平均降水
		年均霜日

续表

一级指标	二级指标	三级指标
生存资源禀赋	生物资源指数	人均 NPP①
		NPP 密度
		NPP 占全国份额
农业投入水平	物能投入指数	单位播种面积农机总动力
		单位播种面积用电量
		单位播种面积化肥施用量
		灌溉率
	资金投入指数	农户人均生产费用支出
		单位播种面积农业财政支出
资源转化效率	生物转化效率指数	单位播种面积粮食产量
		农业劳动生产力
		粮食安全保证率
		化肥利用效率
	经济转化效率指数	人均农业总产值
		单位播种面积农业总产值
		农业总产值增长率
		农村人均收入
生存持续能力	生存稳定指数	农业产值波动系数
		粮食产量波动系数
		人均收入波动系数
	生存持续指数	高产稳产田建设占耕地面积比例
		旱涝盐碱治理率
		成灾率
		中等教育水平以上农业劳动者比例

① NPP（Net Primary Productivity，植被净初级生产力）。

表 6-43　环境支持系统

一级指标	二级指标	三级指标	
区域环境水平	排放强度指数	废气排放水平	人均废气排放
			废气排放密度
		废水排放水平	人均废水排放
			废水排放密度
		废弃物排放水平	人均固体废弃物排放
			固体废弃物排放密度

续表

一级指标	二级指标	三级指标	
区域环境水平	大气污染指数	SO_2 排放水平	人均 SO_2 排放
			SO_2 排放密度
		烟尘排放水平	人均烟尘排放
			烟尘排放密度
区域生态水平	生态脆弱指数	地形起伏度	
		地震灾害频率	
	气候变异指数	干燥度	
		受灾率	
	土壤侵蚀指数	水土流失率	
		荒漠化率	
		盐碱化率	
区域抗逆水平	环境治理指数	污染治理投资占 GDP 比例	
		废水排放达标率	
		废气处理率	
		固体废弃物综合利用率	
	生态保护指数	森林覆盖率	
		自然保护区面积比率	
		水土流失治理率	
		人均造林面积	

4. 环境可持续指数(美国耶鲁大学环境法律与政策中心、哥伦比亚大学国际地球科学资讯网络中心)

环境可持续指数(ESI)是美国耶鲁大学、哥伦比亚大学和世界经济论坛按照 21 个环境可持续发展要素对国家进行排序。这 21 个要素包括了自然资源状况，过去和现在的污染水平，环境管理力度，对于全球公共资源保护的贡献和社会改变环境情况的能力。环境可持续发展报告实际上是对一个国家各项政策的全面总结和评估。

2005 年 1 月 27 日，评估世界各国(地区)环境质量的环境可持续指数，在瑞士达沃斯正式对外发布(表 6-44)。在全球 144 个国家和地区中，排名第 1～10 名依次为芬兰、挪威、乌拉圭、瑞典、冰岛、加拿大、瑞士、圭亚那、阿根廷和奥地利。日本位列第 30 名，德国位列第 31 名，俄罗斯位列第 33 名，法国位列第 36 名，美国位列第 45 名。

表 6-44　环境可持续指数

一级指标	二级指标
环境可持续指数	自然资源
	过去与现在的污染程度
	环境管理努力
	对国际公共事务的环保贡献
	历年来改善环境绩效的社会能力

5. 中国可持续发展评价指标体系（中国国际经济交流中心、社会科学文献出版社）

2019 年 8 月 29 日，中国国际经济交流中心、社会科学文献出版社共同发布了《可持续发展蓝皮书：中国可持续发展评价报告(2019)》。该报告基于中国可持续发展评价指标体系的基本框架，对 2018 年中国国家级、省级及 100 个大中城市的可持续发展状况进行全面、系统的数据验证分析并排名。对照联合国 2030 可持续发展议程的 17 项可持续发展目标，详细介绍了中国落实联合国可持续发展目标的进展情况、所采取的重要政策举措及其在经济、社会和环境等方面取得的显著成效，并就进一步落实可持续发展议程提出了若干建议。

通过对大量的国际文献进行综述，全面概览了各国际组织及各国政府为推动发展转型而制定的可持续发展指标体系和框架；同时，从发达国家和发展中国家甄选出部分城市，对其可持续发展指标情况进行了比较分析，这些城市包括美国纽约、巴西圣保罗、西班牙巴塞罗那、法国巴黎、新加坡以及中国香港。此外，还进行了案例分析，包括绿色金融、绿色物流、数据智能、智慧城市、发展应用实例，以及河南省济源市的简洁型市级环境性能指标分析。指标如表 6-45 所示。

表 6-45　中国可持续发展评价指标体系

一级指标	二级指标	三级指标
可持续发展评价指标体系	社会民生	教育文化
		社会保障
		卫生健康
		均等程度
	经济发展	创新驱动
		结构优化
		稳定增长
	资源环境	国土资源
		水环境
		大气环境

续表

一级指标	二级指标	三级指标
可持续发展评价指标体系	消耗排放	土地消耗
		水消耗
		能源消耗
		主要污染物排放
		工业危险废物产生量
		温室气体排放
	环境治理	治理投入
		废水处理
		固体废物处理
		危险废物处理
		垃圾处理
		减少温室气体排放

6. 中小城市绿色发展研究指标体系（中小城市发展战略研究院、国信中小城市指数研究院）

2019 年中国中小城市高质量发展指数研究成果发布，依据新发展理念和经济高质量发展的要求，中小城市发展指数研究体系从综合实力、绿色发展、投资潜力、科技创新和新型城镇化质量五个维度，系统、全面显示我国中小城市发展状况。通过研究树立全国百强县、百强区、千强镇等发展典型，引领中小城市在践行高质量发展实践中发挥更积极的导向作用。指标如表 6-46 所示。

表 6-46　中小城市绿色发展研究指标体系

一级指标	二级指标
资源节约	万元 GDP 能耗
	新能源使用比重
	万元 GDP 耗水量
	工业“三废”综合利用率
	主要农作物秸秆综合利用率
	农田灌溉水有效利用系数
	工业增加值/工业用地面积
绿色生活	城市公共交通机动化出行分担率
	新能源汽车保有量增长率
	农村卫生厕所普及率
	城镇绿色建筑占新建建筑比重
	绿色产品占有率(高效节能产品)

续表

一级指标	二级指标
污染治理	工业废气达标量
	工业废水达标量
	工业固体废物处置率
	城镇生活污水处理达标率
	城镇生活垃圾无害化处理率
	农村生活污水处理率
	生活垃圾分类收集率
	生活垃圾资源回收率
	单位耕地使用农药减少率
	单位耕地使用化肥减少率
生态建设	矿山废渣无害化回填率
	新增水土流失面积
	草原综合植被覆盖率
	森林覆盖率
	森林蓄积量增加率
	可治理沙化土地治理率

坚持绿色发展是发展观的一场深刻革命。在工业化中后期和后工业化时期，生态资源价值越来越为人们所认可，绿色生态越来越成为最大财富、最大优势、最大品牌。中小城市绿色发展研究指标体系包括四个方面：资源节约、绿色生活、污染治理和生态建设。2019 年，中国中小城市绿色发展指数达到了 61.7。分区域看，东部地区绿色发展指数仍然领先，提高了 0.6，达到了 67.1；中部、西部和东北地区绿色发展指数也有所上升，分别达到了 58.7、52.6 和 55.3。

7. 环境绩效指数（美国耶鲁大学环境法律与政策中心、哥伦比亚大学国际地球科学信息网络中心）

环境绩效指数（environmental performance index，EPI）是由耶鲁大学环境法律与政策中心、哥伦比亚大学国际地球科学信息网络中心联合实施，在 2002～2005 年连续 4 年编制的“环境可持续指数”基础上发展而来的，已经推出了 2006EPI、2008EPI 和 2010EPI。2006EPI 提出了六大政策类别中的 16 项指标，2008EPI 将指标扩展到了 25 个，2010EPI 则是建立在十大政策分类的 25 项指标的基础上。环境绩效指数建立的指标体系关注于环境可持续性和每个国家的当前环境表现，通过一系列的政策制定和专家认定的表现核心污染和自然资源管理挑战的指标来收集数据，虽然对于环境指数的合理范畴没有精确的答案，但其选择的指标可以形成一套能反映当前社会环境挑战的焦点问题的综合性指标体系。指标如表 6-47 所示。

表 6-47　环境绩效指数

目标	指标大类	指标
环境健康	健康影响	儿童死亡率
	空气质量	家居空气质量
		空气污染（PM2.5）
		空气污染（PM2.5 超标量）
	安全饮用水和环境卫生设施	清洁饮用水获取机会
		卫生设施获得机会
生态系统活力	水资源	污水处理
	农业	农业补贴
		杀虫剂的管制
	森林	森林覆盖率变化
	渔业	沿海大陆架捕捞压力
		鱼类资源
	生物多样性和生境	生态保护区
		海洋保护区
		重要生物栖息地保护
	气候和能源	二氧化碳排放趋势
		二氧化碳排放趋势变化
		每千瓦时二氧化碳排放趋势

2010EPI 使用 25 个环境指标并遵循十个政策分类对 163 个国家和地区的环境绩效情况进行了排名。其中建立的十个政策类别分别是：环境疾病负担、水对人类的影响、空气污染对人类的影响、空气污染对生态系统的影响、水对生态系统的影响、生物多样性和栖息地、森林、渔业、农业和气候变化。其选择的 25 个指标主要通过以下几种方式选出：大量环境政策文献；每个政策范畴内专家广泛接受的共识；来自“千年发展目标”“气候变化的政府间专门小组”和“全球环境展望”等其他对话达成的共识；围绕多个环境协议的环境政策争论；专家评判意见等。该指数确定了环境管理的政策性目标，并计算了各个国家的实际表现与该目标的差距，作为污染控制和自然资源管理的定量工具，

为政策改进提供了有力工具，为环境决策提供了更坚实的分析基础。

8. 可持续发展指标体系（英国）

英国城市可持续发展指标体系评价了 2010 年英国主要城市的可持续发展状况，列出了排名前 20 的城市的基本发展评价指标。英国城市可持续发展评价采用的指标体系如表 6-48 所示。主要包括环境质量、生活质量和为未来发展三个一级指标，环境质量中又包括空气质量、生物多样性、生活垃圾、生态足迹四个方面，生活质量包括就业、交通、教育、健康、绿地面积等基本方面，未来发展则涉及气候变化、粮食生产、经济发展和资源循环利用四个方面，二级指标共 13 个。二级指标分别用一个详细可监测或计算的三级指标来反映。

表 6-48　可持续发展指标体系（英国）

一级指标	二级指标	三级指标
环境质量	空气质量	二氧化碳浓度
	生物多样性	过去五年中受到保护的当地物种比例
	生活垃圾	人均产生生活垃圾
	生态足迹	维持现有生活所需土地
生活质量	就业	接受求职就业补贴人口比例
	交通	无车情况下到达公共场所的时间
	教育	拥有国家职业合格证书及以上学历的人群比例
	健康	平均寿命
	绿地面积	每十万人拥有的集中绿地
未来发展	气候变化	应对气候变化的规划和行动
	粮食生产	一千人拥有的份额
	经济发展	一万人拥有的新企业
	资源循环利用	生活垃圾重复利用率

9. 环境可持续发展指标（美国耶鲁大学环境法规与政策研究中心与哥伦比亚大学全球网络信息研究中心）

美国耶鲁大学环境法规与政策研究中心和哥伦比亚大学全球网络信息研究中心确定的环境可持续发展指标如表 6-49 所示，一级指标分为 3 项，二级指标分为 14 项，三级指标 45 项，研究同时评价了 146 个国家的环境可持续发展综合指标。

表 6-49　环境可持续发展指标

一级指标	二级指标	三级指标
环境系统	空气质量	市镇二氧化氮浓度
		市镇二氧化硫浓度
		市镇大气粗颗粒物（TSP）浓度
		固体燃料使用带来的室内污染
	生物多样性	受到生态恶化威胁的区域占总面积的比例
		受威胁的鸟类占已知鸟类总数的比例
		受威胁的哺乳动物占已知哺乳动物总数的比例
		受威胁的两栖动物占已知两栖动物总数的比例
		生物多样性指标
	土地	人类活动影响非常小的地区所占比例
		人类活动影响非常大的地区所占比例
	水质	溶解氧浓度
		电导率
		磷浓度
		悬浮固体
	水量	人均可利用的干净水量
		人均地下水可利用量
环境质量改善	空气污染改善	单位居住面积碳消耗量
		人类活动产生的单位居住面积氮氧化物排放量
		人类活动产生的单位居住面积二氧化硫排放量
		人类活动产生的单位居住面积挥发性有机化合物（VOC）排放量
		单位居住面积使用交通工具量
	生态系统改善	从 1990 年到 2000 年平均森林覆盖率变化
		人类活动产生的酸沉降导致的酸化
	人口压力改善	2004～2050 年规划人口变化率
		总施肥施用率
	垃圾与消耗的减量	人均生态足迹
		垃圾回用率
		危险性废物产生
	水资源压力改善	单位可利用水量中工业生化需氧量（BOD）排放量
		每公顷耕地上化肥施用量
		每公顷耕地上杀虫剂施用量
		水资源压力较大地区比例

续表

一级指标	二级指标	三级指标
环境质量改善	自然资源管理	过度鱼类捕捞量
		定为可持续管理的森林面积比例
		世界经济论坛调查的补助情况
		灌溉导致的盐泽化地区面积占总耕地面积比例
		农业补贴
人类受害程度	环境健康	肠疾病感染死亡率
		儿童感染呼吸疾病死亡率
		每千名 5 岁以下儿童死亡的概率
	基础生机	营养不良比例
		饮用处理后的水源人口比例
	环境灾害伤亡率	100 万人口中死于洪水，热带风暴和干旱的平均数
		环境灾害暴露指数

6.3.6　其他人类发展指标体系

1. 人类发展指数(联合国开发计划署)

1990 年，联合国开发计划署(United Nations Development Programme，UNDP)创立了人类发展指数(human development index，HDI)，即以预期寿命、教育水平和生活质量三项基础变量(表 6-50)，按照一定的计算方法，得出的综合指标，并在当年的《人类发展报告》中发布，用以衡量联合国各成员国经济社会发展水平的指标，是对传统的国民生产总值(GNP)指标挑战的结果。1990 年以来，人类发展指标已在指导发展中国家制定相应发展战略方面发挥了极其重要的作用。之后，联合国开发计划署每年都发布世界各国的人类发展指数，并在《人类发展报告》中使用它来衡量各个国家人类发展水平。

人类发展指数是联合国开发计划署自 1990 年起开始编制的，被广泛用于测度和比较各国的相对人类发展水平。该指数由三个分项指数：预期寿命指数、教育指数和人均生活质量 GDP 指数组成，最后按简单平均得到指数值。三个分项指数共有四个指标，即出生时预期寿命、教育指数(包括成人识字率和综合毛入学率)、人均 GDP。人均 GDP 反映一国或一个城市的经济实力和基础；教育是人类发展之本；预期寿命则是一个信息量极大的指标，居民安全、营养、医疗和环境等因素，都可以通过这个指标得以综合体现。

表 6-50　人类发展指数指标体系

一级指标	二级指标
人类发展指数	预期寿命
	教育水平
	生活质量

根据近数十年的数据，挪威和澳大利亚一直是人类发展指数最高的两个国家(20 世纪 90 年代中期以前澳大利亚长期领先，此后挪威长期领先)，北欧国家、德国、加拿大、新西兰、美国、瑞士、荷兰、韩国、新加坡都是近年来排名大致长期属于前列的国家。

2. 中国人类发展指数(国家人口计生委发规信息司)

中国人类发展指数(CHDI)表是中国一级行政区划(省、自治区、直辖市与特别行政区)根据人类发展指数的排名表，创建中国人类发展指标体系，它主要包含五个维度：健康、知识、经济发展、公平享有经济社会发展成果和政治权利、脱贫状况等，即除了人类发展指数所包含的三个维度外，加了脱贫和公平维度。其中，寿命维度用出生时的预期寿命来度量；知识是通过教育的实现程度来表现的，而教育的实现程度可以用成人识字率和初级、中级及高级教育的综合入学率作为替代指标；资源的获取用购买力平价调整的实际人均 GDP 来计算；公平地享有社会发展成果和政治权利状况通过基尼系数标准化计算所得；贫富差距改善或者脱贫状况通过贫困发生率标准化计算所得。因此，CHDI 的构成实际上包含五个维度上的六个指标，即出生时平均预期寿命、成人识字率、综合毛入学率、人均 GDP、公平指数、贫困指数(表 6-51)。

表 6-51　中国人类发展指数

一级指标	二级指标	三级指标
中国人类发展指数	期望寿命	平均预期寿命
	知识水准	成人识字率
		综合毛入学率
	生活水准	人均 GDP
	公平	公平指数
	脱贫状况	贫困指数

3. 综合发展指数(中国统计学会)

2011 年，中国统计学会《综合发展指数研究》课题组据科学发展观的内涵与要求构建了一套综合发展评价指标体系，并据此对各地区综合发展指数(comprehensive development index，CDI)进行测算。综合发展指数由中国统计学会研究提出，从经济发展、民生改善、社会发展、生态建设、科技创新、公众评价 6 方面，选定 45 项指标，对地区的发展进行全面的综合性的评价，先后计算分类指数和总指数，体现了“以人为本”的核心理念和“全面协调可持续”的基本要求。

1) 经济发展类

“十二五”规划建议指出，以加快转变经济发展方式为主线，是推动科学发展的必由之路。按照坚持把经济结构战略性调整作为加快转变经济发展方式的主攻方向，力争经济结构战略性调整取得重大进展。因此，经济发展模块设置了经济增长、结构优化、发展质量 3 项二级指标及 8 项三级指标。

2) 民生改善类

“十二五”规划建议指出，完善保障和改善民生的制度安排，把促进就业放在经济社会发展优先位置，加大收入分配调节力度，坚定不移走共同富裕道路，使发展成果惠及全体人民。因此，民生改善模块设置了收入分配、生活质量、劳动就业 3 项二级指标及 12 项三级指标。

3) 社会发展类

“十二五”规划建议指出，加快发展各项社会事业，完善基本公共服务体系，统筹城乡发展，加快推进社会主义新农村建设，促进区域良性互动、协调发展。因此，社会发展模块设置了公共服务支出、区域协调、文化教育、卫生健康、社会保障、社会安全 6 项二级指标及 10 项三级指标。

4) 生态建设类

“十二五”规划建议指出，坚持把建设资源节约型、环境友好型社会作为加快转变经济发展方式的重要着力点。按照深入贯彻节约资源和保护环境基本国策，节约能源，降低温室气体排放强度，促进经济社会发展与人口资源环境相协调，走可持续发展之路。因此，生态建设模块设置了资源消耗、CO_2 排放、环境治理 3 项二级指标及 10 项三级指标。

5) 科技创新类

“十二五”规划建议指出，把科技进步和创新作为加快转变经济发展方式的重要支撑，充分发挥科技第一生产力和人才第一资源作用，推动发展向主要依靠科技进步、劳动者素质提高、管理创新转变，加快建设创新型国家的要求。因此，科技创新模块设置了科技投入、科技产出 2 项二级指标及 4 项三级指标。

6) 公众评价类

对综合发展的评价，必须坚持群众满意的原则。因此，评价体系引入公众满意度指标，作为重要的辅助参考指标，其不参与定量评价(表 6-52)。

表 6-52　公众评价类指标

二级指标	三级指标	备注
公众满意	公众对综合发展成果的满意度	采用民意调查，用于衡量公众对于综合发展的主观感受和认可程度

7) 民生改善类

“十二五”规划建议指出，完善保障和改善民生的制度安排，把促进就业放在经济社会发展优先位置，加大收入分配调节力度，坚定不移走共同富裕道路，使发展成果惠及全体人民。民生改善模块设置了收入分配、生活质量、劳动就业 3 项二级指标及 12 项三级指标。

4. 中国民生发展指数(北京师范大学)

民生指数、幸福指数已成为国际社会广泛采用的用以度量一国社会发展的重要指标体系。世界范围知名的指数体系包括联合国人类发展指数、世界卫生组织健康指数、盖洛普健康指数等。这些指数对评估政府作为、地方经济发展健康程度、指引国际资本流向都有着重要作用。为了科学地改善和发展民生，提升中国人的幸福指数，为中国建设民生型国家提供科学决策服务，唐任伍教授带领的北京师范大学中国民生发展研究课题组，依托北京师范大学相关专业中青年专家团队，充分研究与总结国内外民生、幸福度等相关理论与实践成果，结合中国经济、社会发展现实，于2011年构建了一套民生发展的监测指标体系和指数测算体系，即中国民生发展指数，以测度中国民生发展状况、监测中国民生发展进展 。这一指数是要测度中国的发展和民生状况，包括经济发展、民生改善、社会进步、生态文明、科技创新、公众评价6项一级指标，45项二级指标。其中民生改善模块设置了收入分配、生活质量、劳动就业3项二级指标；社会发展模块设置了公共服务支出、区域协调、文化教育、卫生健康、社会保障、社会安全6项二级指标。

中国国家统计局对2000～2010年的发展与民生指数进行了测算，并于2011年发布了全国和各省的数据。构建民生发展指数指标框架的思路要点主要体现如下三点：一是强调民生发展质量与政府服务、管理相结合，即突出水平与进度的比较。民生发展质量主要是衡量现阶段各省(区、市)的民生发展水平，反映当地一定条件下的民生状态；政府在推进民生发展中的作用则体现在其提供公共服务、实施社会管理的实践之中，反映民生状态的改善进度。两者结合，从横向和纵向、从静态和动态两个层面对民生发展进行测度。二是强调政府公共服务与社会管理相结合，突出政府职能的不同层面，着重强调了保障和改善民生，必须逐步完善符合国情、比较完整、覆盖城乡、可持续的基本公共服务体系，提高政府保障能力，推进基本公共服务均等化。加强社会管理能力建设，创新社会管理机制，切实维护社会和谐稳定。政府是改善民生重要主体之一，其主导作用非常突出。在选择指标和分类时，突出对地方政府“服务”和“管理”两个职能的评价，借以监测、督促各地政府在促进民生保障与发展实践中不断提升水平。三是强调数据来源的公开性与权威性，采用的基础数据全部来源于公开出版的年鉴或者相关部门公布的权威指标数据。

中国民生发展指数主要包括三大类，即民生质量指数、公共服务指数和社会管理指数(表6-53)。这一分类充分体现了政府行为与民生发展间的关联关系。民生质量指数反映当前民生发展的状态和水平；公共服务指数体现政府保障和促进民生所提供公共服务的水平和进度；社会管理指数反映政府加强社会管理能力建设，发展社会事业的水平和进度，引入这一指数更加体现了服务型政府由统治向服务、由政府单中心治理向多中心治理的转变。

5. 物质生活质量指数(美国海外发展委员会)

物质生活质量指数(physical quality of life index，PQLI)是为测度物质福利的水平而开发的一个综合指标(表6-54)。该指标是由1975年曾任美国海外开发委员会主席詹姆斯·格蒙特和客座研究员大卫·莫里斯的指导下，由美国海外开发委员会提出的，于1977年作为测度贫困居民生活质量的方法正式公布，旨在测度世界最贫困国家在满足人们基本需要方面所取得的成就。

表 6-53　中国民生发展指数指标框架

总指标	一级指标	二级指标
中国民生发展指数	民生质量指数	收入与就业质量
		文化与教育质量
		生态与环境质量
		居住与出行质量
		安全与健康质量
	公共服务指数	基础设施建设
		科教文卫建设
		生态文明建设
		公共安全建设
		住房保障建设
	社会管理指数	城乡统筹管理
		社会保障建设
		就业与收入分配调节

表 6-54　物质生活质量指数

一级指标	二级指标
物质生活质量指数	婴儿死亡率
	预期寿命
	识字率

第 7 章　城市高质量发展影响力评价指标体系构建

本章提出城市高质量发展影响力评价指标体系的设计思路，介绍了指标评价体系构建原则，从六个维度建构了城市高质量发展影响力评价指标体系。

7.1　城市高质量发展影响力评价指标体系的设计思路

高质量发展影响力的指标体系设计旨在测度城市高质量发展对周边城市的推动作用。根据目前的研究现状，城市的高质量发展影响力评价是一个探索性的评价问题，且在该领域尚未查阅到相关研究，且尚无样本城市数据以供分析。

因此在指标体系的构建上，一方面，希望通过文献综述法，总结城市高质量发展的需求要素和高质量发展对周边城市发展的驱动性要素，这些要素具有共性特征，是指标体系构建的有效考量；另一方面，通过标杆借鉴法、专家访谈法对指标评价体系的基础框架构建(一级指标)进行系统划分，通过逻辑分析法构建高质量发展影响力指标体系的二三级指标。最后，通过科学赋权，探索性地完成整个指标体系的构建工作。指标设计思路如图 7-1 所示。

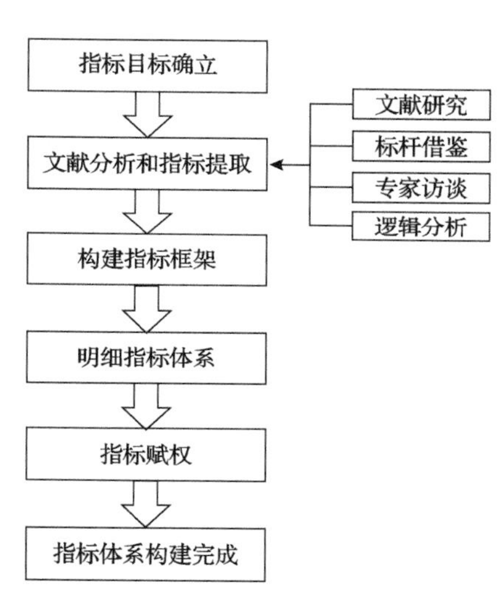

图 7-1　城市高质量发展影响力的指标体系设计思路

7.2　构建城市高质量发展影响力评价指标体系的方法说明

7.2.1　评价指标体系构建原则

建立评价指标体系的目的在于促进城市高质量发展影响的深度和广度，增强高质量发展核心城市与周边城市的联系，强化高质量发展的辐射力，最终促进城市群的协同发展。而指标选择的关键就在于评价方法是否具备科学性、规范性和可操作性以及评价结果的信度和效度是否客观、准确。结合国内外研究现状和先进的实践经验，总结评价体系的指标选取原则有以下几点。

1. 原则之一：科学性原则与系统性原则

科学性原则是所有指标体系测度建立的基础性原则。科学性原则要求指标的选取应客观地覆盖评价的所有内容，不能顾此失彼，只能服务于少数评价对象。科学性原则要求在设计评价指标之前，必须熟练分析现有文献提取共性的理论基础，从区域经济、社会、生态、文化、治理及创新能力维度构建城市高质量发展影响力评价指标体系。城市高质量发展影响力评价是一个庞大的系统，其中包括经济系统、社会系统、生态系统等子系统。各子系统相互影响、联系，最终使得各个系统相互促进、互为推动。因此，为了准确地评价城市高质量发展对周边城市的影响力状况，评价指标体系应具备系统性原则。

2. 原则之二：可操作性原则与可比较性原则

为了使评价指标易于获取和收集，建立评价指标体系时，要以现有的统计资料为基础，尽可能采用相对成熟和权威性的数据，便于横向、纵向的分析，保证评价结果的准确性。此外，城市高质量发展影响力评价指标的选取要符合其发展实际情况，所选取的指标要尽可能地采用业内规范、常用标准，在具体的运算过程中要避免繁杂的数学运算。要确保指标在运算过程中的标准性，以便测度结果的标准值具备能够横向和纵向比较的能力，从而能够更好、更客观、公正地把握高质量发展对周边城市影响能力的实际水平和趋势。

3. 原则之三：借鉴性原则与创新性原则

就目前的研究现状来看，高质量发展在经济、社会、生态领域以及政府治理能力评价有一些研究，且一些评价方法在实践中取得了良好的测度效果。因此，本书对于先前优秀研究成果的借鉴方法也颇为重要。然而，根据现有的研究成果，对于直接能够反映高质量发展对周边城市发展产生推动意义的指标体系并不多见。因此，在借鉴学习的基础上，优化指标类型，创新性地构建新的测度指标是本书指标体系构建过程中的重点和难点。

7.2.2　构建指标评价体系方法

1. 文献研究法

结合城市高质量发展与影响力的文献研究与总结，为指标体系的设计起到了重要的导向作用。在文献的学习过程中，通过对国内外城市高质量发展与影响力的案例分析，提取其中的关键性要素并将其创造性地发展为重要的指标评价要素，是文献研究中的重要步骤。

2. 专家访谈法

涉及指标体系构建的问题，充分与经济、社会、生态、治理等相关领域的专家学者进行交流沟通，进行有针对性的探讨、咨询。在对指标体系的构建方式、指标提取、测试对比等具体问题中，充分吸取专家的意见。城市高质量发展与影响力均是理论深厚的课题，专家访谈这一方法能够在专业角度给予具体指导，在明确目标导向的基础上建立的指标体系，对于实际应用更具有科学性和准确性。

3. 标杆借鉴法

国内外已有一些较为成熟的关于高质量发展、可持续发展、治理能力评价、影响力评价等方面的指标体系，将这些指标测度有针对性地聚焦到城市发展的具体维度上，为本书指标体系的构建思维、研究角度树立了标杆，具有较高水平的参考价值。

4. 逻辑分析法

逻辑分析法是建立在文献研究法、专家访谈法、标杆借鉴法基础之上，通过逻辑性的分析，总结出城市高质量发展影响力的关键因子，并将其转化为有效评价测度指标的方法。逻辑分析法是指标设计工作方法的集大成者，也能保证指标评价体系的质量和测度结果的准确。

5. 频度分析法

频度分析法是指在指标选取提炼的过程中，对于若干评价因子转化为科学性、客观性的指标，尤其在指标名称、概念、内涵、计量方式、标准等方面，可以通过对现有所借鉴的评价指标进行频度统计，从中选择使用频率、认可度、可信度等方面较高的指标进行分析和总结提炼。

7.3　城市高质量发展影响力评价指标体系构建

7.3.1　评价指标体系框架

本书构建了城市高质量发展影响力指数的指标体系框架。即城市高质量发展影响力指数由 6 个一级指标构成，分别为经济影响力指数(包括经济增长、结构优化、对外开放 3 个二级指标)；社会影响力指数(包括城乡统筹和民生质量两个二级指标)；文化影响力指数(包括文化资源和文化吸引力两个二级指标)；生态影响力指数(包括环境质量、资源利用和生态状况 3 个二级指标)；治理影响力指数(包括公众参与和政务效率两个二级指标)和创新影响力指数(包括创新投入和创新产出两个二级指标)(表 7-1)。每一个二级指标又包括若干个三级指标，每一个三级指标由单一或多项数据合成。在这一指标体系中，城市高质量发展影响力指数表现为 6 个一级指标的复杂互动关系。

表 7-1　城市高质量发展影响力指标体系

一级指标	二级指标	三级指标
经济影响力	经济增长	GDP
	结构优化	固定资产投资增长比率
		社会消费品零售总额占 GDP 比重
		第三产业占 GDP 的比重

续表

一级指标	二级指标	三级指标
经济影响力	对外开放	进出口总额
		公路货运总量
文化影响力	文化资源	历史文化名镇、名村数量
		国家级非物质文化遗产项目
		4A 及 5A 级景区数量
	文化吸引力	互联网宽带接入用户数
		旅游收入
社会影响力	城乡统筹	城镇化率
		城乡居民可支配收入之比
		教育经费
	民生质量	预期寿命
		房价收入比
		失业率
生态影响力	环境质量	断面水质达标率
		建成区绿化覆盖率
		全年优良天数比例
	资源利用	万元 GDP 能耗变化率
	生态状况	国家级自然保护区面积
创新影响力	创新投入	R&D 投入强度
		财政科技支出额占财政支出总量的比重
	创新产出	成果登记数
		专利授权量
治理影响力	公众参与	政务微博互动力
		政务微博城市竞争性影响力指数
	政务效率	政府信息公开申请数量
		一站式服务
		政府网站留言平均办理时间

经济维度的指标体系主要从经济增长、结构优化、对外开放三个方面来考虑；社会维度的指标体系主要考虑城乡统筹和民生质量优化两个方面；文化维度的指标体系主要考虑文化辐射力和文化吸引力两个方面；生态维度的指标体系主要从环境质量和资源利用两个方面来考虑；创新维度的指标体系主要从投入和产出两个角度，考虑地方财政科学事业费支出、R&D 投入占 GDP 的比重、发明专利授予数量等方面。具体而言：

(1) 对于经济高质量发展影响力指标的构建，通过 GDP 来衡量城市经济发展的水平，通过社会消费品零售总额、固定资产投资额、进出口总额来反映消费、投资、出口“三驾马车”对 GDP 的贡献，通过第三产业占 GDP 比重反映结构优化的水平。

(2) 对于社会高质量发展影响力指标的构建，通过城乡统筹和民生质量来反映城镇化率，城乡一体化发展水平，农村居民可支配收入与城镇居民可支配收入比反映城乡社会发展水平差异，住房状况、公共医疗、就业情况反映民生质量。

(3) 对于文化高质量发展影响力指标的构建，历史文化名镇数量，历史文化名村数量，4A、5A 级景区数量及国家级非物质文化遗产项目反映本地的文化状况；游客数量、旅游总收入反映文化的吸引力。

(4) 对于生态高质量发展影响力指标的构建，全年优良天数比例和水质达标率反映环境状态，绿化覆盖率、国家级自然保护区面积反映生态状况，万元 GDP 能耗反映资源利用状况。

(5) 对于创新高质量发展影响力指标的构建，R&D 投入占 GDP 的比重和财政科技支出额占财政支出比重反映科技投入，专利申请的数量衡量城市的技术产出水平。

(6) 对于治理高质量发展影响力指标的构建，政务微博互动力和政务微博城市竞争性影响力指数反映政府事务的公开透明度以及公众对政府事务的参与度，政府信息公开申请数量、一站式服务、政府网站留言平均办理时间反映了政府在“互联网+”背景下的办事效率。

7.3.2　指标相关性分析与指标确定

相关性分析是指对两个或多个具备相关性的变量元素进行分析，从而衡量两个变量因素的相关密切程度。相关性的元素之间需要存在一定的联系或者概率才可以进行相关性分析。相关性不等于因果性，也不是简单的个性化，相关性所涵盖的范围和领域较广，因此本书取 SPSS 统计软件中相关性分析的方法，来剔除上述指标体系中相关性程度较高的指标。相关分析术语如表 7-2 所示。

表 7-2　相关分析术语

编号	术语	说明
1	相关系数	用于判断变量间的关联性及关系紧密程度，相关系数为正说明两者存在正相关关系，反之为负相关
2	P 值	相关系数右上角的星号(**)代表显著性水平，一个星号代表 $P<0.05$，两个星号代表 $P<0.01$

相关性分析步骤如下：

步骤一：判断两个变量之间是否有关系。

步骤二：判断两个变量之间是正相关还是负相关。

步骤三：最后判断关系紧密程度。

如果皮尔逊相关系数右上角有星号，此时说明变量之间有关系；反之没有关系，关系的紧密程度直接看相关系数的大小，一般相关系数大于 0.7 说明变量之间的关系非常紧密；相关系数为 0.4～0.7 时说明关系紧密；相关系数为 0.2～0.4 时说明关系一般。

应用SPSS统计分析软件，对北京市、天津市、廊坊市等13个城市的系列指标数据进行相关性分析。由于原指标体系数量较多，因此只展示相关性较强的部分指标。

其中，相关性显著的指标说明如下：

图书馆图书藏量和GDP的相关性0.986、公路客运总量相关性0.981、进出口总额相关性1、实际利用外资相关性0.995、第三产业占GDP的比重相关性0.817、国家级非物质遗产文化项目相关性0.978、4A、5A级景区数量相关性0.955、互联网宽带用户接入数相关性0.834、旅游收入相关性0.922、政府公共预算收入相关性0.991、教育经费相关性0.992、房价收入比相关性0.965、研究发展投入强度相关性0.922、财政科技支出额占财政支出总量相关性0.949、政府信息公开申请数量相关性0.984、专利授权量相关性0.986和政府网站留言平均办理时间0.881，均在1%的水平上显著相关。

公路客运总量和GDP的相关性0.969、进出口总额相关性0.977、实际利用外资相关性0.976、第三产业占GDP的比重相关性0.807、国家级非物质遗产文化项目相关性0.978、4A、5A级景区数量相关性0.939、图书馆图书藏量相关性0.981、互联网宽带用户接入数相关性0.855、旅游收入相关性0.909、政府公共预算收入相关性0.968、教育经费相关性0.979、房价收入比相关性0.939、研究发展投入强度相关性0.925、财政科技支出额占财政支出总量相关性0.925、政府信息公开申请数量相关性0.956、专利授权量相关性0.967和政府网站留言平均办理时间0.894，均在1%的水平上显著相关。

实际利用外资和GDP的相关性0.993、公路客运总量相关性0.976、进出口总额相关性0.994、第三产业占GDP的比重相关性0.802、国家级非物质遗产文化项目相关性0.972、4A、5A级景区数量相关性0.966、图书馆图书藏量相关性0.995、互联网宽带用户接入数相关性0.858、旅游收入相关性0.933、政府公共预算收入相关性0.993、教育经费相关性0.993、房价收入比相关性0.978、研究发展投入强度相关性0.945、财政科技支出额占财政支出总量相关性0.945、政府信息公开申请数量相关性0.984、专利授权量相关性0.989和政府网站留言平均办理时间0.872，均在1%的水平上显著相关。

政府公共预算收入和GDP的相关性0.993、公路客运总量相关性0.968、进出口总额相关性0.990、实际利用外资相关性0.993、第三产业占GDP的比重相关性0.821、国家级非物质遗产文化项目相关性0.969、4A、5A级景区数量相关性0.955、图书馆图书藏量相关性0.991、互联网宽带用户接入数相关性0.880、旅游收入相关性0.956、城镇化率相关性0.832、教育经费相关性0.997、房价收入比相关性0.985、研究发展投入强度相关性0.941、财政科技支出额占财政支出总量相关性0.916、政府信息公开申请数量相关性0.997、专利授权量相关性0.999和政府网站留言平均办理时间0.884，均在1%的水平上显著相关。

政府信息公开申请数量和GDP的相关性0.982、公路客运总量相关性0.956、进出口总额相关性0.983、实际利用外资相关性0.984、第三产业占GDP的比重相关性0.808、国家级非物质遗产文化项目相关性0.960、4A、5A级景区数量相关性0.943、图书馆图书藏量相关性0.984、互联网宽带用户接入数相关性0.861、旅游收入相关性0.962、城镇化率相关性0.829、政府公共预算收入相关性0.997、教育经费相关性0.989、房价收入比相关性 0.976、研究发展投入强度相关性 0.921、财政科技支出额占财政支出总量相关性 0.895、专利授权量相关性 0.996 和政府网站留言平均办理时间 0.872，均在 1%的水平上显著相关。

在以上相关系分析的基础上，本书最终确定城市高质量发展影响力的指标体系如表 7-3 所示。

表 7-3　城市高质量发展影响力指标体系

二级指标	表征指标
经济影响力	GDP
	固定资产投资增长比率
	公路货运总量
	进出口总额
	社会消费品零售总额占 GDP 比重
	第三产业占 GDP 的比重
文化影响力	历史文化名镇、名村数量
	国家级非物质文化遗产项目
	4A、5A 级景区数量
	互联网宽带接入用户数
	旅游收入
社会影响力	城镇化率
	城乡居民可支配收入之比
	教育经费
	预期寿命
	房价收入比
	失业率
生态影响力	断面水质达标率
	建成区绿化覆盖率
	全年优良天数比例
	万元 GDP 能耗变化率
	国家级自然保护区面积
创新影响力	R&D 投入强度
	财政科技支出额占财政支出总量的比重
	成果登记数
	专利授权量

续表

二级指标	表征指标
治理影响力	政府信息公开申请数量
	政务微博互动力
	政务微博城市竞争性影响力指数
	一站式服务
	政府网站留言平均办理时间

7.3.3　指标释义与测度方法

指标解释具体如下：

1. 经济维度

经济高质量发展是经济总量达到一定阶段后，经济结构、发展动能、人民生活水平等优化提升后的结果，增长是发展的基础，经济高质量发展属于经济发展的新阶段，具有生产要素投入少、资源配置效率高、资源环境成本低、经济社会效益高等典型特征，产业结构以知识密集型和与技术密集型为主，而区域经济发展基础决定了城市在迈向高质量发展阶段过程中是否具有充足的基础动力。因此本节主要从经济增长、经济结构、对外开放三个层次进行经济维度的影响力评价。

1) 经济增长

经济增长通常是指在一个较长的时间跨度上，一个国家人均产出(或人均收入)水平的持续增加。GDP是衡量区域经济运行状况的有效工具，反映地区经济发展水平的指标，反映区域整体经济实力[195]。GDP 水平越高表明区域经济发展水平越高，决定了地区在基础设施、社会民生、科技创新等方面的投入水平。

2) 经济结构

经济结构状况是衡量国家和地区经济发展水平的重要尺度。不同经济体制，不同经济发展趋向的国家和地区，经济结构状况差异甚大。经济结构指国民经济的组成和构造。结构合理就能充分发挥经济优势，有利于国民经济各部门的协调发展。

(1) 第三产业占 GDP 比重：第三产业增加值占 GDP 的比重。

(2) 社会消费品零售总额占 GDP 的比重：反映人民生活水平与消费支出水平的指标，反映区域居民的消费能力。

(3) 固定资产投资增长比率：固定资产投资率通过年度投资规模与国民收入使用额的对比，相对地反映年度投资规模的大小。

3) 对外开放

对外开放是促进经济增长的强大动力，开放发展是实现高质量发展的必要因素。采用进出口总额、实际利用外资、公路客货运总量作为文化开放指数的指标。

(1)进出口总额：用于反映区域对外经济联系程度与开放水平，进出口总额越高，表明区域外向型拉动力越大。

(2)实际利用外资额：实际利用外资额程度，用于反映外商投资强度和衡量外向型经济拉动力。

(3)货运里程：反映区位特征和交通可达性的指标。货运里程衡量区域交通基础设施的服务水平，是区域对外开放的基础条件，可反映区域交通运输的能力和便利程度。空间距离和时间距离若极大缩短，对内对外开放则更加便利。

2. 社会维度

协调发展是高质量发展的核心要素，能够合理有效配置资源，解决发展不充分不平衡的问题。共享发展是高质量发展的根本目标，可以解决高质量发展中的公平正义问题，符合共同富裕的理念。除了人民享受的教育医疗等福利外，完善的基础设施也是国家高质量发展的重要基础和保障。铁路客运量反映基础设施建设。稳定发展是提高高质量发展的重要保障。高质量稳定发展就是要确保增速稳、物价稳、就业稳等多稳经济运行局面的发展。

1)城乡统筹

城乡协调包括城乡居民人均可支配收入比值和城镇化率。

(1)城镇化率：又称城市化率，反映城市化水平，是一个国家或地区经济发展的重要标志，也是衡量一个国家或地区社会组织程度和管理水平的重要标志。城镇化率则从更宏观的角度衡量城乡社会结构变化和区域空间结构的合理度。

(2)城乡居民可支配收入之比：是指用于安排家庭日常生活的那部分收入占居民家庭全部现金收入的比例。城乡居民人均可支配收入比值是衡量城乡收入差距的重要指标，比值越接近于1表明城乡收入差距越小和协调度越高。

2)民生质量

民生质量考察的是居民的消费水平、健康水平和教育水平，是社会高质量发展的重要考核因素。从基本公共服务供给、就业保障、住房与基础设施保障水平测算城市的共享度。基本公共服务供给用以衡量医疗、教育、文化等公共服务供给水平。就业保障水平使用城镇登记失业率两个指标来测算，主要反映区域实际就业水平。住房与基础设施保障水平主要通过房价收入比来衡量，分别反映了住房保障支出水平。

(1)政府公共预算收入：指国家以整个社会管理者身份取得的收入和用于维持公共需要、保障国家安全、维护社会稳定和秩序、发展社会公共事业的预算。

(2)失业率：是指失业人口占劳动人口的比率，旨在衡量闲置中的劳动产能，是反映一个国家或地区失业状况的主要指标。因失业数据的月份变动可适当反映经济发展，所以失业率是市场上最为敏感的月度经济指标，且其与经济增长率具有反向的对应变动关系。人力资源是经济资源中最宝贵的资源，增加和创造新的就业机会，就是充分挖掘生产潜力，达到资源整合的目的。与此同时，增加就业还可为处在失业或潜在失业的人提供稳定的收入来源，从而有利于消除贫困，改善社会的收入分配不均衡状况。

(3) 教育经费：是指中央和地方财政部门的财政预算中实际用于教育的费用。教育经费包括教育事业费（即各级各类的学校的人员经费和公用经费）和教育基本建设投资（建筑校舍和购置大型教学设备的费用）等。

(4) 预期寿命：是指假若当前的分年龄死亡率保持不变，同一时期出生的人预期能继续生存的平均年数。

(5) 房价收入比：指住房价格与城市居民家庭年收入之比。

3. 文化维度

1) 文化资源

文化资源是人们从事文化生活和生产所必需的前提准备。文化资源从对人们的贡献力量来看，有广义和狭义之分：广义上的文化资源泛指人们从事一切与文化活动有关的生产和生活内容的总称，它以精神状态为主要存在形式；狭义上的文化资源是指对人们能够产生直接和间接经济利益的精神文化内容。文化资源的丰富程度和质量高低直接对当地文化经济的发展产生影响。

(1) 历史文化名镇、名村数量。

中国历史文化名镇，是由建设部和国家文物局从 2003 年起共同组织评选的，保存文物特别丰富且具有重大历史价值或纪念意义的、能较完整地反映一些历史时期传统风貌和地方民族特色的镇。中国历史文化名村，是由住房和城乡建设部及国家文物局从 2003 年起共同组织评选的，保存文物特别丰富且具有重大历史价值或纪念意义的、能较完整地反映一些历史时期传统风貌和地方民族特色的村。

(2) 国家级非物质文化遗产项目。

非物质文化遗产是指各族人民世代相传并视为其文化遗产组成部分的各种传统文化表现形式，以及与传统文化表现形式相关的实物和场所。包括：①传统口头文学以及作为其载体的语言；②传统美术、（梅花篆字）书法、音乐、舞蹈、戏剧、曲艺和杂技；③传统技艺、医药和历法；④传统礼仪、节庆等民俗；⑤传统体育和游艺；⑥其他非物质文化遗产。

(3) 4A、5A 级景区数量。

A 级旅游区（点）的评定贯彻了较多与旅游区（点）开发有关的评选标准，因此其能够代表旅游区（点）的开发现状。5A 级景区，为中华人民共和国旅游景区质量等级划分的景区级别，共分为五级，从高到低依次为 AAAAA、AAAA、AAA、AA、A 级五级。

2) 文化吸引力

旅游产业是依托丰富旅游资源开展旅游服务，是无形贸易，具有强力开放拓展功能。

旅游收入是指旅游接待部门（或国家、地区）在一定时期内通过销售旅游商品而获取的全部货币收入。旅游收入反映国内及国际旅游业对国民经济的贡献规模，是旅游业经济实力对区域国民经济贡献的客观反映。旅游业是要素流动的重要形式，是经济发展的增长点[196]。旅游收入越高表明城市开放度越高，旅游业的吸引力越强。

4. 生态维度

高质量的发展已成为中国经济持续健康发展的必然要求，中国在发展经济的同时，追求可持续的生态环境[197]。高质量发展中的绿色内涵是指在新发展理念下是否形成高经济效益和低污染排放的经济发展方式、良好的城乡人居环境、高效的污染治理能力，是否构建起经济发展与绿色环保建设协调一致的绿色发展格局。绿色发展满足高质量发展的健康发展要求，可以判断经济发展的可持续性。绿色发展需要减少环境污染、合理有效利用资源以及提高绿化率。本节采用能源使用指标衡量资源消耗情况，用空气优良天数比例和水体达标情况衡量环境污染情况，用森林覆盖率衡量绿化建设情况。

1) 环境质量

环境质量主要包括空气优良天数比例、断面水质达标率和建成区绿化率三个指标，空气质量优良天数比例集中反映了资源型城市空气质量水平，空气质量优良水平关乎人民生活健康、城市形象，是高质量发展进程中绿色发展能力最集中的体现。

建成区绿化覆盖率：是指建成区内绿化面积的比重，反映城镇的绿化程度。

2) 生态状况

生态状况主要通过森林覆盖率来衡量，森林覆盖率是区域生态本底的集中反映，也是生态建设成效的体现。绿化率是指建成区内绿化面积的比重，反映城镇的绿化程度。

国家级自然保护区面积：国家自然保护区是推进生态文明、构建国家生态安全屏障、建设美丽中国的重要载体。《中华人民共和国自然保护区条例》第二条定义“自然保护区”为“对有代表性的自然生态系统、珍稀濒危野生动植物物种的天然集中分布区、有特殊意义的自然遗迹等保护对象所在的陆地、陆地水体或者海域，依法划出一定面积予以特殊保护和管理的区域”。

我国现有的国家级自然保护区总的占地面积，单位用万公顷表示。

3) 资源利用

万元 GDP 能耗是衡量能源消费水平和节能降耗情况的主要指标，集中反映地区经济活动中对能源的利用程度和效率，主要衡量节能减排状况。通过万元 GDP 能耗指标来反映绿色生产水平。

5. 治理维度

城市治理能力评价可以归结为能够反映城市政府治理能力的一系列先进的具有时代特征的指标体系或指标集合。国内外已开展了一系列围绕城市治理能力评价的研究，其中一些国家主要从政府与经济增长、国际竞争力以及政府绩效角度研究相关评价指标体系，我国则主要从政府公共产品供给职能角度设计评价指标体系，大多还停留在框架建立和指标选取阶段，尚未进行数据收集阶段的可行性验证。

很多学者逐渐关注政府治理的效率、效果以及公平性，并提出效能将关注结果的绩效与关注过程的能力统一起来。将效能建设举措总结为权力制约(制度建设、政务公开、行政审批改革、规范行政行为)、能力建设(转变工作作风、加强行政队伍建设、信息技术支持、组织建设）与激励问责（民主监督）三个方面。

1）政务效率

（1）政府信息公开申请数量。

政府信息公开是指行政机关在履行职责过程中制作或者获取的，以一定形式记录、保存的信息，及时、准确地公开发布。即政府主动或者依申请将在公共事务管理领域中掌握的公共信息依照法定的程序、范围、方式、时间向社会公开，以便社会成员能够方便地获取和使用这些信息的制度。

（2）一站式服务。

一站式服务指政府提供一站式信息发布服务、一站式互动交流服务、一站式在线办事服务。

2）公众参与

（1）政府微博互动力。

"互动力"表征政务微博发布信息的影响情况，互动力指标越高，说明政务微博的内容引发了越多的网民响应。该项指标依据微博被转发数、被评论数、被@数、收私信数综合计算得出。

（2）政府微博城市竞争性影响力指数。

地区政务微博竞争力旨在评估各地区对新媒体的综合应用能力和应用效果，着重考核各地政务微博的传播力、服务力和互动力。

6. 创新发展

创新发展是推动高质量发展的第一动力[26]，是提升综合国力的重要方式，是建设现代化经济体系的战略支撑，也是影响城市发展潜力和发展活力的主要因素[198]。学者们多使用创新投入和创新产出反映创新程度。因此，本书的创新发展包括创新投入与创新产出两个方面。

1）创新投入

创新投入水平主要使用研究与试验发展（R&D）经费投入强度，即 R&D 经费投入占 GDP 的比重和科学技术支出占地方公共财政支出比重两个指标进行测度，其中 R&D 经费投入强度主要衡量地区全社会实际用于基础研究、应用 R&D 经费支出水平，科学技术支出占地方公共财政支出比重主要衡量地方政府在科学技术发展的基础建设和基础服务上的财政支持力度，体现城市创新公共服务能力强弱的指标。

（1）R&D 经费支出占 GDP 的比重。

R&D 经费支出占 GDP 的比重是指统计年度内全社会实际用于基础研究、应用研究和试验发展的经费支出占 GDP 的比重，又称为投入强度。其占 GDP 的比重，被视为衡量一个国家科技投入水平的最为重要指标。

（2）财政科技支出额占财政支出总量。

财政科技支出额占财政支出总量指政府在一定时期安排的财政科技支出额占总的财政支出的比例。

2) 创新产出

创新产出水平主要使用专利授权数和成果登记数两个指标进行测度，其中专利授权数是衡量地区专利申请的质量效率，成果登记数反映了城市的科技成果产出。

(1) 专利授权数。

专利授权数指报告期内由专利行政部门授予专利权的件数，是发明、实用新颖、外观设计三种专利授权数的总和。

(2) 成果登记数。

成果登记数是指经鉴定或验收的国家和省、市科技计划内的科技成果登记数量。

第 8 章　城市高质量发展影响力评价方法

城市影响力是一个城市综合实力和话语权的体现，也是城市吸引力和辐射力的重要表征。一个城市在周边区域的影响力大小直接关系到该城市的位置，一座影响力强的城市势必能成为城市间竞争的重要砝码。城市影响区是指城市产生的吸引力和辐射力对城市周边地区经济活动起主导作用的地域范围，也称腹地或势力圈。而确定城市影响边界是研究城市之间相互作用的重要内容。城市影响力的大小反映在中心城市对周边小城市的辐射能力强弱和周边小城市对中心城市辐射的接受程度两方面。城市综合实力的强弱能够反映城市之间相互影响力大小，并决定该城市的影响范围，表现为中心城市在经济社会运行中通过各种要素流与周边区域发生相互作用而形成的城市功能空间。核心城市综合实力越强，对周边城市产生的辐射带动作用越大，城市网络空间结构越复杂，影响势力范围越大。

目前，围绕城市影响力及其评估的文献主要通过城市影响范围理论分析法，利用断裂点模型和经济辐射场强模型来测算核心城市的影响力以及中心城市的影响范围。本章首先引进城市高质量发展影响力的概念，结合物理中电场知识建立电场力模型。接着假定场源电荷为核心城市，周边辐射城市作为电场中的其他电荷，即核心城市对周边城市影响力的大小量化为电场力大小。城市空间联系的微观主体是人，人在城市及区域间从事功能活动的主要载体是交通，交通运输网络将各个经济区域通过运输线路联系在一起，决定着各经济区域之间运输联系的数量、强度、速度以及区域内的物资、信息流动。

各城市的指标数据来自各省市 2019 年的国民经济和社会发展统计公报、统计年鉴、政府网站工作报告、中国城市统计年鉴、人民网舆情数据中心报告等权威机构。

8.1　城市综合实力测算方法

8.1.1　熵值法确定权重

在信息论中，熵值是系统无序程度或混乱程度的度量，信息被解释为系统无序程度的减少，同时表示了系统某项属性的变异度。系统的熵值越大，则它所蕴含的信息量越小，系统某项属性的变异程度越小；反之，系统的熵值越小，则它所蕴含的信息量越大，系统某项属性的变异程度越大[199]。

熵值法确定客观权重的基本思想是：若某项属性的数据序列的变异程度越大，则它相对应的权系数就越大。用熵值法确定权系数的步骤如下：

设多属性决策问题有 m 个决策方案，记为 $S=\{S_1,S_2,\cdots,S_m\}$，有 n 个属性，记为 $C=\{C_1, C_2,\cdots,C_n\}$；并设方案 S_i 对属性 C_j 的属性值 b_{ij} 均为“效益型”（若不是，则可通过规范化转化为效益型）。

(1) 对规范化的决策矩阵 $\boldsymbol{B}=(b_{ij})_{m\times n}$，令

$$P_{ij}=\frac{b_{ij}}{\sum_{i=1}^{m}b_{ij}},\quad i=1,2,\cdots,m;\ j=1,2,\cdots,n \tag{8-1}$$

式中，P_{ij} 为第 j 个指标下第 i 个样本值所占比重的大小。

(2) 属性输出的信息熵值为

$$h_j=-(\ln n)^{-1}\sum_{i=1}^{m}P_{ij}\ln P_{ij},\quad j=1,2,\cdots,n \tag{8-2}$$

式中，当 $P_{ij}=0$ 时，规定 $P_{ij}\ln P_{ij}=0$，则有 $0\leqslant h_i\leqslant 1$。

(3) 计算各属性的变异程度系数 d_j：

$$d_j=1-h_j,\quad j=1,2,\cdots,n \tag{8-3}$$

(4) 计算各属性的加权系数：

$$W_j=\frac{d_j}{\sum_{j=1}^{n}d_j},\quad j=1,2,\cdots,n \tag{8-4}$$

8.1.2　城市高质量发展综合指数

高质量发展综合指数确定城市综合实力。城市综合实力的强弱能够反映城市影响力的大小，并决定该城市的影响范围，表现为中心城市在经济社会运行中通过各种要素流(人口流、物质流、资金流、技术流、信息流)与周边区域发生相互作用而形成的城市功能空间。城市综合实力越强，对周边城市产生的辐射带动作用越大，城市网络空间结构越复杂，影响势力范围亦越大[56]。

利用熵值法计算出的各城市的综合得分，即得到高质量发展综合指数，也就是反映各城市的综合实力，即代表这个城市的高质量发展水平。综合得分的高低代表着各城市总体实力排名的先后，但是得分越高并不一定代表该城市的辐射范围和辐射能力就越大。

8.2　核心城市高质量发展影响力模型

8.2.1　断裂点计算方法

断裂点理论是关于城市与区域相互作用的一种理论，由康维斯于 1949 年对赖利的“零售引力规律”加以发展而得。该学说认为，中心城市可以对相邻地区产生影响，这

种影响会随着距离的增大而衰减，这种影响即称为辐射力。在某一点，两个城市的辐射力会相等，并形成一个平衡点，这个平衡点就是断裂点，利用断裂点模型可计算出断裂点的位置和中心城市的辐射力范围。核心城市之间断裂点的计算公式为

$$d_i = \frac{D_{ij}}{1+\sqrt{M_j/M_i}} \tag{8-5}$$

式中，d_i 为 i 城市到断裂点 k 的距离；D_{ij} 为 i 城市到 j 城市的距离；M_j 和 M_i 分别为 j 和 i 两个城市各自的综合实力得分，本书利用熵值法计算得出的各城市的综合得分即为各城市的综合实力数值。

城市空间联系的微观主体是人，人在城市及区域间从事功能活动的主要载体是交通，交通运输网络通过运输线路将各个地区联系在一起，交通运输网络节点的多少决定着各经济区域之间运输联系的频率、强度、速度以及区域内的产品、服务、技术、信息流动。鉴于数据的易得性，本书采用城市间的直线距离(数据来源于搜狗地图)，同时又考虑到高铁的存在使得城市之间的交通联系更加便捷，并采用了最短时间里程的计算结果，将两种城市间距离作为对比。

鉴于城市群内部各城市之间的交通方式主要存在公路和铁路两种形式，通常情况下人们进行经济活动会选择公路、普通铁路和高速铁路三种情况。本书借鉴经济距离的概念，使用经济距离来衡量城市间的距离 D_{ij}，通过设定各区域间各种运输方式的标准速度，利用区域间各种运输方式的时间代替最短路线的“时间”距离，运输方式到实际目的地的票价模拟各市之间的“货币”距离，并对不同种类运输方式赋予权重。计算公式为

$$A_{ij} = \alpha_1 B_1 + \alpha_2 B_2 + \alpha_3 B_3 \tag{8-6}$$

式中，B_1、B_2、B_3 为城市间三种主要交通方式(公路、普通铁路、高速铁路)的运输时间；α_1 为城市间公路交通所占比重；α_2 为城市间普通铁路交通所占比重；α_3 为城市间高速铁路交通所占比重，依次将这三种交通工具赋值记为 4∶3∶3。由于某些城市间没有普通铁路这种交通工具，则将公路和高速铁路赋值为 5∶5。

将各城市的综合实力得分以及两城市间的经济距离代入断裂点公式[式(8-5)]，分别按照直线距离和最短时间里程的经济距离，计算得到各城市群核心城市相对应的断裂点范围。借鉴徐顺等[200]提出核心区与断裂点的距离占两区域距离比例能够较好地反映区域的相对辐射范围，比例越大，则核心区对相应城市的辐射范围就越大。本书也采用核心区与断裂点的距离占两区域距离来表征相对辐射范围。

8.2.2　辐射场强模型

通过断裂点模型，我们可以大致测算出核心城市的高质量发展所产生的影响范围。但是核心城市高质量发展带来的影响力并非局限于断裂点内部，而是可以渗透到对方城市的影响范围内，只是其影响力要小于对方城市的影响力。城市间的相互作用反映在核心城市对城市群其他中小城市的辐射能力大小和该中小城市对核心城市辐射的接受程度

两个方面。本节引进辐射场强模型，即经济辐射场强 E 和辐射力 F 模型，全面考察核心城市的影响力。一般来说，从经济学意义来讲，经济辐射的含义是指经济发展水平较高的地区作为辐射源，经济发展水平相对较低的地区作为受力点，以交通作为辐射媒介，将资本、技术、人才、信息等资源从辐射源流动至受力点。在本节中，将综合实力得分最高的城市作为辐射源，综合实力得分较低的城市作为受力点，以交通作为辐射媒介，将城市高质量发展所依赖的各种要素从辐射源转移至受力点。

辐射场强模型定义如下：

$$E_{ij}=\frac{\sqrt{P_iG_i}}{d_{ij}} \tag{8-7}$$

$$F_{ij}=\frac{\sqrt{P_iG_i}\cdot\sqrt{P_jG_j}}{d_{ij}} \tag{8-8}$$

式(8-7)和式(8-8)中，E_{ij} 为辐射源 i 在受力点 j 处产生的辐射场强，代表产生的辐射强度；F_{ij} 为辐射源 i 对受力点 j 产生的辐射力，代表产生辐射能力效果；$\sqrt{P_iG_i}$ 为辐射源城市 i 的城市质量(中心城市)；$\sqrt{P_jG_j}$ 为受力点城市 j 的城市质量(周边城市)；其中 PG 是用该城市的常住人口乘以综合实力得分进行计算，从而很好地体现城市的高质量发展状况；d_{ij} 为辐射源城市 i 到受力点城市 j 的最短时间距离。

近年来由于交通网络的发展，铁路干线经历了多次提速以及城市间新开通线路的增加，彰显着城市间联系的密切度，提升了可达性指标，空间距离在交通便捷地区已不再具有可比性，若在模型中直接采用两点间直线距离或交通距离来计算，会产生理论数值与现实情况拟合度不高的情况。因此，本书基于现代城市群内部城市间主要存在的公路和铁路这两种运输方式，使用经济距离表征城市间距离，通过辐射场强模型来测算辐射源对受力点城市的辐射强度以及受力城市的接受程度。一般而言，距离核心城市越近，核心城市质量越大，受力城市接受其辐射强度(E_{ij})就越大，但辐射效果(F_{ij})也相对较好。

第 9 章　珠三角城市群高质量发展影响力评价报告

城市高质量发展影响力体现了城市对周边区域的吸引力和辐射力，一个城市在周边区域的影响力大小直接关系到该城市的位置，城市的影响力高，则城市竞争力强。本章测算了珠三角城市群高质量发展影响力。

9.1　现 状 分 析

9.1.1　经济发展

1. GDP

GDP 是表征一个地区的宏观经济发展水平最直接也是最基础的指标，本书用 GDP 来表征经济发展状况。珠三角城市群 GDP 呈现出稳定增长的趋势(图 9-1)，深圳作为改革开放试点的前沿城市，经济活力较强，经济增长能力强，GDP 增速近年也明显高于广州市，并在 2019 年与广东拉开了不小的差距。深圳作为创新科技的城市，其发展必将会更加国际化、现代化，经济将取得更多的成绩。

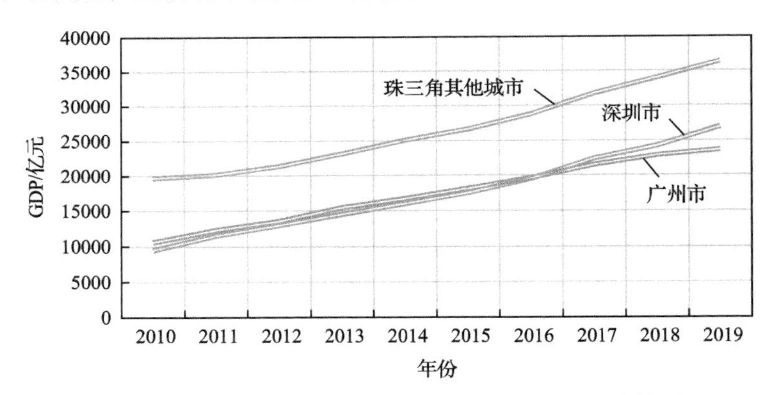

图 9-1　2010～2019 年珠三角各城市的 GDP 变化趋势图

2021 年，深圳市经济总量站上 30000 亿元新台阶。深圳市成为广东省首个 GDP 破 30000 亿的城市。1980 年建立经济特区伊始，深圳市经济总量仅 2.7 亿元；2010 年，深圳市经济总量突破万亿元大关；2016 年，深圳市经济总量站上 20000 亿元台阶；2021 年，深圳市经济总量突破 30000 亿元。从 2.7 亿元到 10000 亿元，深圳市用了 30 年；从 10000 亿元到 20000 亿元，深圳市用了 6 年；从 20000 亿元到 30000 亿元，深圳市仅用了 5 年。作为粤港澳大湾区的核心引擎之一，深圳市进一步集聚人才、资本和创新资源，成为具有全球影响力的科技和产业创新高地。

2. 固定资产投资增长比率

固定资产投资增长比率对经济社会持续健康发展起到了重要的作用。投资的快速增长会拉动经济持续快速增长，同时扩大了生产的能力，拓宽了居民的生活空间。从图 9-2 来看，深圳市的固定资产投资增长比率总体呈上升趋势，珠三角其他城市则是呈下降趋势。

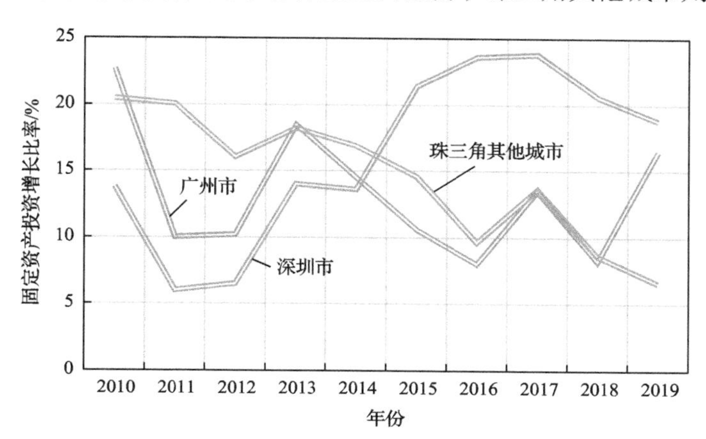

图 9-2　2010～2019 年珠三角各城市的固定资产投资增长比率变化趋势图

3. 进出口总额

投资、消费、出口是拉动经济增长的“三驾马车”，出口是外部需求，是将中国产品推向世界的重要途径。而进口在补足本国资源供给不足、保持国民经济综合平衡发展有着不可替代的作用。自从“深圳制造”成为全球消费市场的宠儿，深圳市一直在我国的出口排名中稳居第一(图 9-3)，对于打造中国品牌，在文化输出方面扮演着重要的角色。

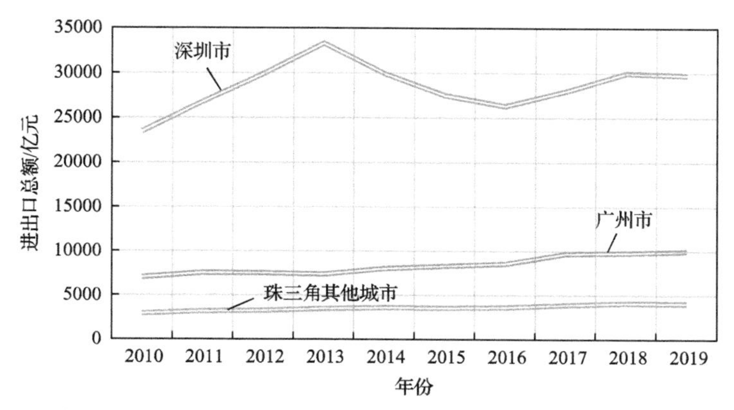

图 9-3　2010～2019 年珠三角各城市的进出口总额变化趋势图

4. 社会消费品零售总额占 GDP 比重

社会消费品零售总额是观察国内消费水平的最重要指标之一，社会消费品零售总额的上升意味着消费需求增加，就会刺激投资，增加产出，改善企业效益，提高居民收入。

广州市近十年的社会消费品零售总额占 GDP 比重维持在 40%上下，深圳市逐年下降，珠三角其他城市却逐年上升(图 9-4)，就 GDP 来说，深圳市和珠三角其他城市呈上升趋势，说明珠三角其他城市的社会消费品零售总额逐年增加，而深圳市却逐年下降。

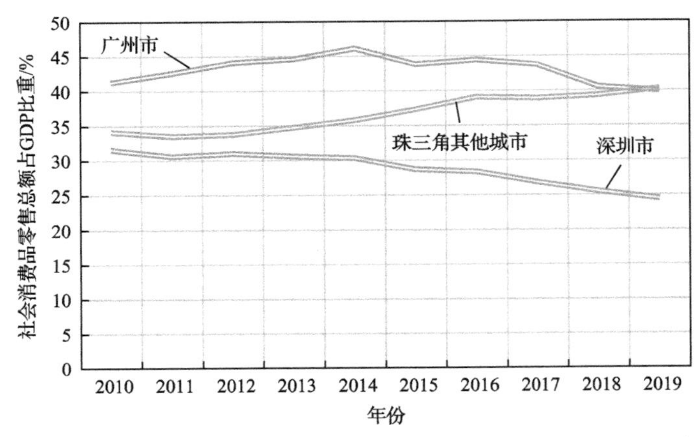

图 9-4　2010～2019 年珠三角各城市社会消费品零售总额占 GDP 比重变化趋势

5. 第三产业占 GDP 比重

第三产业作为科技进步、生产力发展和人类物质文化生活水平提高的必然产物，已经成为衡量一个国家或地区经济发展和社会进步的重要标志。从图 9-5 来看，深圳市、广州市、珠三角其他城市第三产业占 GDP 比重均逐年上涨，就广州市和深圳市来看，第三产业在 GDP 中所占份额超过一半，珠三角城市群凭借着各自的优势在区域发展中独树一帜。

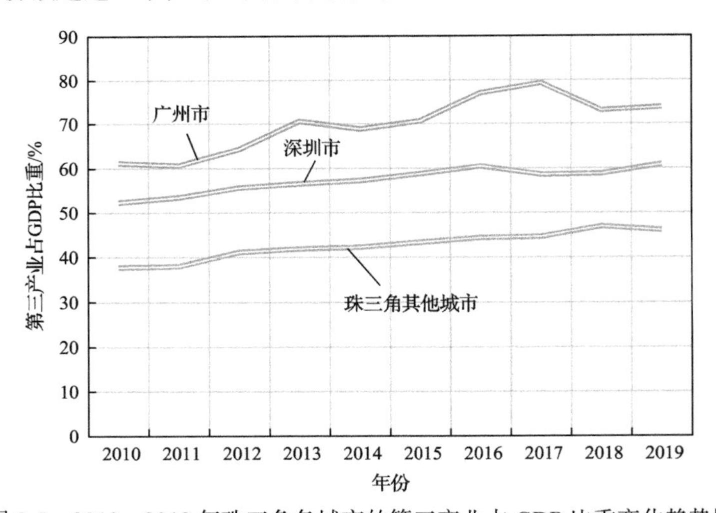

图 9-5　2010～2019 年珠三角各城市的第三产业占 GDP 比重变化趋势图

6. 公路货运总量

2018 年 9 月，国务院常务会议通过了《推进运输结构调整三年行动计划(2018—2020

年）》，计划以调整运输结构、提高综合运输效率为原则，减少公路特别是大宗产品公路货运量，增加铁路运输量，这一计划的提出将会使公路货运总量呈现下滑趋势。

9.1.2　文化旅游

旅游是人们提高幸福感不可或缺的一部分，也是文化交流传播，感受地区文化差异的主要途径之一。近年来，深圳市旅游收入增加不明显，广州市和其他珠三角城市的旅游收入增长远高于深圳市，并呈现逐年扩大的趋势（图 9-6）。这说明深圳市除了在创新型科技城市建设之外，其旅游开发水平还有待提升。

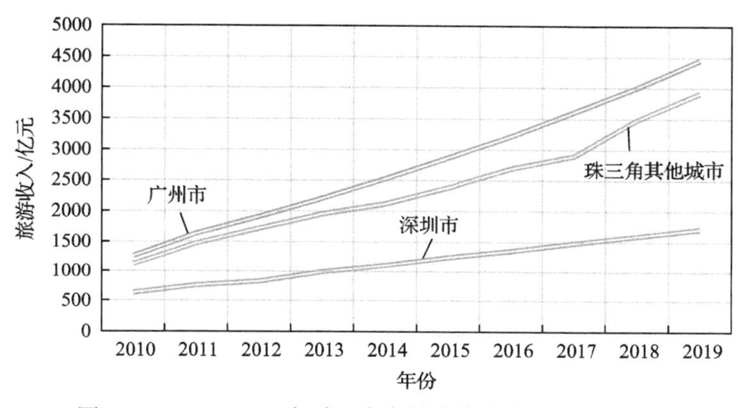

图 9-6　2010～2019 年珠三角各城市旅游收入的变化趋势

9.1.3　技术创新

建设现代经济体系要向创新聚焦，发明是创新的基石，专利为发明保驾护航。本书以专利授权量表征技术创新水平。近年来，深圳市作为我国最有活力的创新区之一，在科学技术方面的发展取得了举世瞩目的科技成就。专利授权量作为城市创新能力的关键指标，深圳市和其他珠三角城市的专利授权量出现了较大增幅（图 9-7），主要源于对科技企业发展以及研发创新的重视。

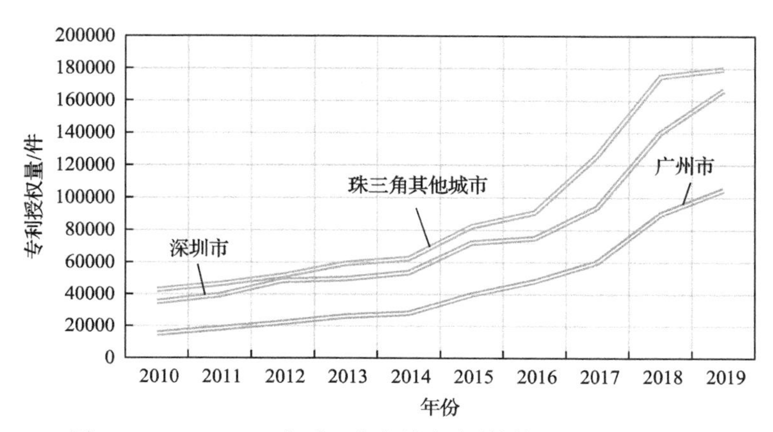

图 9-7　2010～2019 年珠三角各城市专利授权量的变化趋势图

9.1.4 社会发展

1. 教育经费

教育既是社会发展的基础性条件，教育水平也是社会发展状况的重要表征，因此本书以教育经费作为社会发展表征指标。珠三角地区的教育经费出现稳步增长的趋势，深圳市教育经费近年来增长速度更快(图 9-8)，这得益于深圳市经济和科技快速发展，同时对人才教育的重视程度提高，促使经费支出增加，着力于人才的建设培养。

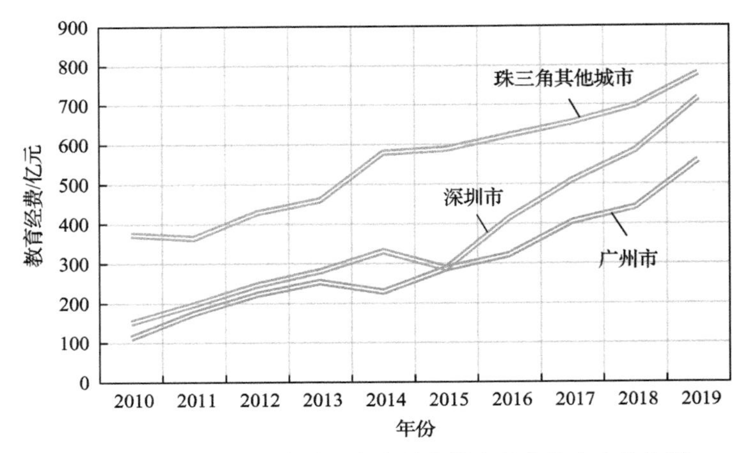

图 9-8　2010～2019 年珠三角各城市教育经费的变化趋势图

2. 失业率

失业率是反映一个国家或地区劳动力资源利用程度的核心指标。一般来讲，失业率上升意味着更多的劳动力资源不能得到有效的利用，失业者增加从而导致社会总需求下降，经济增长动力也将减弱。广州市、深圳市和珠三角其他城市的失业率均保持在 2%～2.5%之间，珠三角城市群的失业率在全国范围内都处于最低的水平(图 9-9)。

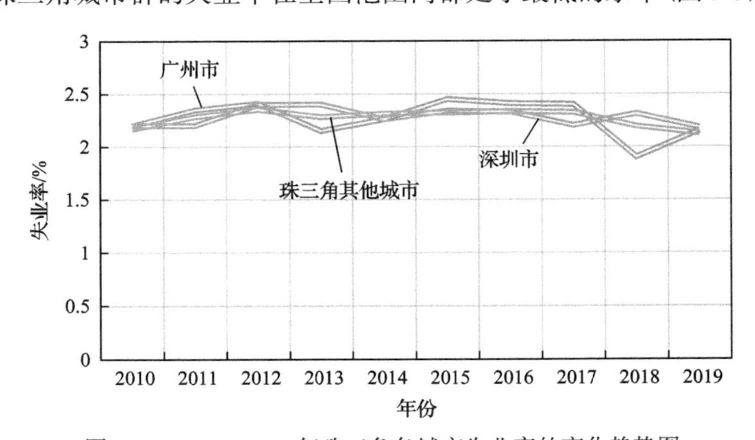

图 9-9　2010～2019 年珠三角各城市失业率的变化趋势图

9.1.5 政府治理

现代社会是信息社会，现代政府治理从根本上要靠信息治理，数字化是政府治理创新的重要路径和重要内容，政府信息公开是现代政府以服务为宗旨提供的一种公共服务。广东和深圳的政府信息公开申请数从 2010 年到 2013 年出现断崖式下跌，而此后几年的政府信息公开申请量则较为稳定(图 9-10)。珠三角其他城市的申请数量近 10 年只是小幅增长。

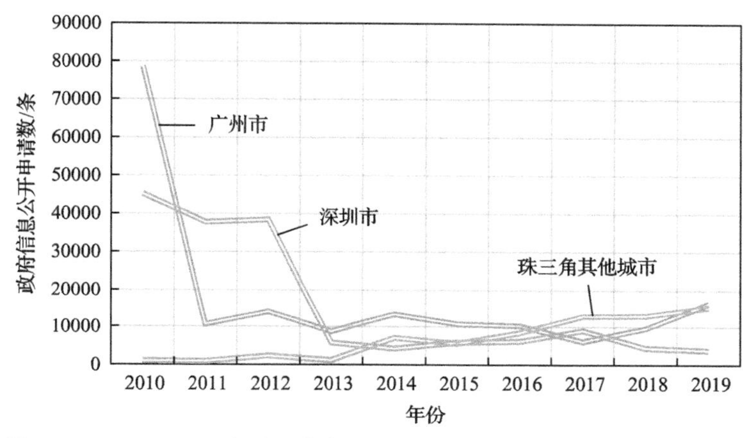

图 9-10　2010～2019 年珠三角各城市政府信息公开申请数的变化趋势图

9.1.6 绿色生态

绿色生态质量状态选用全年优良天数比例来进行评价，能够综合、直观地表征城市的整体空气质量状况和生态环境改善的变化趋势。珠三角地区的全年优良天数比例先下降后上升再缓慢下降的趋势(图 9-11)，说明在发展过程中在注重经济发展的同时，要着力于绿色可持续发展，加大对环境保护的重视。高质量的发展离不开绿水青山，绿色发展是高质量发展应着力关注的方面。

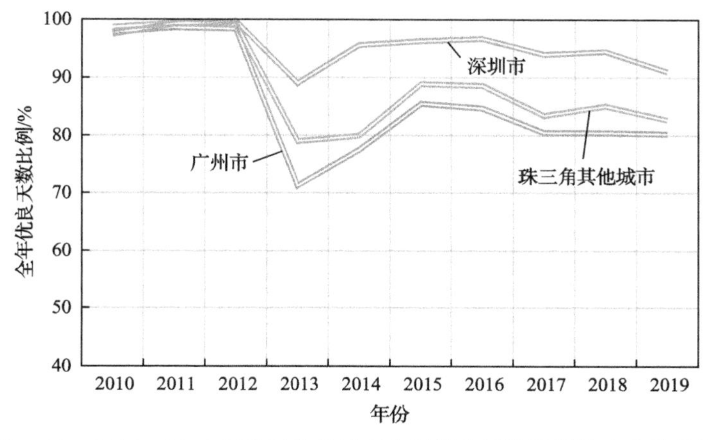

图 9-11　2010～2019 年珠三角各城市全年优良天数比例的变化趋势图

9.2　城市综合实力测算

本书通过熵权法计算得出珠江城市群高质量发展影响力的各指标的权重如表 9-1 所示。

表 9-1　珠江城市群高质量发展影响力的指标权重

一级指标	二级指标	权重
经济影响力	GDP	0.0500
	固定资产投资增长比率	0.0100
	公路货运总量	0.0393
	进出口总额	0.0461
	社会消费品零售总额占 GDP 比重	0.0142
	第三产业占 GDP 的比重	0.0426
文化影响力	历史文化名镇、名村数量	0.0191
	国家级非物质文化遗产项目	0.0276
	4A、5A 级景区数量	0.0271
	互联网宽带接入用户数	0.0284
	旅游收入	0.0593
社会影响力	城镇化率	0.0122
	城乡居民可支配收入之比	0.0110
	教育经费	0.0628
	预期寿命(岁)	0.0153
	房价收入比	0.0098
	失业率	0.0582
生态影响力	断面水质达标率	0.0132
	建成区绿化覆盖率	0.0227
	全年优良天数比例	0.0347
	万元 GDP 能耗降低率	0.0106
	国家级自然保护区面积	0.1048
创新影响力	R&D 投入强度	0.0159
	财政科技支出额占财政支出总量的比重	0.0241
	专利申请量	0.0489
	专利授权量	0.0508
治理影响力	政府信息公开申请数量	0.0458
	政务微博互动力	0.0291

续表

一级指标	二级指标	权重
治理影响力	政务微博城市竞争性影响力指数	0.0287
	一站式服务	0.0175
	政府网站留言平均办理时间	0.0202

通过指标的权重和标准化值加权得分可得珠三角各城市的综合实力，其得分如表 9-2 所示。

表 9-2　珠三角各城市综合实力的对比表

城市	得分	排名	城市	得分	排名	城市	得分	排名
深圳市	0.705	1	东莞市	0.322	4	惠州市	0.206	7
广州市	0.672	2	珠海市	0.255	5	中山市	0.203	8
佛山市	0.337	3	肇庆市	0.218	6	江门市	0.182	9

使用熵权法计算得出的珠三角城市群各城市的综合实力如表 9-2 所示。从城市综合实力的评价结果可以看出，深圳市的综合实力排名第一，又由于广州市是广东省的省会城市，所以将珠三角城市群设为双核心，双核心城市为深圳市和广州市。

专　栏

深圳高质量发展的经验

2020 年是深圳经济特区建立 40 周年。习近平同志指出，深圳是改革开放后党和人民一手缔造的崭新城市，是中国特色社会主义在一张白纸上的精彩演绎[①]。深圳在高质量发展方面充分发挥本地竞争优势，加快创新步伐，坚持创新驱动发展、重视科技创新应用端建设，加大高端制造业服务业的开发力度，为实现城市经济高质量发展做出了大量的实践探索。习近平同志指出，广东、深圳经济发展水平较高，面临的资源要素约束更紧，受到来自国际的技术、人才等领域竞争压力更大，落实新发展理念、推动高质量发展是根本出路[①]。

具体来看：

一是不断加快创新步伐。深圳市以先行先试的勇气和智慧谋创新、谋发展，构建推动城市经济高质量发展的体制机制；激发和保护企业家精神，探索建立鼓励创新，使创新成为城市发展的重要动力；坚持以供给侧结构性改革为主线，坚持产业融合发展，大力提升经济发展的效益和水平。

① 新华网. 习近平：在深圳经济特区建立 40 周年庆祝大会上的讲话.（2020-10-14）. https://baijiahao.baidu.com/s?id=1680529775406567143&wfr=spider&for=pc.

二是实施提高经济质量强化城市发展的战略，推动城市转型升级。深圳坚持适应自身城市发展的质量要求，实现了经济发展的稳定前进，成为中国经济高质量发展的先进模范典型城市。深圳把设计、品牌、标准作为城市经济高质量发展的支撑点，实施提升工业设计、打造深圳标准、培育自主品牌三大专项行动计划，以实现经济高质量增长。

三是尊重市场在资源配置中的决定性作用。推动资源配置依据市场规则、市场规则、市场价格、市场竞争，实现效率的最大化，以实现经济快速、高质量发展，深圳市以民营经济为主体，创新活力光芒四射，培育出华为、中国平安、腾讯等产业巨头；同时，继续保持高度开放性，促进要素、商品与服务自由跨界流动，从而实现资源配置效率的最大化。

四是坚持推进供给侧结构性改革，推动制造业高质量发展。深圳制造业正向高端市场发展，新旧动能转换速度逐步加快，建设先进制造业生产基地，促进实体经济发展，深圳遵循产业发展实际，围绕高新技术建立了制造业创新中心；同时，出台了专项扶持政策，重点发展实体经济，增强核心竞争力，有效把握工业有效投资，对重大项目进行提高速度来增加效率。

五是进一步现代服务业开放力度。特别是金融保险、物流运输、信息服务、医疗、文化等行业的开放，大力发挥引资示范效应，以质量变革、效率变革和动力变革促进城市经济高质量发展。

9.3 核心城市高质量发展影响力实证分析

计算所得的珠三角城市群各受力城市到两核心城市的最短时间里程距离如表 9-3 和表 9-4 所示。

表 9-3 深圳市到各受力城市之间经济距离计算表格

城市	运输方式	权重	货币成本/元	运输时间/h	加权经济距离	经济距离
广州市	公路	0.4	79	2.12	66.99	97.75
	普通铁路	0.3	44.5	1.5	20.03	
	高速铁路	0.3	74.5	0.48	10.73	
佛山市	公路	0.4	112	2.35	105.28	146.28
	普通铁路	0.3	24.5	2.4	17.64	
	高速铁路	0.3	86.5	0.9	23.36	
肇庆市	公路	0.4	152	3.28	199.42	277.55
	普通铁路	0.3	40.5	3.57	43.38	
	高速铁路	0.3	102.5	1.13	34.75	

续表

城市	运输方式	权重	货币成本/元	运输时间/h	加权经济距离	经济距离
东莞市	公路	0.4	30	1.65	19.8	27.46
	普通铁路	0.3	11	0.5	1.65	
	高速铁路	0.3	44.5	0.45	6.01	
惠州市	公路	0.4	41	1.45	23.78	33.02
	普通铁路	0.3	16.5	1.33	6.58	
	高速铁路	0.3	24	0.37	2.66	
珠海市	公路	0.5	104	2.78	144.56	280.39
	高速铁路	0.5	144.5	1.88	135.83	
中山市	公路	0.5	92	2.18	100.28	182.15
	高速铁路	0.5	114.5	1.43	81.87	
江门市	公路	0.5	105	2.37	124.43	223.61
	高速铁路	0.5	130.5	1.52	99.18	

表 9-4　广州市到各受力城市之间经济距离计算表格

城市	运输方式	权重	货币成本/元	运输时间/h	加权经济距离	经济距离
深圳市	公路	0.4	80	2.13	68.16	97.98
	普通铁路	0.3	44.5	1.43	19.09	
	高速铁路	0.3	74.5	0.48	10.73	
佛山市	公路	0.4	12	1.02	4.90	6.97
	普通铁路	0.3	9	0.4	1.08	
	高速铁路	0.3	11	0.3	0.99	
肇庆市	公路	0.4	41	1.9	31.16	43.23
	普通铁路	0.3	16.5	1.47	7.28	
	高速铁路	0.3	28	0.57	4.79	
东莞市	公路	0.4	30	1.4	16.8	25.93
	普通铁路	0.3	17.5	0.62	3.26	
	高速铁路	0.3	45.5	0.43	5.87	
惠州市	公路	0.4	82	2.25	73.8	126.52
	普通铁路	0.3	57.5	1.48	25.53	
	高速铁路	0.3	98.5	0.92	27.19	
珠海市	公路	0.5	67	2.05	68.68	97.28
	高速铁路	0.5	65	0.88	28.6	
中山市	公路	0.5	37	1.67	30.90	33.60
	高速铁路	0.5	20	0.27	2.7	
江门市	公路	0.5	43	1.63	35.05	43.65
	高速铁路	0.5	40	0.43	8.60	

利用断裂点模型计算得出的深圳市和广州市到各受力城市的断裂点里程如表 9-5 所示。

表 9-5　珠三角核心城市断裂点范围

城市	深圳市			广州市		
	最短时间里程	断裂点距离	相对辐射范围/%	最短时间里程	断裂点距离	相对辐射范围/%
佛山市	146.28	59.79	41	6.97	2.89	41
肇庆市	277.55	99.18	36	43.23	15.69	36
东莞市	27.46	11.07	40	25.93	10.61	41
惠州市	33.02	11.59	35	126.52	45.09	36
珠海市	280.39	105.30	38	97.28	37.08	38
中山市	182.15	63.61	35	33.60	11.92	35
江门市	223.61	75.34	34	43.65	14.94	34

注：最短时间里程、断裂点距离为无量纲参数，下同。

运用断裂点公式和场强公式计算核心城市断裂点范围，结果如表 9-5 所示。由表可知，深圳市和广州市对珠三角城市群其余各市相对辐射范围几乎一样，且各城市之间没有出现严重的分层。这说明了珠江三角洲各市之间的交通便利，交通线路呈网格状分布，将各城市很好地连接起来。随着深圳市近几年的飞速发展，其具有高科技城市、金融中心城市和滨海旅游城市的城市特质，如今已和广州市不分伯仲。

从珠三角城市群来看，深圳市和广州市对受力城市的辐射大小如表 9-6 所示。深圳市的综合发展水平对受力城市辐射场强最大的前三位城市分别是东莞、惠州和佛山；广州市的综合发展水平对受力城市辐射场强最大的前三位城市是佛山、东莞和中山。而受力城市接受深圳市辐射的能力最高的分别是东莞、惠州和佛山；受力城市接受广州市辐射能力最高的分别是佛山、东莞和中山。值得一提的是，惠州和珠海在核心城市为广州市时的 E_{ij} 排名和 F_{ij} 排名有变化，其他城市均保持不变。这说明惠州的综合实力超过了珠海，具有更占优势的地理位置。

表 9-6　深圳市和广州市对受力城市的辐射大小

城市	深圳市				广州市			
	E_{ij}	E_{ij} 排名	F_{ij}	F_{ij} 排名	E_{ij}	E_{ij} 排名	F_{ij}	F_{ij} 排名
东莞市	1.12	1	18.51	1	1.24	2	20.42	2
惠州市	0.93	2	9.35	2	0.25	7	2.54	6
佛山市	0.21	3	3.49	3	4.60	1	76.30	1
中山市	0.17	4	1.40	4	0.95	3	7.91	3
江门市	0.14	5	1.26	5	0.73	5	6.74	5
肇庆市	0.11	6	1.06	6	0.74	4	7.09	4
珠海市	0.11	7	0.79	7	0.33	6	2.37	7

总体来说，核心城市无论是深圳还是广州，核心城市对受力城市的影响力以及各受力城市接受核心城市的影响力都是距离核心城市最近的城市，即东莞(深圳为核心城市)和佛山(广州为核心城市)。以深圳市和广州市的连线为分界线，深圳市主要的辐射范围为分界线的右半边，广州市主要的辐射范围为分界线的左半边。细化至数据，深圳市综合发展水平对受力城市影响力最大的前两位城市分别为：东莞(1.12)、惠州(0.93)；受力城市接受深圳影响力最大的前两位城市分别为：东莞(18.51)、惠州(9.35)；广州市综合发展水平对受力城市影响力最大的前两位城市分别为：佛山(4.60)、东莞(1.24)；受力城市接受深圳市影响力最大的前两位城市分别为：佛山(76.30)、东莞(20.42)。东莞从这些城市中脱颖而出的一个重要原因不仅因为距离广州和深圳较近，更重要的是东莞的综合实力。

第 10 章　长三角城市群高质量发展影响力评价报告

城市高质量发展影响力体现了城市对周边区域的吸引力和辐射力，一个城市在周边区域的影响力大小直接关系到该城市的位置，城市的影响力高，则城市竞争力强。本章测算了长三角城市群高质量发展影响力。

10.1　现 状 分 析

10.1.1　经济发展

1. GDP

总体来看，长三角城市群的 GDP 呈现稳定增长的趋势(图 10-1)。相较于其他省市，江苏省各城市的 GDP 呈现出更为快速的增长，主要得益于当地的工商业环境好，招商引资以及乡镇企业的迅速发展。

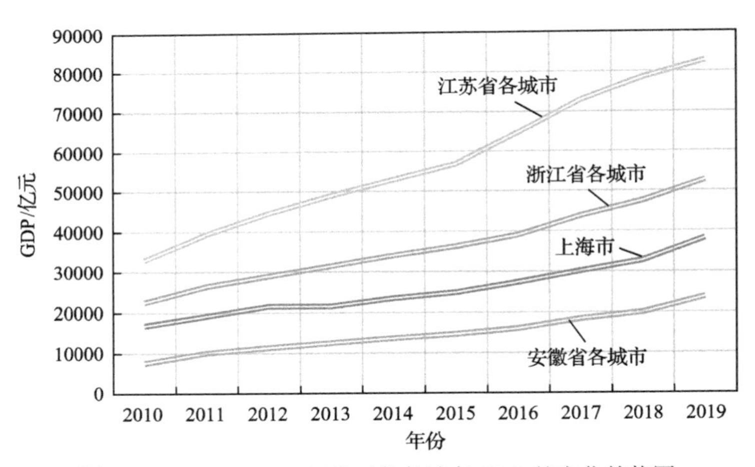

图 10-1　2010～2019 年长三角各城市 GDP 的变化趋势图

2. 第三产业占 GDP 比重

第三产业作为科技进步，生产力发展和人类物质文化生活水平提高的必然产物，已经成为衡量一个国家或地区经济发展和社会进步的重要标志。从图 10-2 中可以看出，近 10 年中浙江省和江苏省各城市的第三产业占 GDP 的比重几乎相同。

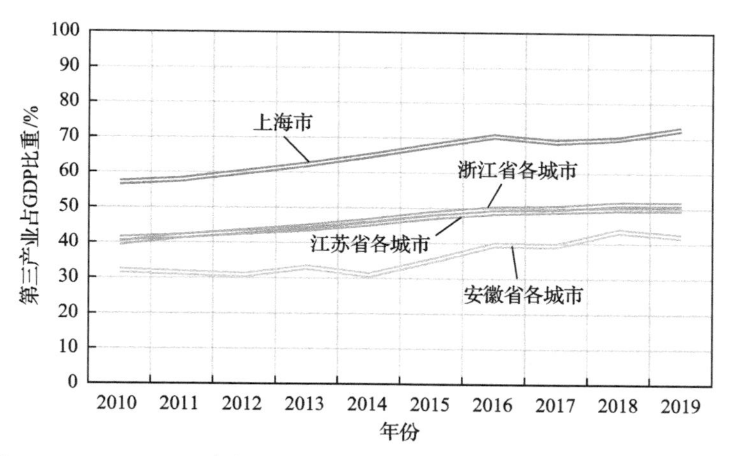

图 10-2　2010～2019 年长三角各城市第三产业占 GDP 比重的变化趋势图

3. 进出口总额

长三角城市群中上海市的进出口总额排名第一(图 10-3)，已与其他城市群拉开了显著的差距，发挥上海市的优势带动长三角其他城市协同发展。

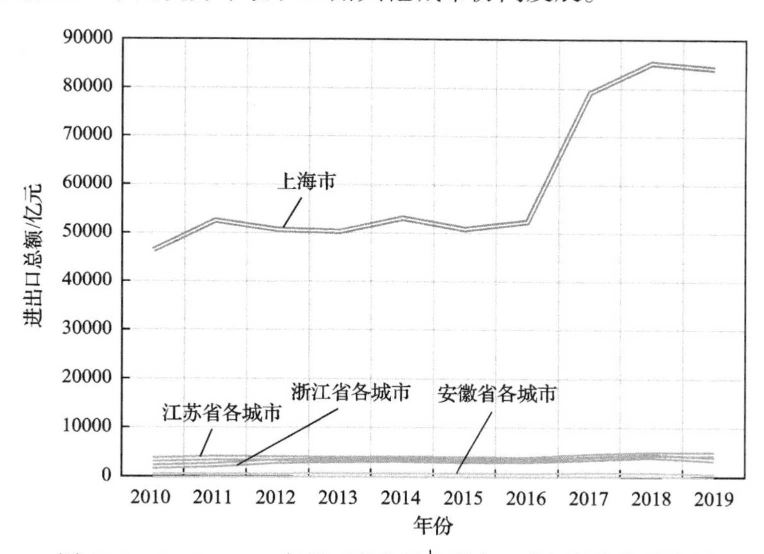

图 10-3　2010～2019 年长三角各城市进出口总额的变化趋势图

10.1.2　文化旅游

旅游是人们提高幸福感不可或缺的一部分，也是文化交流传播，感受地区文化差异的主要途径之一。长三角经济圈的发展得益于其丰富的自然资源，悠久的人文历史，旅游产业形成了强大的发展势头。江浙城市群的旅游收入呈现良好的增长势头(图 10-4)，也是在“十三五”规划下实现旅游经济强省的奋斗目标的体现。而上海市和安徽城市群增长较为平缓(图 10-4)，旅游收入还有较大的增长空间，需要依托当下互联网经济实现旅游产品的创新和宣传实现优质的旅游服务。

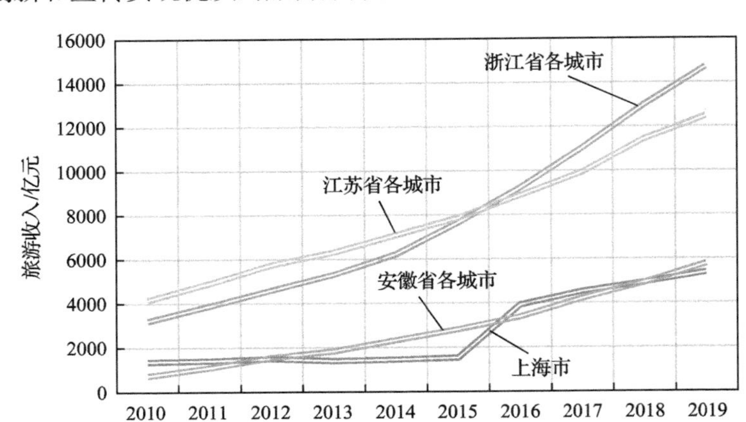

图 10-4　2010～2019 年长三角各城市旅游收入的变化趋势图

10.1.3　社会发展

本书用教育经费来体现社会发展的水平。作为我国经济最具活力、开放程度和创新能力最强的区域之一，长三角城市群是教育强省，大力推进长三角教育的整体现代化。除安徽省增幅较小外，长三角城市群的教育经费呈现较为快速的增长(图 10-5)。

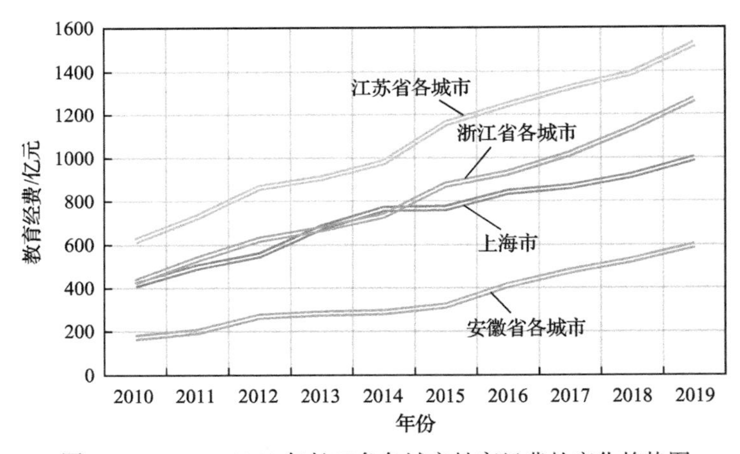

图 10-5　2010～2019 年长三角各城市教育经费的变化趋势图

10.1.4　绿色生态

绿色生态质量状态选用全年优良天数比例来进行评价，能够综合、直观地表征城市的整体空气质量状况和生态环境改善的变化趋势。长三角城市群的优良天数比例出现了较小的跌幅(图 10-6)。十九大报告提出必须树立和践行绿水青山就是金山银山的理念，长三角各城市也在坚持节约资源和保护环境的基本国策，随着各城市对绿色发展的重视，倡导尊重自然、爱护自然的绿色发展理念，长三角区域的生态环境状况会越来越好。

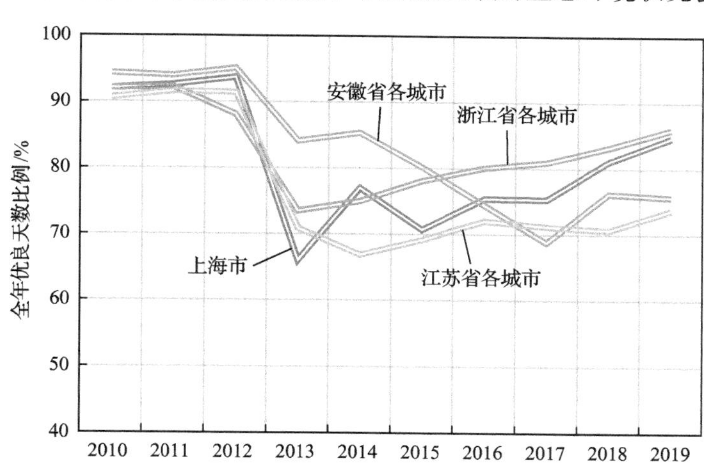

图 10-6　2010～2019 年长三角各城市全年优良天数比例的变化趋势图

10.1.5　技术创新

建设现代经济体系要向创新聚焦，发明是创新的基石，专利为发明保驾护航。专利授权量反映了长三角地区的创新能力，江苏省和浙江省的专利授权量增量较大，说明其创新能力较强，而安徽省的专利授权量水平较低，有待进一步提升(图 10-7)。

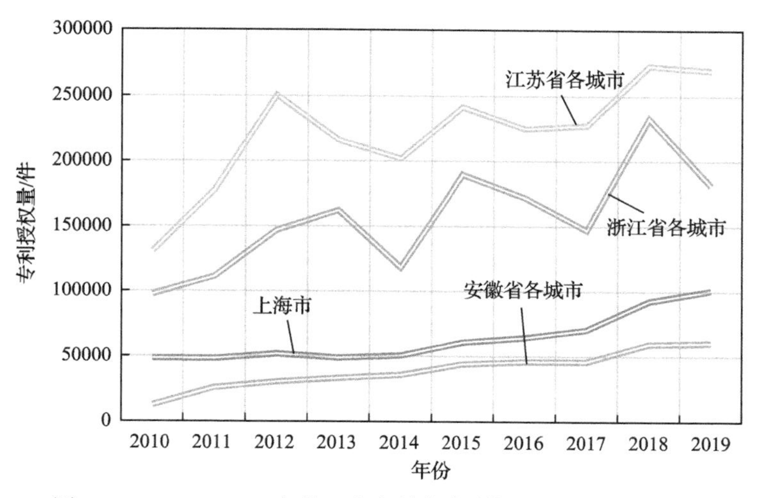

图 10-7　2010～2019 年长三角各城市专利授权量的变化趋势图

10.1.6　政府治理

政府依申请公开可有效反映政府公开信息的准确性以及行政办事的效率水平。从图 10-8 可以看出，浙江省各城市的依申请公开数量波动较大，主要原因在于杭州市近年申请数量激增，而安徽省各城市的依申请公开量一直处于低位。

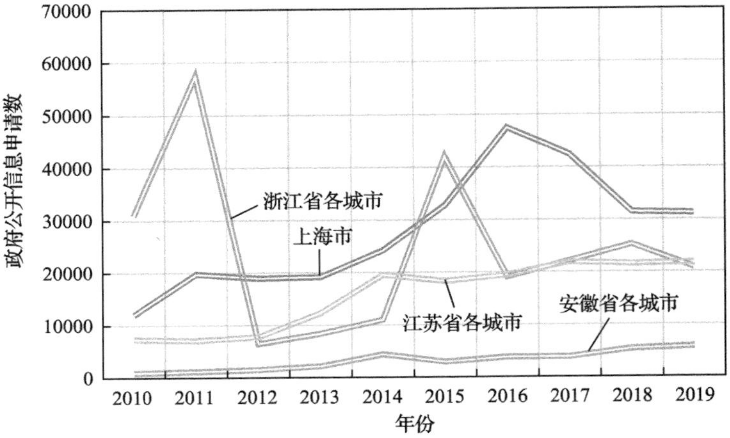

图 10-8　2010～2019 年长三角各城市政府公开信息申请条数的变化趋势图

10.2　城市综合实力测算

通过熵权法计算得出长三角城市群高质量发展影响力的各指标的权重如表 10-1 所示。

表 10-1　长三角城市群高质量发展影响力的指标权重

一级指标	二级指标	权重
经济影响力	GDP	0.0396
	固定资产投资增长比率	0.0103
	公路货运总量	0.0282
	进出口总额	0.1036
	社会消费品零售总额占 GDP 比重	0.0146
	第三产业占 GDP 的比重	0.0166
文化影响力	历史文化名镇、名村数量	0.0534
	国家级非物质文化遗产项目	0.0800
	4A、5A 级景区数量	0.0326
	互联网宽带接入用户数	0.0385
	旅游收入	0.0322
社会影响力	城镇化率	0.0104
	城乡居民可支配收入之比	0.0222
	教育经费	0.0579

续表

一级指标	二级指标	权重
社会影响力	预期寿命	0.0099
	房价收入比	0.0064
	失业率	0.0076
生态影响力	断面水质达标率	0.0089
	建成区绿化覆盖率	0.0098
	全年优良天数比例	0.0297
	万元 GDP 能耗降低率	0.0076
	国家级自然保护区面积	0.1051
创新影响力	R&D 投入强度	0.0232
	财政科技支出额占财政支出总量的比重	0.0232
	专利申请量	0.0594
	专利授权量	0.0633
治理影响力	政府信息公开申请数量	0.0390
	政务微博互动力	0.0283
	政务微博城市竞争性影响力指数	0.0273
	一站式服务	0.0053
	政府网站留言平均办理时间	0.0039

注：由于四舍五入，数据计算存在误差。

通过指标的权重和标准化值加权得分可得长三角各城市的综合实力，其得分如表 10-2 所示。

表 10-2 长三角各城市综合实力的对比表

城市	得分	排名	城市	得分	排名	城市	得分	排名
上海市	0.795	1	南通市	0.234	10	扬州市	0.154	19
苏州市	0.484	2	常州市	0.211	11	芜湖市	0.151	20
杭州市	0.393	3	绍兴市	0.205	12	铜陵市	0.148	21
南京市	0.387	4	台州市	0.200	13	泰州市	0.146	22
宁波市	0.337	5	宣城市	0.189	14	池州市	0.135	23
合肥市	0.267	6	嘉兴市	0.187	15	舟山市	0.133	24
盐城市	0.256	7	湖州市	0.175	16	滁州市	0.132	25
金华市	0.246	8	马鞍山市	0.158	17	镇江市	0.129	26
无锡市	0.241	9	安庆市	0.158	18			

从城市综合实力的结果可以看出，上海市的综合实力远高过其他城市，因此将上海

市作为核心城市。

10.3　核心城市高质量发展影响力实证分析

利用经济距离表征的长三角各受力城市到上海市的最短时间里程如表 10-3 所示。

表 10-3　上海市到各受力城市之间经济距离计算表

城市	运输方式	权重	货币成本/元	运输时间/h	加权经济距离	经济距离
杭州市	公路	0.4	71	2.82	80.09	109.38
	普通铁路	0.3	24.5	1.75	12.86	
	高速铁路	0.3	73	0.75	16.43	
宁波市	公路	0.4	160	3.15	201.60	339.96
	普通铁路	0.3	50.5	4.57	69.24	
	高速铁路	0.3	144	1.6	69.12	
嘉兴市	公路	0.5	40	1.97	39.40	48.06
	高速铁路	0.5	38.5	0.45	8.66	
湖州市	公路	0.5	69	2.17	74.87	176.62
	高速铁路	0.5	110	1.85	101.75	
绍兴市	公路	0.4	110	2.9	127.60	192.44
	普通铁路	0.3	37.5	2.73	30.71	
	高速铁路	0.3	92.5	1.23	34.13	
金华市	公路	0.4	139	4.43	246.31	368.76
	普通铁路	0.3	54.5	3.12	51.01	
	高速铁路	0.3	147	1.62	71.44	
舟山市	公路	1	248	3.88	962.24	926.24
台州市	公路	0.5	188	5.17	485.98	766.71
	高速铁路	0.5	197	2.85	280.73	
合肥市	公路	0.4	228	5.95	542.64	850.81
	普通铁路	0.3	86	7.47	192.73	
	高速铁路	0.3	208	1.85	115.44	
芜湖市	公路	0.4	161	4.57	294.31	527.08
	普通铁路	0.3	62.5	5.63	105.56	
	高速铁路	0.3	174.5	2.43	127.21	
马鞍山市	公路	0.4	140	4.55	254.80	442.94
	普通铁路	0.3	53.5	5.5	88.28	

续表

城市	运输方式	权重	货币成本/元	运输时间/h	加权经济距离	经济距离
马鞍山市	高速铁路	0.3	158.5	2.1	99.86	442.94
铜陵市	公路	0.4	183	4.87	356.48	709.08
	普通铁路	0.3	72	7.83	169.13	
	高速铁路	0.3	202.5	3.02	183.47	
安庆市	公路	0.5	249	5.85	728.33	1165.06
	高速铁路	0.5	238	3.67	436.73	
滁州市	公路	0.4	149	5.83	347.47	490.81
	普通铁路	0.3	51.5	4.15	64.12	
	高速铁路	0.3	163	1.62	79.22	
池州市	公路	0.4	206	5.24	431.78	855.44
	普通铁路	0.3	78	8.67	202.88	
	高速铁路	0.3	221	3.33	220.78	
宣城市	公路	0.4	129	3.97	204.85	433.24
	普通铁路	0.3	62.5	4.8	90	
	高速铁路	0.3	163	2.83	138.39	
南京市	公路	0.4	129	4.4	227.04	312.09
	普通铁路	0.3	46.5	3.02	42.13	
	高速铁路	0.3	146	0.98	42.92	
无锡市	公路	0.4	51	2.37	48.35	62.28
	普通铁路	0.3	19.5	1.2	7.02	
	高速铁路	0.3	49	0.47	6.91	
常州市	公路	0.4	71	3.17	90.03	121.50
	普通铁路	0.3	24.5	1.72	12.64	
	高速铁路	0.3	86	0.73	18.83	
苏州市	公路	0.4	35	1.72	24.08	30.44
	普通铁路	0.3	14.5	0.75	3.26	
	高速铁路	0.3	29.5	0.35	3.10	
南通市	公路	0.5	68	2.47	83.98	120.90
	高速铁路	0.5	69	1.07	36.92	
盐城市	公路	0.5	150	4.42	331.50	447.88
	高速铁路	0.5	133	1.75	116.38	

续表

城市	运输方式	权重	货币成本/元	运输时间/h	加权经济距离	经济距离
扬州市	公路	0.5	147	4.15	305.03	409.09
	高速铁路	0.5	121	1.72	104.06	
镇江市	公路	0.4	99	3.98	157.61	240.08
	普通铁路	0.3	37.5	2.95	33.19	
	高速铁路	0.3	109.5	1.5	49.28	
泰州市	公路	0.5	122	3.8	231.80	328.27
	高速铁路	0.5	109	1.77	96.47	

利用断裂点模型计算所得的上海市到各受力城市的断裂点距离如表 10-4 所示。

表 10-4　长三角核心城市断裂点范围

受力城市	上海到受力城市的断裂点距离	上海到受力城市最短时间里程	上海到断裂点距离占两城间距的比重/%
杭州市	45.16	109.38	41
宁波市	134.06	339.96	39
嘉兴市	15.70	48.06	33
湖州市	56.40	176.62	32
绍兴市	64.81	192.44	34
金华市	131.81	368.76	36
舟山市	268.87	926.24	29
台州市	256.10	766.71	33
合肥市	312.16	850.81	37
芜湖市	159.99	527.08	30
马鞍山市	136.58	442.94	31
铜陵市	213.73	709.08	30
安庆市	359.24	1165.06	31
滁州市	142.09	490.81	29
池州市	249.64	855.44	29
宣城市	142.00	433.24	33
南京市	128.26	312.09	41
无锡市	22.11	62.28	36
常州市	41.31	121.50	34
苏州市	13.34	30.44	44

续表

受力城市	上海到受力城市的断裂点距离	上海到受力城市最短时间里程	上海到断裂点距离占两城间距的比重/%
南通市	42.52	120.90	35
盐城市	162.14	447.88	36
扬州市	125.02	409.09	31
镇江市	68.94	240.08	29
泰州市	98.48	328.27	30

利用断裂点公式计算所得的断裂点范围如表 10-4 所示。总体来说，上海市对安徽省各城市的相对辐射范围相较其他城市比较弱，上海市对江苏省各城市的相对辐射范围除苏州和南京之外都比较平均，上海对浙江省各市的相对辐射范围较江苏省各市要相对弱一些。

利用场强公式计算所得的辐射大小如表 10-5 所示。总体来说，上海市的综合发展水平对受力城市辐射场强最大的前三位城市分别是苏州市、嘉兴市和无锡市；而受力城市接受上海市辐射的能力最高的分别是苏州市、无锡市和嘉兴市。由于上海市地处长三角城市群的东部沿海地区，因此，上海市对各受力城市的影响力大小以及各受力城市接受上海市的影响力等级都沿着上海市呈半圆形展开，离上海市越近，其影响力等级越高。具体而言，我们可以得出上海市综合发展水平对受力城市影响力最大的前五位城市：苏州市（1.38）、嘉兴市（0.91）、无锡市（0.68）、杭州市（0.40）和南通市（0.35），这也从侧面说明了上海市到这几个城市的距离较其他城市更近；受力城市接受上海市影响力最大的分别是苏州市（32.49）、无锡市（8.89）、嘉兴市（8.66）、杭州市（8.11）和南通市（4.76）。虽然，南京市的综合实力在长三角城市群中名列前茅，但距离上海市较远，导致其得分均不尽如人意。总的来看，上海市对长三角城市群的影响力从大到小排列依次为江苏省、浙江省、安徽市，上海市对安徽省各城市的影响力最有限。

表 10-5　上海市对受力城市的辐射大小

城市	E_{ij}	E_{ij} 排名	F_{ij}	F_{ij} 排名
苏州市	1.38	1	32.92	1
嘉兴市	0.91	2	8.66	3
无锡市	0.68	3	8.89	2
杭州市	0.40	4	8.11	4
南通市	0.35	5	4.76	5
常州市	0.35	6	3.61	6
湖州市	0.25	7	1.82	10
绍兴市	0.23	8	2.32	8
镇江市	0.18	9	1.18	13

续表

城市	E_{ij}	E_{ij}排名	F_{ij}	F_{ij}排名
南京市	0.13	10	2.55	7
泰州市	0.13	12	1.10	14
宁波市	0.13	11	2.19	9
金华市	0.12	13	1.40	11
扬州市	0.10	14	0.90	15
宣城市	0.10	16	0.72	17
马鞍山市	0.10	15	0.61	21
盐城市	0.09	17	1.33	12
滁州市	0.09	18	0.66	18
芜湖市	0.08	19	0.63	20
铜陵市	0.06	20	0.31	23
台州市	0.06	21	0.64	19
合肥市	0.05	22	0.76	16
池州市	0.05	23	0.23	24
舟山市	0.05	24	0.19	25
安庆市	0.04	25	0.33	22

第 11 章　京津冀城市群高质量发展影响力评价报告

城市高质量发展影响力体现了城市对周边区域的吸引力和辐射力，一个城市在周边区域的影响力大小直接关系到该城市的位置，城市的影响力高，则城市竞争力强。本章测算了京津冀城市群高质量发展影响力。

11.1　现 状 分 析

通过分析京津冀三省(市)的现状，结合纵向和横向的比较，得出各省市在高质量发展六个维度的变化趋势以及未来的发展方向。

11.1.1　经济发展

1. GDP

GDP 是表征宏观经济发展状况的基础性指标，以 GDP 表征经济发展水平。从图 11-1 可知，北京市、天津市和河北省的 GDP 总体来看呈上升趋势。2019 年，北京市的 GDP 规模已经赶超河北省，在经济总量上对天津市和河北省的经济发展起着带头作用。2019 年，天津市的 GDP 相比 2018 年下滑将近 25%，北方经济整体低迷以及以制造业为主的支柱产业发展势头减弱等原因共同造成了天津市 2019 年 GDP 的下滑。未来天津市在寻找新的增长动能方面任重而道远。

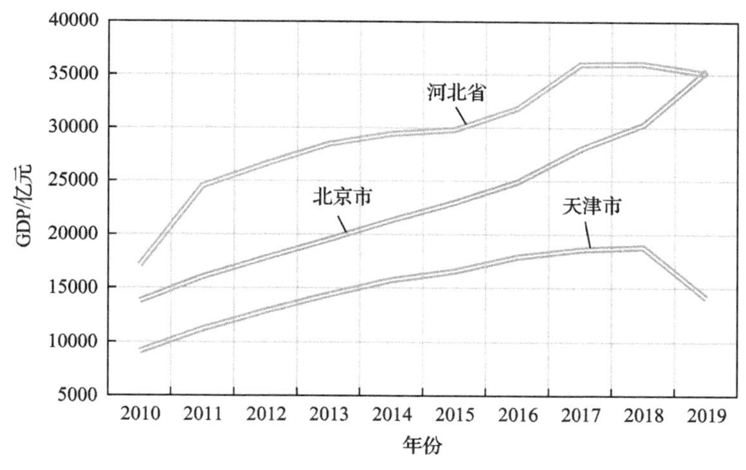

图 11-1　2010～2019 年京津冀 GDP 的变化趋势图

2. 固定资产投资增长比率

党的十八大以来，新的经济增长极蓬勃发展，以北京市为核心的京津冀协同发展催

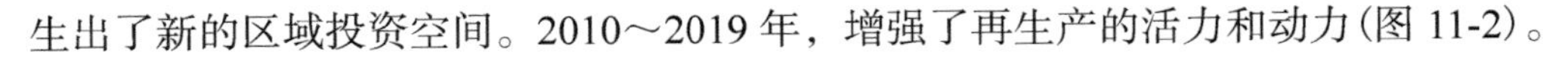

生出了新的区域投资空间。2010～2019年，增强了再生产的活力和动力(图 11-2)。

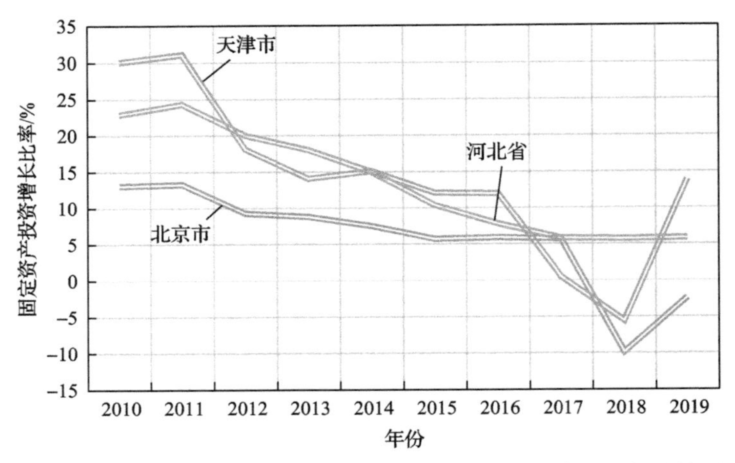

图 11-2　2010～2019年京津冀固定资产投资增长比率的变化趋势图

3. 进出口总额

2010～2019年，天津市和河北省的进出口总额呈平稳发展的态势；北京市的进出口总额虽然略有波动，总体呈上升趋势(图 11-3)。

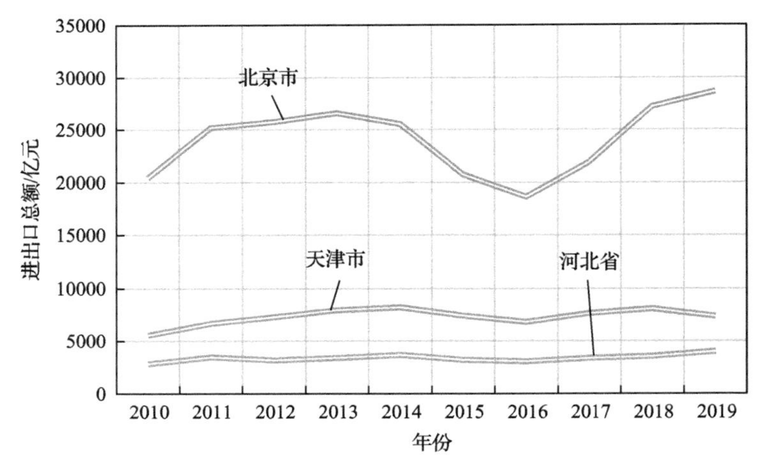

图 11-3　2010～2019年京津冀进出口总额的变化趋势图

4. 社会消费品零售总额占 GDP 比重

从近十年的数据中可以看出，河北省的社会消费品零售总额占 GDP 比重呈不断上升的趋势，天津市和北京市相应指标呈下降态势(图 11-4)，说明河北省的社会消费品零售总额的增长趋势要大于 GDP 的增长趋势。

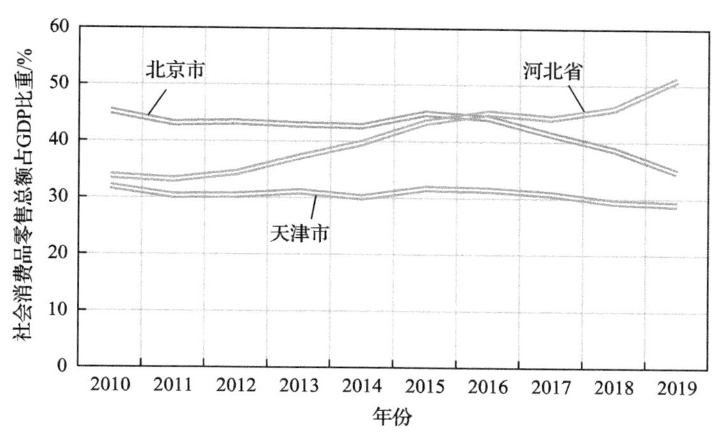

图 11-4　2010～2019 年京津冀社会消费品零售总额占 GDP 比重的变化趋势图

5. 第三产业占 GDP 比重

第三产业作为科技进步、生产力发展和人类物质文化生活水平提高的必然产物，已经成为衡量一个国家或地区经济发展和社会进步的重要标志。从图 11-5 来看，北京市的第三产业占 GDP 的比重远超天津市和河北省，这也证明了京津冀城市群的发展以协同为基调，而非同化。三地依靠其地域优势、资源优势，发展区域优势产业，城市群形成产业互补。

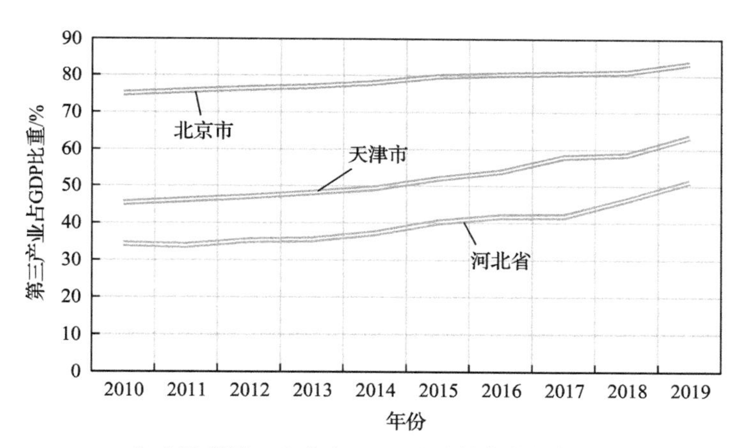

图 11-5　2010～2019 年京津冀第三产业占 GDP 比重的变化趋势图(数据来源：统计年报)

11.1.2　文化旅游

1. 旅游收入

旅游是人们日常生活的重要组成部分，也是文化交流传播的主要途径之一。由图 11-6 可知，北京市和天津市在 2010～2019 年的旅游收入增速上几近相同，几乎保持着同样的增长速度，而河北省从 2014 年起旅游收入开始呈现大幅度上升，并于 2017 年首次超越北京市。2018 年领先优势快速扩大。完善的文化旅游设施、便利的交通设施等共同推动着京津冀旅游收入的持续增加。近年，北京市和天津市的旅游市场处于几乎饱和状态，在这种情况下，京津冀强调的协同发展可以促使河北省吸收北京市和天津市的分流游客，推动河北省旅游产业的快速发展。京津冀一体化发展以及河北省足够深厚的旅游资源促使河北省在旅游发展上可以厚积薄发。

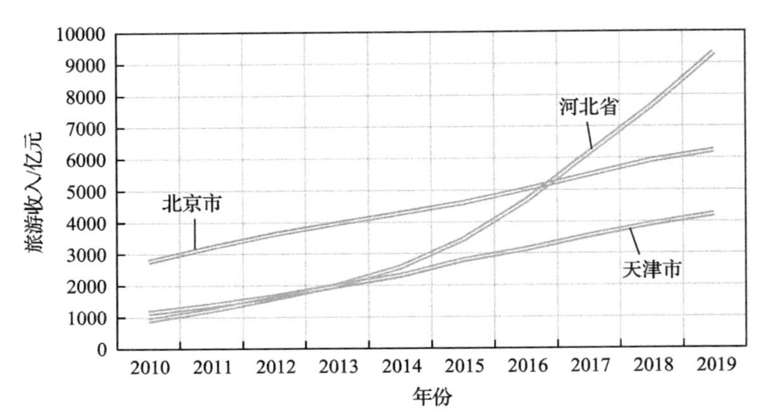

图 11-6　2010～2019 年京津冀旅游收入的变化趋势图(数据来源：统计年报)

2. 互联网宽带接入用户数

互联网宽带接入用户数逐年提升，说明入网门槛进一步降低。京津冀地区互联网宽带的进一步普及，北京市、天津市的互联网宽带接入用户数较为稳定，河北省互联网宽带接入用户数增速显著(图 11-7)。

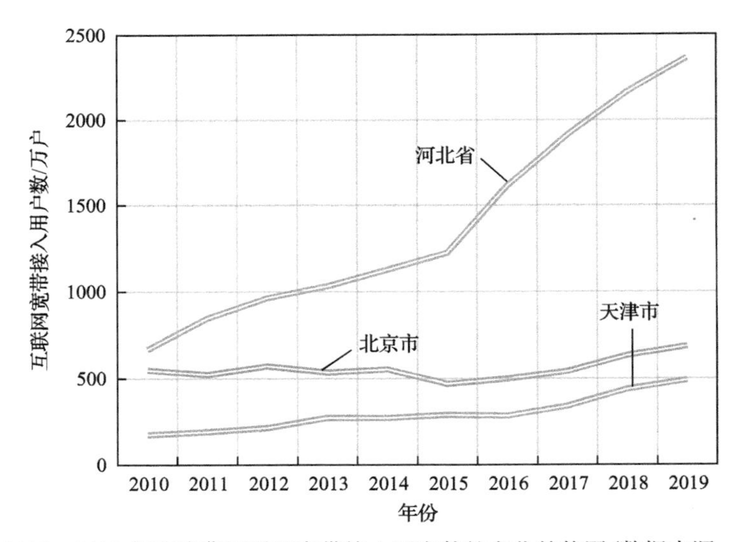

图 11-7　2010～2019 年京津冀互联网宽带接入用户数的变化趋势图(数据来源：统计年报)

11.1.3 技术创新

创新驱动发展，专利引领创新，本书以专利授权量表征技术创新水平。从图 11-8 可知，北京市的专利授权量远远超过了天津市和河北省，且差距在逐年拉大；天津市和河北省的专利授权量在近几年几乎相同。北京市具有较强竞争力的人才市场以及全国排名前列的多家科研院校，有力推动了北京市科研创新能力的发展。北京市强大的科创能力对天津市和河北省产生积极的辐射影响，带动京津冀的协同发展。

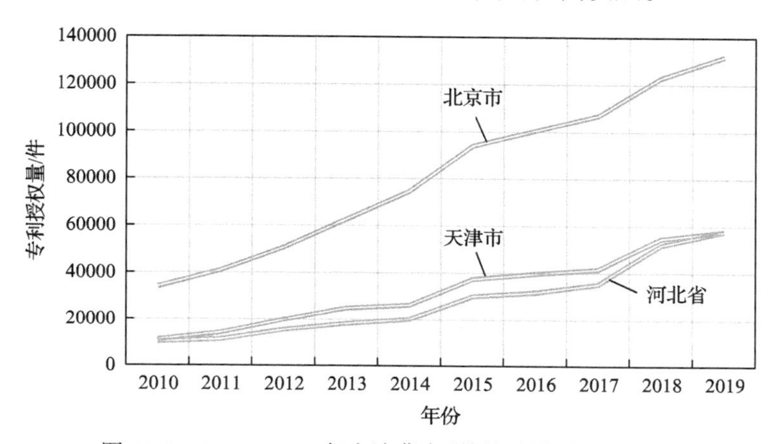

图 11-8　2010～2019 年京津冀专利授权量的变化趋势图

11.1.4 社会发展

1. 教育经费

义务教育既是社会发展的基础性条件，也是社会发展状况的重要表征，因此本书以教育经费作为社会发展表征指标。由图 11-9 可知，京津冀三省市的教育经费在近几年都呈上升趋势，说明在提高教育质量、培养人才方面，政府正在不断地寻求新的突破。从图 11-9 中还可以发现，2014 年之前北京市和河北省的教育经费相差不大，而在 2014 年

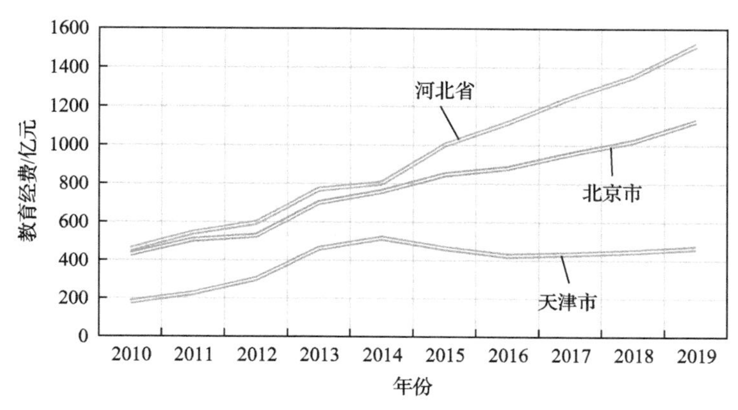

图 11-9　2010～2019 年京津冀教育经费的变化趋势图

之后，河北省的教育经费逐渐与北京市拉开差距，而北京市的教育经费增速逐渐放缓，这说明在京津冀协同发展战略下，河北省在教育方面的短板在逐渐缩小，也更加体现国家对整体教育发展的重视。

2. 失业率

北京市的失业率在全国处于较低水平，常年将失业率保持在 1.5%上下浮动(图 11-10)，为天津市和河北省乃至其他城市降低失业率增强了信心。

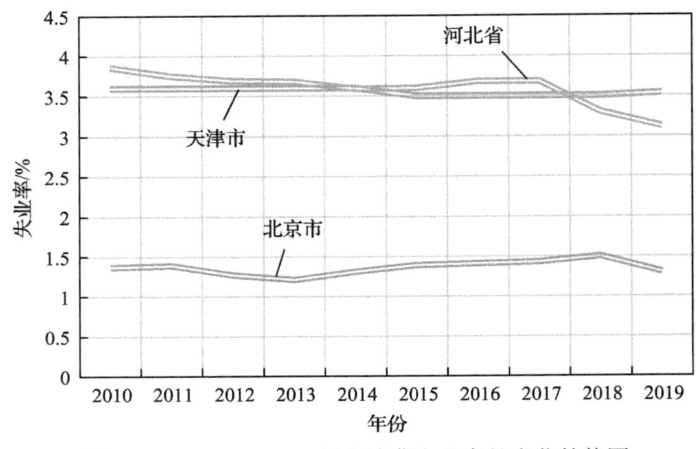

图 11-10　2010～2019 年京津冀失业率的变化趋势图

11.1.5　政府治理

现代社会是信息社会，现代治理从根本上要靠信息治理，数字化是政府治理创新的重要路径和重要内容，政府信息公开是现代政府以服务为宗旨提供的一种公共服务。由图 11-11 可知，京津冀的政府信息公开申请数总体来看是逐年上升的，这说明京津冀各城市不断提高社会治理的能力，民众的主人翁意识正在不断地形成和增强，政府的信息公开制度也需要不断地发展完善，以适应人民群众的需求，共同创建文明和谐的大家园。

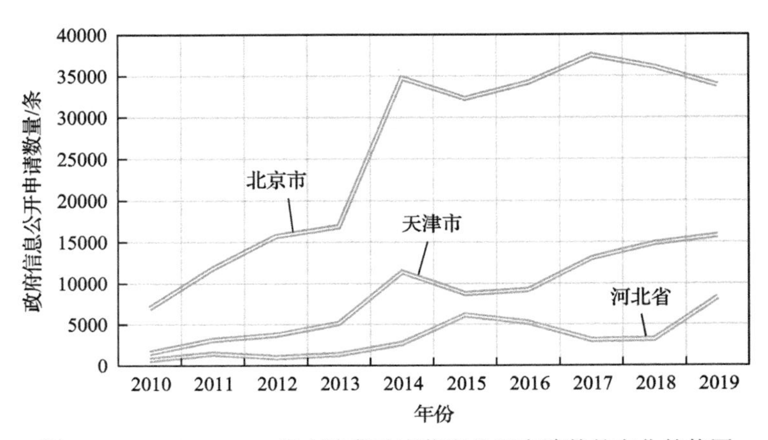

图 11-11　2010～2019 年京津冀政府信息公开申请数的变化趋势图

11.1.6　绿色生态

绿色生态质量状态选用全年优良天数比例来进行评价，能够综合、直观地表征城市的整体空气质量状况和生态环境改善的变化趋势。由图 11-12 可知，京津冀各省(市)的全年优良天数比例走势相似，2012 年开始下降，2013 年下跌至谷底，此后数值开始上升。这充分说明政府逐渐开始关注绿色生态，在发展经济的同时也关注环境带给人民福利。

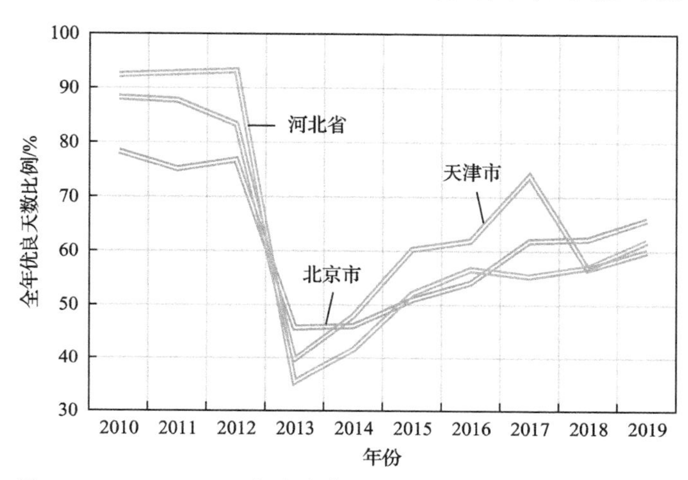

图 11-12　2010～2019 年京津冀全年优良天数比例的变化趋势图

11.2　城市综合实力测算

通过熵权法计算得出京津冀城市群的各指标的权重如表 11-1 所示。

表 11-1　京津冀城市群综合实力的指标权重

一级指标	二级指标	权重
经济影响力	GDP	0.0556
	固定资产投资增长比率	0.0061
	公路货运总量	0.0220
	进出口总额	0.0827
	社会消费品零售总额占 GDP 比重	0.0114
	第三产业占 GDP 的比重	0.0133
文化影响力	历史文化名镇、名村数量	0.0478
	国家级非物质文化遗产项目	0.0467
	4A、5A 级景区数量	0.0283
	互联网宽带接入用户数	0.0253
	旅游收入	0.0351

续表

一级指标	二级指标	权重
社会影响力	城镇化率	0.0130
	城乡居民可支配收入之比	0.0187
	教育经费	0.0502
	预期寿命	0.0998
	房价收入比	0.0055
	失业率	0.0174
生态影响力	断面水质达标率	0.0049
	建成区绿化覆盖率	0.0161
	全年优良天数比例	0.0180
	万元 GDP 能耗变化率	0.0113
	国家级自然保护区面积	0.0454
创新影响力	R&D 投入强度	0.0189
	财政科技支出额占财政支出总量的比重	0.0404
	专利申请数	0.0599
	专利授权量	0.0670
治理影响力	政府信息公开申请数量	0.0839
	政务微博互动力	0.0170
	政务微博城市竞争性影响力指数	0.0193
	一站式服务	0.0133
	政府网站留言平均办理时间	0.0057

利用熵值法计算所得的指标权重和标准化值加权得分即为京津冀各城市的综合实力，如表 11-2 所示。

表 11-2　京津冀各城市综合实力的对比表

城市	得分	排名	城市	得分	排名	城市	得分	排名
北京市	0.865	1	唐山市	0.165	6	秦皇岛市	0.133	11
天津市	0.548	2	保定市	0.153	7	沧州市	0.126	12
石家庄市	0.222	3	承德市	0.144	8	衡水市	0.103	13
邯郸市	0.203	4	廊坊市	0.140	9			
张家口市	0.193	5	邢台市	0.134	10			

利用熵值法计算出各城市的综合得分，即得到高质量发展综合指数，也就是反映各城市的综合实力，即代表京津冀各城市的高质量发展综合水平，结果如表 11-2 所示。从城市综合实力的结果可以看出，京津冀的首位核心城市是北京市，其次是天津市、石家庄市。北京市是京津冀城市群的核心城市。综合实力得分的高低代表着各市高质量发展

程度的强弱，但得分越高并不一定代表该区域的辐射范围就越大。因此，要深入了解京津冀城市群之间的经济联系，仅仅通过比较综合实力的强弱是不够的，有必要对京津冀各城市进行辐射范围测算，以此来确定北京对京津冀在经济、文化、社会、生态、创新、治理的空间辐射范围。

专　栏

北京高质量发展的实现路径

北京作为我国的首都，具有全国政治中心、文化中心、国际交往中心、科技创新中心的城市战略定位，在推进城市经济高质量发展的进程中，积极探索从“合理利用资源适应经济发展”到“疏解城市功能促进高质量发展”的转型发展之路，已经取得十分显著的发展成效。

一是紧跟减量发展步伐，城市建设质量得以大幅度提升，向实现高质量发展目标更进一步。北京具有雄厚的优质资源，外加首都的区位优势，通过疏解城市功能，加大产业结构优化调整力度，整治淘汰了一大批低生产效能的企业，存量资源得以十分有效地释放，为创新提供更为广阔的发展空间；与此同时，北京积极转变以往“摊大饼”等低效益的土地利用模式，积极投身于城市建设用地优化与城市空间管理过程中，实现土地利用高质量发展，使得城市建设的质量和效益节节攀升。

二是以实现产业结构优化的基础之上促进城市经济发展质量提升，致力于城市经济高质量发展目标的实现。在调整产业结构的进程中，北京摒弃了传统的粗放型工业体系，探索性构建出新一代信息技术、节能环保、人工智能、软件和信息服务以及科技服务业等高精尖经济结构，着重发展主导产业，积极推进战略性新兴产业发展进程，培育与孵化新的经济增长点，不断补充与完善现代化服务业体系，在资源得以充分配置的基础之上，形成优质供给和有效供给，进而加快城市经济高质量发展实现进程。

三是以促进创新驱动发展方式为城市发展提供动力，进而实现城市经济的高质量发展。北京由以依赖资源消耗为核心的单一发展模式转向以创新驱动为主的增长模式，为教育、人才和科技优势全面释放搭建空间，通过政策、资金工具的科学及合理利用，积极搭建服务平台，在创新驱动中提升新旧动能转换率，提高城市发展质量。

四是在区域协调发展的同时提升区域发展质量。北京顺应国家三大发展战略之一的京津冀协同发展战略，不断积极推进北京城市的副中心与雄安新区“两翼”建设，不断提高城市以单中心空间结构为特征向多中心空间结构为特征的转变速度，不但缓解了北京市单中心空间结构所引致的城市低效率运行的问题，而且通过建设的新区域地带成功引导实现城市有序增长，为城市发展提供新的动力源和增长极，积极促进城市治理平衡的多中心网络化空间格局的形成。

以上四点的路径安排，积极推动北京向高质量发展阶段迈进，为首都实现经济高质量发展奠定了坚实基础。

11.3　核心城市高质量发展影响力实证分析

11.3.1　断裂点的计算

京津冀城市群的通达性在有无高铁两种交通网络状况下差异比较显著，城际铁路的开通极大地提升了该城市圈联系的密切度，打造“轨道上的京津冀”。本书使用经济距离来表征城市间的距离，通过设定各区域间各种运输方式的标准速度，利用区域间各种运输方式的时间代替最短路线的时间距离，运输方式到实际目的地的票价模拟各市之间的货币距离，并对不同种类运输方式赋予权重。利用断裂点模型计算出断裂点的位置和中心城市的辐射力范围。各城市群间的经济距离空间分布如表 11-3 所示。

表 11-3　北京市到各受力城市之间经济距离计算表格

城市	运输方式	权重	货币成本/元	运输时间/h	加权经济距离	经济距离
天津市	公路	0.4	30	2.18	26.16	43.29
	普通铁路	0.3	23.5	1.27	8.95	
	高速铁路	0.3	54.5	0.5	8.18	
廊坊市	公路	0.4	12	1.35	6.48	12.68
	普通铁路	0.3	12.5	0.87	3.26	
	高速铁路	0.3	28	0.35	2.94	
邯郸市	公路	0.4	164	5.67	371.95	570.88
	普通铁路	0.3	64.5	3.8	73.53	
	高速铁路	0.3	209	2	125.40	
张家口市	公路	0.4	74	3.15	93.24	139.12
	普通铁路	0.3	29.5	3.28	29.03	
	高速铁路	0.3	72	0.78	16.85	
石家庄市	公路	0.4	100	3.9	156.00	230.50
	普通铁路	0.3	43.5	2.4	31.32	
	高速铁路	0.3	128.5	1.12	43.18	
保定市	公路	0.4	46	2.52	46.37	73.92
	普通铁路	0.3	23.5	1.22	8.60	
	高速铁路	0.3	63.5	0.68	18.95	
唐山市	公路	0.4	67	2.65	71.02	122.34
	普通铁路	0.3	36.5	1.55	16.97	
	高速铁路	0.3	107	1.07	34.35	

续表

城市	运输方式	权重	货币成本/元	运输时间/h	加权经济距离	经济距离
秦皇岛市	公路	0.4	117	3.8	177.84	312.43
	普通铁路	0.3	43.5	3.03	39.54	
	高速铁路	0.3	178	1.78	95.05	
承德市	公路	0.4	100	3.22	128.80	210.10
	普通铁路	0.3	40.5	4.65	56.50	
	高速铁路	0.3	95	0.87	24.80	
沧州市	公路	0.4	68	2.8	76.16	127.75
	普通铁路	0.3	41.5	2.3	28.64	
	高速铁路	0.3	90	0.85	22.95	
衡水市	公路	0.4	107	3.78	161.78	223.72
	普通铁路	0.3	43.5	2.45	31.97	
	高速铁路	0.3	45	2.22	29.97	
邢台市	公路	0.4	148	5.12	303.10	472.95
	普通铁路	0.3	54.5	4.5	73.58	
	高速铁路	0.3	185.5	1.73	96.27	

将各城市群的综合实力得分以及两城市间的经济距离代入断裂点公式，分别按照直线距离和最短时间里程的经济距离，计算得到城市群核心城市的断裂点范围，具体如表 11-4 所示。

表 11-4 北京市断裂点范围

城市	受力城市	直线距离	基于直线距离计算的断裂点距离	最短时间里程	基于最短时间里程计算的断裂点距离
北京市	天津市	101.84	45.14	43.29	19.19
	廊坊市	49.58	14.22	12.68	3.64
	邯郸市	403.38	131.64	570.88	186.30
	张家口市	164.76	52.86	139.12	44.63
	石家庄市	263.12	88.47	230.50	77.51
	保定市	139.54	41.31	73.92	21.88
	唐山市	157.14	47.77	122.34	37.19
	秦皇岛市	268.91	75.74	312.43	88.00
	承德市	180.00	52.16	210.10	60.88
	沧州市	180.91	49.97	127.75	35.29
	衡水市	247.94	63.61	223.72	57.39
	邢台市	355.66	100.45	472.95	133.57

京津冀城市群的通达性在有无高铁两种交通网络状况下差异比较显著，高铁的开通极大地提升了该城市群交通可达性。计算辐射场强时，将北京市作为辐射源，其他城市作为受力点。总体来说，廊坊市、天津市、张家口市、石家庄市、保定市、唐山市、沧州市、衡水市与北京市计算得出的最短时间里程比直线距离更短，说明北京市到这些市的交通通达度都比较高，联系更加密切；而秦皇岛市、邯郸市、承德市、邢台市与北京市之间计算得出的最短时间里程比直线距离更长，说明北京市到这些城市的交通不够便捷，联系度不高。由表 11-4 可知，廊坊市、天津市、保定市离北京市的距离最近，断裂点距离排名也靠前；与此相反，秦皇岛市、邢台市、邯郸市离北京市的距离最远，断裂点的距离排名也靠后。这说明受力城市离北京市的距离越近，断裂点距离也就越近，辐射范围也越明显。

核心城市与断裂点的距离占两区域距离比例能够较好地反映区域的相对辐射范围，比例越大，则核心区对相应省区的辐射范围就越大。本书也采用核心城市与断裂点的距离占两区域距离来表征相对辐射范围。由表 11-5 可知，受力城市与北京市的辐射距离占比均在 50%以下，除天津市外，北京市对其他城市的相对辐射范围都处于一个梯度。北京市对天津市的相对辐射范围位居各城市之首，主要是由于天津市综合实力强且具有优越的地理位置，而其他城市的相对辐射范围相差不大。

表 11-5　北京市到各城市经济辐射范围断裂点及场强变化

受力城市	北京到受力城市的断裂点距离	北京到受力城市最短时间里程	北京到断裂点距离占两城间距的比重/%
天津市	19.19	43.29	44
廊坊市	3.64	12.68	29
邯郸市	186.30	570.88	33
张家口市	44.63	139.12	32
石家庄市	77.51	230.50	34
保定市	21.88	73.92	30
唐山市	37.19	122.34	30
秦皇岛市	88.00	312.43	28
承德市	60.88	210.10	29
沧州市	35.29	127.75	28
衡水市	57.39	223.72	26
邢台市	133.57	472.95	28

11.3.2　辐射场强模型

本书首先引进城市高质量发展影响力的概念，结合物理中电场知识建立电场力模型。接着假定场源电荷为北京市，天津市和河北省的城市作为电场中的其他电荷，即北京对周边的城市影响力大小量化为电场力大小。通过断裂点模型测算出了核心城市的影响范围。但是核心城市的影响力并非局限于断裂点内部，而是可以渗透到对方城市的影响范围内，只是其影响力要小于对方城市的影响力。本书通过计算经济辐射场强 E 和辐射力 F，全面考察核心城市的影响力。计算辐射场强时，将北京市作为辐射源，其他城市作为受力点。通过辐射场强模型来测算辐射源对受力点城市的辐射强度以及受力城市的接受程度，结果如表 11-6 所示。

表 11-6　北京市对受力城市的辐射大小

城市	E_{ij}	E_{ij} 排名	F_{ij}	F_{ij} 排名
天津市	0.997	2	29.168	1
廊坊市	3.404	1	27.889	2
保定市	0.584	3	7.002	3
唐山市	0.353	4	4.044	4
沧州市	0.338	5	3.294	5
张家口市	0.310	6	2.867	6
承德市	0.205	7	1.476	8
衡水市	0.193	8	1.311	9
石家庄市	0.187	9	2.844	7
秦皇岛市	0.138	10	0.894	12
邢台市	0.091	11	0.908	11
邯郸市	0.076	12	1.053	10

从京津冀城市群来看，北京市综合发展水平对受力城市辐射场强最大的前五位城市分别是廊坊市、天津市、保定市、唐山市和沧州市，这从侧面说明北京市到这几个城市的距离较其他城市更近；受力城市接受北京市辐射的能力最高的分别是天津市、廊坊市、保定市、唐山市和沧州市，较其他城市来说，廊坊市距离北京市最近，因此廊坊市可以很好地受到北京市的辐射，因此廊坊市在受力城市辐射场强排名中居首位，天津市排第二。在受力城市接受北京市辐射能力最强的城市是天津市，说明在接受辐射能力方面天津市雄厚的经济发展基础超越了廊坊优越的地理位置。值得一提的是，石家庄市和邯郸市的 F_{ij} 排名优于 E_{ij} 排名，由表 11-2 可知石家庄市和邯郸市的综合实力排名分别位于第 3 和第 4 名。

借用 ArcGIS 软件来体现北京市对各受力城市的辐射场强以及各受力城市接受北京市的辐射场强。可以得出，距离核心城市越近，受力城市接受其辐射强度就越大，辐射效果不仅与距离有关，还与自身城市发展质量有关。

11.3.3　分指数的计算结果

本书从经济、文化、社会、生态、创新和治理六个子指标体系，分别对京津冀十二个城市相应的综合实力进行断裂点和场强的计算，从而找到制约高质量发展影响力的因素和实现高质量发展的路径。

1. 经济影响力

由表 11-7 可知，北京市对受力城市的相对辐射范围占比均在 50%以下，除天津市外，北京市对河北省各市的经济辐射范围均为 20%～40%，北京市对石家庄的相对辐射范围居河北省各市之首，石家庄市的城市综合实力也位其首；北京市对承德市的相对辐射范围居河北省各市之尾，而承德市的城市综合实力也位其尾，说明北京市对各城市的相对辐射范围大小受城市综合实力的影响较大。

表 11-7　北京市到各城市经济辐射范围断裂点及场强变化

受力城市	北京到受力城市的断裂点距离	北京到受力城市最短时间里程	北京到断裂点距离占两城间距的比重/%
天津市	18.46	43.29	43
廊坊市	3.33	12.68	26
邯郸市	164.87	570.88	29
张家口市	37.90	139.12	27
石家庄市	85.30	230.50	37
保定市	21.29	73.92	29
唐山市	40.64	122.34	33
秦皇岛市	81.86	312.43	26
承德市	45.81	210.10	22
沧州市	38.33	127.75	30
衡水市	57.79	223.72	26
邢台市	136.59	472.95	29

从京津冀城市群来看，北京市从经济角度对受力城市辐射场强最大的前五位城市分别是廊坊市、天津市、保定市、唐山市和沧州市；而受力城市接受北京市辐射的能力最高的分别是天津市、廊坊市、保定市、唐山市和沧州市（表 11-8）。从数值来看，天津市与廊坊市的 E_{ij} 相差 3 倍之多，但是 F_{ij} 数值差别不大，说明天津市的经济实力较廊坊市有非常大的差距，才带来 F_{ij} 的差距缩小。

表 11-8　北京市对受力城市的经济辐射

城市	E_{ij}	E_{ij} 排名	F_{ij}	F_{ij} 排名
天津市	0.988	2	26.733	1
廊坊市	3.372	1	24.267	2
保定市	0.578	3	6.612	3
唐山市	0.350	4	4.520	4
沧州市	0.335	5	3.631	5

续表

城市	E_{ij}	E_{ij}排名	F_{ij}	F_{ij}排名
张家口市	0.307	6	2.230	7
承德市	0.204	7	0.990	9
衡水市	0.191	8	1.299	8
石家庄市	0.186	9	3.237	6
秦皇岛市	0.137	10	0.794	12
邢台市	0.090	11	0.920	10
邯郸市	0.075	12	0.866	11

2. 文化影响力

由表 11-9 可知，受力城市与北京市的文化辐射距离占比均在 50%以下，除天津市和邯郸市外，北京市对河北省其他各市的文化辐射范围大多在 20%～40%。邯郸市在相对辐射范围中成功跃居第二位，这与其本身的文化实力是分不开的，虽然邯郸市距离北京最远，但以其历史古城的文化实力使其从中脱颖而出。北京市对衡水市相对辐射范围仅有 13%，出现严重的断层现象，而衡水市与北京市的距离处于中等水平，因此应该重点加强衡水市文化实力的培养。

表 11-9 北京市到各城市文化辐射范围断裂点及场强变化

受力城市	北京到断裂点距离	北京到受力城市最短时间里程	北京到断裂点距离占两城间距的比重/%
天津市	17.59	43.29	41
廊坊市	2.91	12.68	23
邯郸市	230.92	570.88	40
张家口市	52.69	139.12	38
石家庄市	84.79	230.50	37
保定市	22.75	73.92	31
唐山市	29.27	122.34	24
秦皇岛市	70.23	312.43	22
承德市	45.17	210.10	21
沧州市	29.16	127.75	23
衡水市	29.31	223.72	13
邢台市	148.68	472.95	31

从京津冀城市群来看，北京市从文化发展方面对受力城市辐射场强最大的前五位城市分别是廊坊市、天津市、保定市、唐山市和沧州市；而受力城市接受北京市辐射的能

力最高的分别是天津市、廊坊市、保定市、张家口市和石家庄市(表 11-10)。张家口市、石家庄市、邢台市和邯郸市的 F_{ij} 排名较 E_{ij} 排名靠前，而这些城市的文化排名比较靠前，打破了因为距离远而产生的受力程度弱的情况。值得一提的是，张家口市和石家庄市在受力城市接受北京市辐射的能力中跃居前五，说明张家口市和石家庄市的文化发展状况更高，超越了唐山市和沧州市地理位置的优势。

表 11-10　北京市对受力城市的文化辐射

城市	E_{ij}	E_{ij} 排名	F_{ij}	F_{ij} 排名
天津市	1.006	2	25.509	1
廊坊市	3.433	1	20.996	2
保定市	0.589	3	7.531	3
唐山市	0.356	4	2.962	6
沧州市	0.341	5	2.597	7
张家口市	0.313	6	3.763	4
承德市	0.207	7	1.008	10
衡水市	0.195	8	0.583	12
石家庄市	0.189	9	3.324	5
秦皇岛市	0.139	10	0.672	11
邢台市	0.092	11	1.077	9
邯郸市	0.076	12	1.502	8

3. 社会影响力

由表 11-11 可知，受力城市与北京市的社会辐射距离占比均在 50%以下，除天津市、廊坊市和唐山市外，北京市对京津冀其他城市的社会辐射范围大多在 30%，处于同一层级。天津市和廊坊市之间也出现了明显的断层。

表 11-11　北京市到各城市社会辐射范围断裂点及场强变化

受力城市	北京到断裂点距离	北京到受力城市最短时间里程	北京到断裂点距离占两城间距的比重/%
天津市	20.49	43.29	47
廊坊市	3.60	12.68	28
邯郸市	159.25	570.88	28
张家口市	33.68	139.12	24
石家庄市	63.78	230.50	28
保定市	20.45	73.92	28
唐山市	36.88	122.34	30

续表

受力城市	北京到断裂点距离	北京到受力城市最短时间里程	北京到断裂点距离占两城间距的比重/%
秦皇岛市	73.38	312.43	23
承德市	45.78	210.10	22
沧州市	34.55	127.75	27
衡水市	58.10	223.72	26
邢台市	119.89	472.95	25

从京津冀城市群来看，北京市从社会建设方面对受力城市辐射场强最大的前五位城市分别是廊坊市、天津市、保定市、唐山市和沧州市；而受力城市接受北京市辐射的能力最高的分别是天津市、廊坊市、保定市、唐山市和沧州市(表 11-12)。张家口市、承德市的 F_{ij} 排名比 E_{ij} 排名较后，说明张家口市和承德市在社会发展水平方面的实力较弱。

表 11-12　北京市对受力城市的社会辐射

城市	E_{ij}	E_{ij} 排名	F_{ij}	F_{ij} 排名
天津市	1.018	2	34.354	1
廊坊市	3.476	1	28.682	2
保定市	0.596	3	6.641	3
唐山市	0.360	4	4.167	4
沧州市	0.345	5	3.337	5
张家口市	0.317	6	2.021	7
承德市	0.210	7	1.051	9
衡水市	0.197	8	1.390	8
石家庄市	0.191	9	2.240	6
秦皇岛市	0.141	10	0.730	12
邢台市	0.093	11	0.817	11
邯郸市	0.077	12	0.877	10

4. 生态影响力

由表 11-13 可知，北京市对京津冀其他城市的生态辐射范围较经济、文化和社会辐射能力相对有所提升，均在 30%之上。说明京津冀城市的生态建设比较完善，各城市的生态高质量发展指数都比较高。其中较为突出的是承德市，其相对辐射范围为 50%，超越了天津市。其他各城市可以借鉴承德市的生态建设与管理经验，总结出一套适合该城市的生态建设模式。

表 11-13　北京市到各城市生态辐射范围断裂点及场强变化

受力城市	北京到断裂点距离	北京到受力城市最短时间里程	北京到断裂点距离占两城间距的比重/%
天津市	18.18	43.29	42
廊坊市	5.04	12.68	40
邯郸市	214.65	570.88	38
张家口市	60.47	139.12	43
石家庄市	83.73	230.50	36
保定市	24.49	73.92	33
唐山市	42.66	122.34	35
秦皇岛市	133.20	312.43	43
承德市	104.20	210.10	50
沧州市	37.77	127.75	30
衡水市	78.74	223.72	35
邢台市	157.22	472.95	33

从京津冀城市群来看，北京市从生态建设方面对受力城市辐射场强最大的前五位城市分别是廊坊市、天津市、保定市、唐山市和沧州市；而受力城市接受北京市辐射的能力最高的分别是廊坊市、天津市、保定市、唐山市和张家口市(表 11-14)。各城市的 F_{ij} 排名和 E_{ij} 排名变化幅度不大，值得注意的是张家口市受力城市接受辐射能力进入前五名，这也和张家口市高质量的生态建设和绿色发展水平密不可分。

表 11-14　北京市对受力城市的生态辐射

城市	E_{ij}	E_{ij} 排名	F_{ij}	F_{ij} 排名
天津市	0.989	2	26.100	2
廊坊市	3.376	1	45.031	1
保定市	0.579	3	8.117	3
唐山市	0.350	4	4.878	4
沧州市	0.335	5	3.565	6
张家口市	0.308	6	4.590	5
承德市	0.204	7	3.501	7
衡水市	0.191	8	2.031	9
石家庄市	0.186	9	3.151	8
秦皇岛市	0.137	10	1.666	10
邢台市	0.091	11	1.131	12
邯郸市	0.075	12	1.288	11

5. 创新影响力

由表 11-15 可知，北京市对各受力城市的创新辐射距离占比均在 50%以下，且出现了明显的分层现象。北京市对天津市的相对辐射范围为 46%，位居第一；对石家庄市的相对辐射范围为 29%，位居第二；河北省各城市的创新相对辐射范围仅为 10%～25%。天津市依靠其雄厚的经济基础吸引了大量人才和企业，创新基础良好；石家庄市作为河北省的省会城市也具有一定的创新基础，其他城市的创新基础和创新能力都比较薄弱。

表 11-15　北京市到各城市的创新辐射范围断裂点及场强变化

受力城市	北京市到断裂点距离	北京市到受力城市最短时间里程	北京市到断裂点距离占两城间距的比重/%
天津市	19.71	43.29	46
廊坊市	3.11	12.68	25
邯郸市	132.25	570.88	23
张家口市	18.96	139.12	14
石家庄市	66.85	230.50	29
保定市	18.62	73.92	25
唐山市	30.94	122.34	25
秦皇岛市	72.76	312.43	23
承德市	35.41	210.10	17
沧州市	28.30	127.75	22
衡水市	50.14	223.72	22
邢台市	92.13	472.95	19

从京津冀城市群来看，北京市在创新方面对受力城市辐射场强最大的前五位城市分别是廊坊市、天津市、保定市、唐山市和沧州市；而受力城市接受北京市辐射的能力最高的分别是天津市、廊坊市、保定市、唐山市和沧州市(表 11-16)。石家庄市的 E_{ij} 排名和 F_{ij} 排名变动幅度比较大。天津市凭借着其雄厚的创新基础在 F_{ij} 排名中超过廊坊市。

表 11-16　北京市对受力城市的创新辐射

城市	E_{ij}	E_{ij} 排名	F_{ij}	F_{ij} 排名
天津市	0.961	2	28.435	1
廊坊市	3.280	1	20.937	2
保定市	0.563	3	5.203	3
唐山市	0.340	4	2.910	4
沧州市	0.326	5	2.280	5
张家口市	0.299	6	0.889	8

续表

城市	E_{ij}	E_{ij}排名	F_{ij}	F_{ij}排名
承德市	0.198	7	0.681	9
衡水市	0.186	8	1.019	7
石家庄市	0.180	9	2.129	6
秦皇岛市	0.133	10	0.642	10
邢台市	0.088	11	0.518	12
邯郸市	0.073	12	0.608	11

6. 治理影响力

由表 11-17 可知，受力城市与北京市的治理辐射距离占比均在 50%以下，除天津市(45%)以外，其他各城市大多在 29%～36%，都属于同一个层级。这说明各城市的社会治理均处于一个水平，应该提高社会民众的参与度以及政务的公开性和透明度。

表 11-17　北京市到各城市的治理辐射范围断裂点及场强变化

受力城市	北京市到断裂点距离	北京市到受力城市最短时间里程	北京市到断裂点距离占两城间距的比重/%
天津市	19.62	43.29	45
廊坊市	3.89	12.68	31
邯郸市	188.37	570.88	33
张家口市	49.82	139.12	36
石家庄市	77.53	230.50	34
保定市	24.32	73.92	33
唐山市	41.90	122.34	34
秦皇岛市	93.76	312.43	30
承德市	59.96	210.10	29
沧州市	42.09	127.75	33
衡水市	64.00	223.72	29
邢台市	142.23	472.95	30

从京津冀城市群来看，北京市从治理方面对受力城市辐射场强最大的前五位城市分别是廊坊市、天津市、保定市、唐山市和沧州市；而受力城市接受北京市辐射的能力最高的分别是廊坊市、天津市、保定市、唐山市和沧州市(表 11-18)。石家庄市和邯郸市的 F_{ij} 排名都较 E_{ij} 排名更靠前，说明石家庄市和邯郸市的治理高质量指数得分较其他城市更高。

表 11-18　北京市对受力城市的治理辐射

城市	E_{ij}	E_{ij} 排名	F_{ij}	F_{ij} 排名
廊坊市	3.478	1	32.040	1
天津市	1.019	2	31.725	2
保定市	0.597	3	8.520	3
唐山市	0.360	4	5.035	4
沧州市	0.345	5	4.427	5
张家口市	0.317	6	3.534	6
承德市	0.210	7	1.508	9
衡水市	0.197	8	1.590	8
石家庄市	0.191	9	2.971	7
秦皇岛市	0.141	10	1.020	12
邢台市	0.093	11	1.036	11
邯郸市	0.077	12	1.117	10

第 12 章　三大城市群高质量发展影响力比较报告

为了能够更加清晰明了地比较高质量发展的影响力，本章以京津冀城市群为重点，对珠江三角洲城市群、长江三角洲城市群进行分析比较。

12.1　高质量发展现状对比分析

12.1.1　经济发展的现状对比

对比三个城市群可得，三个城市群的 GDP 均呈逐年上升的趋势，但其中也存在着差异。从总量来看，珠三角城市群的 GDP 总量是最大的，其次是长三角城市群。珠三角城市群的核心城市深圳依靠高新技术产业成了中国经济效益最好的城市之一，而京津冀城市群也依靠着北京市的产业转移以及紧密的产业联系，经济规模和质量均得到了较大的提升。

从表 12-1 来看，上海市的经济综合实力排名第一，北京市、广州市和深圳市依次排在其后，天津市由于其良好的经济、社会、文化发展基础，其综合实力位于第五位。珠

表 12-1　三大城市群的经济发展综合实力对比

城市	得分	排名	城市	得分	排名	城市	得分	排名
上海市	0.927	1	珠海市	0.207	17	滁州市	0.138	33
北京市	0.849	2	台州市	0.201	18	盐城市	0.120	34
广州市	0.793	3	江门市	0.198	19	张家口市	0.119	35
深圳市	0.761	4	中山市	0.172	20	宣城市	0.109	36
天津市	0.469	5	嘉兴市	0.170	21	廊坊市	0.108	37
苏州市	0.375	6	湖州市	0.170	22	秦皇岛市	0.107	38
杭州市	0.349	7	惠州市	0.168	23	衡水市	0.103	39
宁波市	0.300	8	南通市	0.167	24	芜湖市	0.098	40
佛山市	0.297	9	常州市	0.166	25	肇庆市	0.096	41
东莞市	0.295	10	绍兴市	0.163	26	镇江市	0.095	42
石家庄市	0.293	11	沧州市	0.156	27	池州市	0.092	43
南京市	0.273	12	舟山市	0.149	28	扬州市	0.087	44
合肥市	0.254	13	邢台市	0.140	29	泰州市	0.074	45
无锡市	0.219	14	邯郸市	0.140	30	铜陵市	0.069	46
金华市	0.211	15	保定市	0.139	31	马鞍山市	0.069	47
唐山市	0.210	16	安庆市	0.138	32	承德市	0.066	48

注：因得分四舍五入，导致相同得分排名不一致。

三角城市群的经济综合实力排在京津冀城市群和长三角城市群首位，三大城市群的核心城市经济综合实力与城市群内的其他城市拉开了显著的差距。

12.1.2　文化旅游的现状对比

对比三大城市群的旅游收入结果，三个城市群的旅游收入都呈现上升的状态，这说明三大城市群的文化发展呈良好态势，人均 GDP 逐年上升，人民的生活条件日益富裕，人民群众对精神生活的满意程度逐步得到提高。从总量来看，长三角城市群中的浙江省居于首位，京津冀城市群中的河北省位居其后，珠三角城市群的旅游收入位列第三。

由表 12-2 所示，上海市的文化综合实力远超其他城市的综合实力，上海市作为全国的国际大都市，以其自身的实力和发展状况吸引着游客前往旅游。

表 12-2　三大城市群的文化发展综合实力对比

城市	得分	排名	城市	得分	排名	城市	得分	排名
上海市	1.010	1	江门市	0.222	17	安庆市	0.097	33
广州市	0.963	2	无锡市	0.211	18	唐山市	0.087	34
北京市	0.880	3	湖州市	0.200	19	廊坊市	0.078	35
苏州市	0.532	4	绍兴市	0.196	20	沧州市	0.077	36
佛山市	0.465	5	惠州市	0.191	21	秦皇岛市	0.074	37
深圳市	0.441	6	宣城市	0.188	22	承德市	0.066	38
天津市	0.412	7	邢台市	0.185	23	芜湖市	0.061	39
邯郸市	0.406	8	合肥市	0.181	24	镇江市	0.061	40
杭州市	0.403	9	保定市	0.174	25	盐城市	0.058	41
张家口市	0.327	10	台州市	0.159	26	池州市	0.056	42
金华市	0.324	11	肇庆市	0.157	27	舟山市	0.054	43
宁波市	0.314	12	嘉兴市	0.155	28	滁州市	0.045	44
石家庄市	0.298	13	常州市	0.149	29	铜陵市	0.038	45
南京市	0.280	14	珠海市	0.146	30	泰州市	0.034	46
东莞市	0.274	15	扬州市	0.133	31	马鞍山市	0.025	47
中山市	0.223	16	南通市	0.100	32	衡水市	0.020	48

12.1.3　技术创新的现状对比

对比三大城市群的专利申请数量可得，三个城市群的专利申请数量均呈上升状况，但是各个城市群的增速有所不同。京津冀城市群的核心城市北京和珠三角城市群的核心城市深圳的增速在近 10 年有 3 倍的增长，长三角城市群的专利申请数虽然总体来看是增长的，但是有些年份是下降的。深圳市依靠中兴、华为这两家全球申请专利最强的公司，以及很多创新型企业如深圳市大疆创新科技有限公司、深圳华大基因股份有限公司等，在科技创新方面做出了巨大的贡献。北京市依靠着各大世界闻名的科研院所以及科技企业孵化器，每天产生200多个创新型企业，独角兽企业数量占全国1/2，全球排名第二。北京市作为科技创新中心，人才智力资源密集，一直是高科技企业创新创业的高地。

从表12-3可知，深圳市的科技创新综合实力位于全国首位，各大知名企业纷纷落户深圳市，给深圳市的产业发展带来了巨大的活力，也将“中国创新”这张名片为世界所知。

表12-3　三大城市群的创新发展综合实力对比

城市	得分	排名	城市	得分	排名	城市	得分	排名
深圳市	1.002	1	扬州市	0.203	17	江门市	0.091	33
上海市	0.914	2	宁波市	0.191	18	保定市	0.091	34
苏州市	0.815	3	泰州市	0.189	19	台州市	0.086	35
北京市	0.803	4	盐城市	0.183	20	廊坊市	0.085	36
广州市	0.627	5	无锡市	0.181	21	秦皇岛市	0.074	37
天津市	0.561	6	马鞍山市	0.180	22	邯郸市	0.073	38
南京市	0.556	7	嘉兴市	0.152	23	衡水市	0.067	39
合肥市	0.424	8	石家庄市	0.134	24	沧州市	0.065	40
东莞市	0.367	9	绍兴市	0.126	25	湖州市	0.051	41
中山市	0.326	10	惠州市	0.117	26	邢台市	0.047	42
芜湖市	0.306	11	镇江市	0.115	27	安庆市	0.044	43
杭州市	0.291	12	宣城市	0.110	28	承德市	0.033	44
常州市	0.273	13	滁州市	0.103	29	张家口市	0.020	45
珠海市	0.253	14	金华市	0.095	30	池州市	0.018	46
南通市	0.232	15	铜陵市	0.092	31	舟山市	0.016	47
佛山市	0.207	16	唐山市	0.092	32	肇庆市	0.010	48

12.1.4　社会发展的现状对比

对比三大城市群的教育经费可得，三大城市群的教育经费均呈现上升趋势。珠三角城市群的其他城市和长三角城市群的江苏省2019年的总量接近，但京津冀的河北省与这两个省份仍有些差距；从各城市群的核心城市来看，珠三角城市群的深圳市位列第一，京津冀城市群的北京市位列第二，长三角城市群的上海市位列第三。这说明京津冀的教育经费支出仍需得到改善。

由表12-4可知，北京的社会发展综合实力位居全国首位，京津冀城市群的其他城市位居三大城市群的最后，长三角城市群的受力城市综合实力相当。

表 12-4　三大城市群的社会发展综合实力对比

城市	得分	排名	城市	得分	排名	城市	得分	排名
北京市	0.902	1	金华市	0.314	17	江门市	0.223	33
上海市	0.826	2	马鞍山市	0.309	18	中山市	0.221	34
天津市	0.729	3	合肥市	0.308	19	惠州市	0.212	35
东莞市	0.592	4	佛山市	0.306	20	湖州市	0.207	36
广州市	0.588	5	安庆市	0.304	21	唐山市	0.168	37
深圳市	0.563	6	台州市	0.303	22	廊坊市	0.142	38
南京市	0.553	7	滁州市	0.300	23	廊坊市	0.135	39
苏州市	0.455	8	盐城市	0.295	24	石家庄市	0.132	40
杭州市	0.414	9	绍兴市	0.284	25	保定市	0.132	41
南通市	0.406	10	珠海市	0.278	26	沧州市	0.124	42
无锡市	0.391	11	宣城市	0.273	27	衡水市	0.111	43
镇江市	0.359	12	扬州市	0.268	28	肇庆市	0.106	44
泰州市	0.358	13	芜湖市	0.256	29	邢台市	0.104	45
常州市	0.336	14	嘉兴市	0.248	30	张家口市	0.092	46
铜陵市	0.331	15	舟山市	0.244	31	秦皇岛市	0.085	47
宁波市	0.322	16	池州市	0.236	32	承德市	0.070	48

12.1.5　政府治理的现状对比

对比三个城市群的政府信息公开可得，三大城市群的政府信息公开波动起伏不大相同。京津冀城市群相对于其他城市群来说均是逐年上升；而珠三角城市群的核心城市逐年下降，受力城市增加值不大；长三角各省份或是下降或是增加，但幅值不大。这说明京津冀地区的政府信息公开之路越走越宽，人民的诉求也越来越多，有利于政府真正做到政务信息公开透明(表 12-5)。

12.1.6　绿色生态的现状对比

对比三大城市群全年优良天数比例可得，三大城市群全年优良天数比例呈现着最大的相同点，2012 年全年优良天数比例开始下降，2013 年开始上升。究其原因是，中国作为世界第二大经济体，经济快速增长的同时也带来了大气污染排放，造成了较严重的空气污染以及公众健康问题。为了改善空气质量和保护公众健康，2013 年中国政府印发了《大气污染防治十条措施》，期望到 2017 年全国地级及以上城市可吸入颗粒物(PM10)浓度比 2012 年下降 10%以上，为实现该目标，中国政府从优化产业结构与布局、调整能源结构和油品升级、强化工业污染综合治理等方面提出了十条措施。

从表 12-6 可以看出，北京市的绿色生态综合实力位居首位，为其他城市提供了经验借鉴，在发展经济的同时改善人民的居住环境。

表 12-5　三大城市群的治理发展综合实力对比

城市	得分	排名	城市	得分	排名	城市	得分	排名
北京市	0.903	1	宣城市	0.331	17	中山市	0.197	33
广州市	0.884	2	常州市	0.321	18	泰州市	0.185	34
杭州市	0.811	3	金华市	0.292	19	廊坊市	0.177	35
南京市	0.736	4	绍兴市	0.288	20	惠州市	0.172	36
深圳市	0.700	5	张家口市	0.281	21	邢台市	0.167	37
天津市	0.621	6	台州市	0.263	22	秦皇岛市	0.166	38
苏州市	0.591	7	湖州市	0.249	23	盐城市	0.161	39
佛山市	0.567	8	唐山市	0.245	24	江门市	0.159	40
宁波市	0.520	9	安庆市	0.242	25	扬州市	0.154	41
合肥市	0.514	10	石家庄市	0.232	26	衡水市	0.145	42
南通市	0.485	11	邯郸市	0.219	27	承德市	0.144	43
无锡市	0.422	12	沧州市	0.218	28	舟山市	0.119	44
马鞍山市	0.416	13	上海市	0.217	29	镇江市	0.109	45
珠海市	0.395	14	保定市	0.217	30	肇庆市	0.106	46
嘉兴市	0.389	15	滁州市	0.216	31	池州市	0.088	47
东莞市	0.347	16	芜湖市	0.209	32	铜陵市	0.080	48

表 12-6　三大城市群的生态发展综合实力对比

城市	得分	排名	城市	得分	排名	城市	得分	排名
北京市	0.851	1	石家庄市	0.277	17	江门市	0.181	33
盐城市	0.837	2	珠海市	0.273	18	泰州市	0.179	34
承德市	0.824	3	台州市	0.262	19	马鞍山市	0.175	35
深圳市	0.785	4	杭州市	0.258	20	南京市	0.169	36
肇庆市	0.750	5	金华市	0.257	21	苏州市	0.163	37
上海市	0.527	6	衡水市	0.251	22	无锡市	0.153	38
张家口市	0.503	7	绍兴市	0.247	23	沧州市	0.150	39
秦皇岛市	0.470	8	唐山市	0.244	24	扬州市	0.136	40
宁波市	0.467	9	南通市	0.237	25	常州市	0.134	41
天津市	0.446	10	安庆市	0.236	26	镇江市	0.133	42
池州市	0.391	11	广州市	0.236	27	嘉兴市	0.118	43
铜陵市	0.377	12	宣城市	0.230	28	中山市	0.115	44
廊坊市	0.371	13	佛山市	0.219	29	滁州市	0.107	45
惠州市	0.347	14	邢台市	0.211	30	东莞市	0.094	46
邯郸市	0.309	15	保定市	0.209	31	芜湖市	0.077	47
舟山市	0.280	16	湖州市	0.207	32	合肥市	0.059	48

12.2　综合实力的比较

如表 12-7 所示，通过比较三大城市群的综合实力得分可以看出，三大城市群的核心城市均位于前四名，京津冀的核心城市北京市居于首位，长三角城市群的核心城市上海市、珠三角城市群的核心城市深圳市和广州市排在其后。京津冀的其他城市综合实力则不是很理想，其中秦皇岛市、沧州市和衡水市位于三个城市群综合实力得分最低。

表 12-7　三大城市群的综合实力对比

城市	得分	排名	城市	得分	排名	城市	得分	排名
北京市	0.865	1	南通市	0.234	17	马鞍山市	0.158	33
上海市	0.795	2	石家庄市	0.222	18	扬州市	0.154	34
深圳市	0.705	3	肇庆市	0.218	19	保定市	0.153	35
广州市	0.672	4	常州市	0.211	20	芜湖市	0.151	36
天津市	0.548	5	惠州市	0.206	21	铜陵市	0.148	37
苏州市	0.484	6	绍兴市	0.205	22	泰州市	0.146	38
杭州市	0.393	7	邯郸市	0.203	23	承德市	0.144	39
南京市	0.387	8	中山市	0.203	24	廊坊市	0.140	40
佛山市	0.337	9	台州市	0.200	25	池州市	0.135	41
宁波市	0.337	10	张家口市	0.193	26	邢台市	0.134	42
东莞市	0.322	11	宣城市	0.189	27	秦皇岛市	0.133	43
合肥市	0.267	12	嘉兴市	0.187	28	舟山市	0.133	44
盐城市	0.256	13	江门市	0.182	29	滁州市	0.132	45
珠海市	0.255	14	湖州市	0.175	30	镇江市	0.129	46
金华市	0.246	15	唐山市	0.165	31	沧州市	0.126	47
无锡市	0.241	16	安庆市	0.158	32	衡水市	0.103	48

12.3　高质量发展影响力范围的对比分析

比较三大城市群的相对辐射范围可得，京津冀城市群和珠江城市群以及长江城市群最大的区别在于北京对天津的相对辐射范围较其他城市之间出现了明显的断层，而珠江城市群的相对辐射范围都比较集中。城市群内部城市等级的断层不利于城市之间产业链的发展和创新机制的传导，以及构建完整的跨区域产业链体系，因此，相对于长江城市群和珠江城市群而言，京津冀城市群的相对辐射范围比较小。

相对辐射范围是用核心城市与断裂点的距离占两区域距离的比重来表示核心区对相应省区的辐射范围大小。从表 12-8 可知，天津市和苏州市的相对辐射范围位列前两名，不仅是因为天津市和苏州市距离核心城市的距离近，更是因为天津市和苏州市的综合实力分别位于所处城市群的第二位，仅次于核心城市。京津冀城市群的邢台市、沧州市、秦皇岛市、衡水市位于相对辐射范围排名最后，原因归结于沧州市和衡水市综合实力排名居后，邢台市和秦皇岛市离北京市的距离较远。

12.4　高质量发展影响力强度的对比分析

从京津冀城市群的辐射场强来看，北京市对各受力城市的影响力和各受力城市接受北京市的影响力的排名差距在两名以内；从珠三角城市群的辐射场强来看，深圳市/广州市对各受力城市的影响力和各受力城市接受深圳市/广州市的影响力的排名存在较大差距，原因在于珠三角各受力城市距离广州市和深圳市的最短时间里程存在着较大差距；从长三角城市群的辐射场强来看，上海市对各受力城市的影响力和各受力城市接受上海市的影响力的排名差距过大，说明长三角城市群各城市的综合实力差距过大。

对珠三角、长三角、京津冀各城市的各城市群的核心城市对各受力城市的影响力进行比较，可以看出，各城市群的核心城市对各受力城市的影响力是因离核心城市的距离越远，受到的影响力就越小。总体来看，珠三角城市群的核心城市（广州市）对各受力城市的影响力高于 0.139，而长三角城市群和京津冀城市群核心城市对各受力城市的影响力最小可至 0.040。由此可以看出，珠三角城市群的城市协同发展程度较其他两个城市群更高。

对珠三角、长三角、京津冀各城市的各受力城市接受城市群核心城市的影响力进行比较。总体来看，对各受力城市接受珠三角城市群的核心城市的影响力均高于 1.821，各受力城市接受京津冀城市群核心城市的影响力高于 0.761，而各受力城市接受长三角城市群核心城市的影响力最小可达 0.190。可以看出，珠三角城市群的各城市之间的发展水平要均高于长三角城市群和珠三角城市群。

第13章　提升城市高质量发展影响力的建议

本书以京津冀城市群为例，提出六点建议：以质量效益为核心要素发展自己，全面推进区域协同开放；打造成为创新引领城市群高质量发展的示范区；积极培育发展世界级“高精尖”产业；全力打造一批具有全球竞争力的科技园区；推动城市群交通设施有效衔接；开展城市之间的文化交流合作。

13.1　着力点之一：以质量效益为核心要素发展自己，全面推进区域协同开放

开放互动是城市群协同发展的理念之一，也是打造世界一流城市群的推进器。京津冀地区有条件打造为新的世界级城市群的区域。因这里不仅具有北京强大的政治优势和科技创新优势，还具有天津强大的制造优势和研发转化优势，河北制造业基础雄厚，区位优势显著，商贸物流产业发达。京津冀城市群的港口与航空市场规模领先全球，具有国际化综合枢纽的重要地位。同时天津市的地理位置优越，坐拥津门巨港、被定位北方经济中心，具有良好的区位优势，对外开放的优势明显。“十四五”时期，进入了一个全新的发展时期——以数字经济、绿色低碳为引领的时代。产业链、价值链、创新链的组织形式和作用方式将发生革命性的变化，GDP和产业规模不再是关注的焦点，而质量效益将成为考量区域发展的核心要素。那么，以城市群为核心进行要素配置和产业重构将是区域发展的重要形态。例如，为避免与河北的秦皇岛、唐山、曹妃甸等港口产生同质化竞争，天津应该通过合作整合港口资源，对港口功能进行再定位，比如集中力量做集装箱，一般煤矿等大宗货物可以由周边港口去承担，形成分工。京津冀城市群的发展过程中发挥京津冀内外联动、海陆统筹的重要支点和枢纽作用，通过要素配置和产业重构引领城市群内各地区协同开放。

13.2　着力点之二：打造成为创新引领城市群高质量发展的示范区

京津冀地区高质量发展最重要的是依靠创新驱动，其内在动力是激发内生增长，释放三地人才优势，发挥竞争优势。北京市应依托优势产业、优势技术和具有重大战略价值的未来产业，打造具有全球影响力的创新策源地；天津面向国际、借助北京、立足自身，打造全球先进制造研发转化基地，河北省积极推动产业转型升级，打造具有国际竞争力的世界级产业集群。同时，创新驱动离不开政府的有力推动。三地应转换政府职能，强化制度创新，打破行政壁垒，把发挥市场的作用放在首位，全力构建高效优质的区域营商环境。

13.3 着力点之三：积极培育发展世界级“高精尖”产业

京津冀地区具有科技、教育、人才、资本、土地、政策等综合优势，应充分整合京津冀城市群优势资源，重点围绕先进制造业、科技服务业和软件和信息服务业，积极培育发展成为世界级“高精尖”产业高地，带动整个城市群的科技研发、高端制造、现代服务业的整体、配套发展，全面增强城市群自主创新能力，构建全产业链不同环节高效协作的区域“高精尖”产业体系。

13.4 着力点之四：全力打造一批具有全球竞争力的科技园区

京津冀地区要充分利用好中关村科技园区等核心品牌的产业载体资源，放大科技园区效应，突破传统产业集群化的发展理念，组建一批从事科技园区开发、技术转移、融资等业务链条完整、功能完善、实力雄厚、品牌优势突出的专业企业，探索平台式商业模式，把节点、网络、服务、市场的相关主体汇聚到网络化平台，依靠中关村科技园区品牌和资源整合能力，带动一批实力较弱、产业基础不强的产业园区，实现城市群园区的高质量发展。

13.5 着力点之五：推动城市群交通设施有效衔接

京津冀城市群需着力构建高效现代综合交通运输体系，共建世界级港口群和空港群，进而优化高速公路、铁路、城市轨道交通网络布局，完善现代货运物流体系。京津冀地区的交通主要是以环线为主，而环线的问题就是以本城市为中心，让各个城市的资源最方便地流向自己，而不是让各个城市之间的联系更加紧密。要想提高北京市的辐射强度和辐射效果，应该增加京津冀高速公路的节点，减少资源与劳动力在各城市间流动的成本，从而提升京津冀城市群的综合发展能力。

13.6 着力点之六：开展城市之间的文化交流合作

京津冀城市群高质量发展离不开城市之间的文化交流合作。例如，北京和张家口合作承办 2022 冬奥会就是带动京津冀地区经济和社会发展的重要举措，不仅可以直接改善张家口的对外交通状况，还可以通过承接京津产业转移和对口共建合作园区形成区域内生发展动力，还有利于通过产业转移培育张承地区的造血功能。因此，合作体育盛事对改善张承地区的投资环境和城市形象起到极大的促进作用，特别是帮助张家口和承德两个城市走向世界提供了对外宣传机会，有力地提高了京津冀城市群的影响力。

参 考 文 献

[1] 方力，贾品荣，胡曾曾. 北京高质量发展报告(2021)[M]. 北京：社会科学文献出版社，2021.

[2] 任保平. 新时代中国经济增长的新变化及其转向高质量发展的路径[J]. 社会科学辑刊，2018，(5)：35-43.

[3] 金碚. 关于“高质量发展”的经济学研究[J]. 中国工业经济，2018，(4)：5-18.

[4] 汪增洋，张学良. 后工业化时期中国小城镇高质量发展的路径选择[J]. 中国工业经济，2019，(1)：62-80.

[5] 王济光. 推动中心城市高质量发展引领区域协调发展优势互补[J]. 中国政协，2020(14)：38.

[6] 张军扩，侯永志，刘培林，等. 高质量发展的目标要求和战略路径[J]. 管理世界，2019，35(7)：1-7.

[7] 李金昌，史龙梅，徐蔼婷. 高质量发展评价指标体系探讨[J]. 统计研究，2019，36(1)：4-14.

[8] 冯德显，汪雪峰. 中原城市群和周边地区协调发展研究[J]. 地域研究与开发，2009，28(1)：6.

[9] 方大春，孙明月. 长江经济带核心城市影响力研究[J]. 经济地理，2015，35(1)：20，76-81.

[10] 汪锁田，王亚平. 西部省会城市影响力的实证分析[J]. 科技经济市场，2007，(5)：62，63.

[11] Ghelfi L M, Parker T S. County-level measure of urban influence[J]. Rural Development Perspectives, 1997, 2(2): 32-41.

[12] 栾强，罗守贵，郭兵. 都市圈中心城市经济辐射力的分形测度及影响因素——基于北京、上海、广州的实证研究[J]. 地域研究与开发，2016，35(4)：58-62.

[13] 邓宏兵，刘晓桐. 长江中游城市群发展质量提升模式与路径[J]. 华中师范大学学报(自然科学版)，2019，53(5)：622-630，642.

[14] 刘彦平. 城市影响力及其测度——基于200个中国城市的实证考察[J]. 城市与环境研究，2017，(1)：25-41.

[15] 洪银兴，任保平. 新时代发展经济学[M]. 北京：高等教育出版社，2019.

[16] 新华社. 中央经济工作会议首提习近平新时代中国特色社会主义经济思想[N].（2017-12-20）. http://www.gov.cn/xinwen/2017-12/20/content_5248943.htm.

[17] Büyükzkan G, Karabulut Y. Sustainability performance evaluation: Literature review and future directions[J]. Journal of Environmental Management, 2018, 217(1): 253-267.

[18] Bartelmus P. Use and usefulness of sustainability economics[J]. Ecological Economic, 2010, 69(11): 2053-2055.

[19] Figge F, Hahn T. Sustainable value added-measuring corporate contributions to sustainability beyond eco-efficiency[J]. Ecological Economic, 2004, 48(2): 173-187.

[20] Keijzers G. The transition to the sustainable enterprise[J]. Journal of Cleaner Production, 2002, 10(4): 349-359.

[21] Lobos V, Partidario M. Theory versus practice in strategic environmental assessment (SEA)[J]. Environmental Impact Assessment Review, 2014, 48: 34-46.

[22] Searcy C. Updating corporate sustainability performance measurement systems[J]. European Journal of Marketing, 2011, 15(2): 44-56.

[23] Searcy C. Corporate sustainability performance measurement systems: A review and research agenda[J]. Journal of Business Ethics, 2012, 107(3): 239-253.

[24] Long H Y, Liu H Y, Li X W, et al. An evolutionary game theory study for construction and demolition waste recycling considering green development performance under the Chinese government's reward-penalty mechanism[J]. International Journal of Environmental Research and Public Health, 2020, 17(17): 6303.

[25] Oskenbayev Y, Yilmaz M, Abdulla K. Resource concentration, institutional quality and the natural resource curse[J]. Economic Systems, 2013, 37(2): 254-270.

[26] Li X, Long H. Research focus frontier and knowledge base of green technology in China: Metrological research based on mapping knowledge domains[J]. Polish Journal of Environmental Studies, 2020, 29(5): 3003-3011.

[27] 国务院发展研究中心课题组. 高质量发展的目标要求和战略重点[M]. 北京：中国发展出版社，2019.

[28] 徐现祥，李书娟，王贤彬，等. 中国经济增长目标的选择：以高质量发展终结“崩溃论”[J]. 世界经济，2018，(10)：3-25.

[29] 洪银兴. 论中高速增长新常态及其支撑常态[J]. 经济学动态, 2014(11): 4.
[30] 托马斯·皮凯蒂. 21 世纪资本论[M]. 北京: 中信出版社, 2014.
[31] 黄群慧. 改革开放 40 年经济高速增长的成就与转向高质量发展的战略举措[J]. 经济论坛, 2018, (07): 14-17.
[32] 田秋生. 高质量发展的理论内涵和实践要求[J]. 山东大学学报(哲学社会科学版), 2018, 231(06): 7-14.
[33] 暴龙. 中国政府治理能力建设探析[D]. 哈尔滨: 黑龙江大学, 2010.
[34] Du J, Zhang J, Li X . What is the mechanism of resource dependence and high-quality economic development? An empirical test from China[J]. Sustainability, 2020, 12(19): 1-17.
[35] Li X G, Du J G, Long H Y. A comparative study of Chinese and foreign green development from the perspective of mapping knowledge domains[J]. Sustainability, 2018, 10(12): 4357.
[36] Li X W, Du J G, Long H Y. Theoretical framework and formation mechanism of the green development system model in China[J]. Environment and Development Economics, 2019, 32: 100465.
[37] Li X W, Du J G, Long H Y. Dynamic analysis of international green behavior from the perspective of the mapping knowledge domain[J]. Environmental Science and Pollution Research, 2019, 26: 6087-6098.
[38] 赵昌文. 推动我国经济实现高质量发展[J]. 上海集体经济, 2018, 410(02): 9-11.
[39] 程承坪. 高质量发展的根本要求如何落实[J]. 国家治理, 2018, 5: 27-33.
[40] 何立峰. 加快构建支撑高质量发展的现代产业体系[J]. 商业文化, 2018, 405(24): 79-83.
[41] 刘志彪. 理解高质量发展: 基本特征, 支撑要素与当前重点问题[J]. 学术月刊, 2018, (7): 8.
[42] 胡宗义, 杨振寰, 吴晶. "一带一路"沿线城市高质量发展变量选择及时空协同[J]. 统计与信息论坛, 2020, 35(05): 35-43.
[43] 马海涛, 徐楦钫. 黄河流域城市群高质量发展评估与空间格局分异[J]. 经济地理, 2020, (4): 11-18.
[44] 吕薇. 探索体现高质量发展的评价指标体系[J]. 中国人大, 2018, 455(11): 25-26.
[45] 刘友金, 周健. "换道超车": 新时代经济高质量发展的新机遇与新路径[J]. 社会科学文摘, 2018, 28(4): 44-46.
[46] 陈腾. 唐山市实体经济高质量发展指数的测算与分析[D]. 保定: 河北大学, 2019.
[47] 寇欢欢. 湖北省工业经济高质量发展水平评价[D]. 武汉: 湖北省社会科学院, 2019.
[48] 林春, 孙英杰. 创新驱动与经济高质量发展的实证检验[J]. 人民日报统计与决策, 2020, 36(4): 96-99
[49] 刘迎秋. 以制度和技术创新驱动高质量发展[N]. 人民日报, 2018, (12): 前插 1.
[50] 汪同三. 深入理解我国经济转向高质量发展[J]. 共产党人, 2018, 347(13): 14-16.
[51] 刘丽波. 基于区域差异的经济高质量发展水平测度与进程监测[J]. 统计与决策, 2020, (8): 110-114.
[52] 张红霞, 王悦. 经济制度变迁、产业结构演变与中国经济高质量发展[J]. 经济体制改革, 2020(2): 31-37.
[53] 刘亚雪, 田成诗, 程立燕. 世界经济高质量发展水平的测度及比较[J]. 经济学家, 2020, 7(5): 71-80.
[54] 冷宣荣. 高质量发展视阈下京津冀产业政策转型与优化路径研究[J]. 经济与管理, 2020, (4): 1-7.
[55] 刘涛, 曹广忠. 城市规模的空间聚散与中心城市影响力——基于中国 637 个城市空间自相关的实证[J]. 地理研究, 2012, 31(7): 1317-1327.
[56] 涂建军, 朱月, 李琪, 等. 基于网络空间结构的长江经济带城市影响区划定[J]. 经济地理, 2017, 37(12): 65-73.
[57] Mcgranahan G, Satterthwaite D. Urbanisation concepts and trends[J]. International Institute for Environment and Development, 2014, 20(6): 402-404.
[58] Silva L T , Mendes J F G. City noise-air: An environmental quality index for cities[J]. Sustainable Cities and Society, 2012, 4: 1-11.
[59] 章晓英, 胡亚琦. 长江经济带三个国家中心城市对周围城市的影响力比较研究[J]. 重庆理工大学学报(社会科学), 2019, (10): 71-80.
[60] 赵珊, 樊重俊. 基于可持续发展视角的城市影响力分析[J]. 科技和产业, 2016, (16): 53-56.
[61] 白茜, 张迪. 城市影响力指标体系构建——以榆林市为例[J]. 内蒙古科技与经济, 2019, (7): 10-12, 20.
[62] 欧阳峣, 罗富政, 罗会华. 发展中大国的界定、遴选及其影响力评价[J]. 湖南师范大学社会科学学报, 2016, 45(6): 5-14.
[63] 聂艳梅. 中国城市形象影响力评估指标体系及其提升策略研究[D]. 上海: 上海师范大学, 2015.
[64] 刘彦平. 新型城镇化背景下城市营销的挑战与使命[J]. 中国经贸导刊, 2013, (26): 19-22.

[65] 刘彦平. 城市识别和品牌定位[J]. 国际公关, 2009, (5): 47, 48.
[66] 郝胜宇, 李靓玉, 李涛. 借助体育赛事提升地区形象的策略研究[J]. 中国集体经济, 2013, (22): 91, 92.
[67] 谢耘耕, 宋欢迎, 白雪, 等. 中部地区六省会城市形象调查报告[J]. 新媒体与社会, 2014, (4): 41-63.
[68] 杨超, 刘畅. 雄安新区经济辐射影响的研究[J]. 纳税, 2019, 13(20): 209, 210.
[69] 王欣. 基于社会影响力的网络用户推荐方法研究[D]. 大连: 大连理工大学, 2015.
[70] 王楠. 高校图书馆社会影响力评价体系构建研究[D]. 郑州: 郑州大学, 2019.
[71] 伍佳. 新城医院项目社会影响评价研究[D]. 南昌: 南昌大学, 2019.
[72] 唐代兴. 文化软实力战略研究[M]. 北京: 人民出版社, 2008.
[73] 刘洪顺. 关于国家文化软实力的几点思考[J]. 理论学刊, 2008, (1): 14-17.
[74] 王瑾. 文化软实力与中国国际影响力的提升[D]. 长春: 吉林大学, 2008.
[75] 甘雪梅. 论当前我国文化软实力的发展[D]. 成都: 四川师范大学, 2009.
[76] 罗能生, 郭更臣, 谢里. 我国区域文化软实力评价研究[J]. 经济地理, 2010, 30(9): 1502-1506.
[77] 韩丽彦. 论提高我国文化软实力[D]. 北京: 中共中央党校, 2013.
[78] 王岩. 文化软实力的构成要素与发展模式研究[D]. 上海: 上海师范大学.
[79] 赵昕. "一带一路"倡议下中国文化软实力提升研究[D]. 兰州: 兰州理工大学, 2018.
[80] 姜卫玲. "互联网+"背景下区域文化影响力的判定指标[J]. 山西大同大学学报(社会科学版), 2018, 32(6): 80-83.
[81] 叶敏. 边疆中小城市文化影响力提升战略研究——以普洱市为重点[J]. 普洱学院学报, 2014, 1: 26-30.
[82] 张淑芳. 长三角城市文化软实力比较研究[J]. 宁波经济, 2020, 526(8): 45-50.
[83] 张淼. 辽宁省旅游经济影响力及地区差异分析[D]. 大连: 辽宁师范大学, 2008.
[84] 王友明. 旅游业对无锡经济社会发展的影响力和贡献度研究[D]. 南京: 南京理工大学, 2006.
[85] 周志红. 广东省旅游经济影响力及其地区差异分析[D]. 广州: 华南师范大学, 2003.
[86] 杨宝显, 席宇斌. 广西旅游经济影响力分析[J]. 内蒙古科技与经济, 2010, (4): 5, 6.
[87] 冯霞, 李勇, 陈卉敏. 民航旅客社会网络构建方法研究[J]. 计算机仿真, 2013, 30(6): 51-54.
[88] 李陇豫. 基于社会网络的民航旅客影响力计算研究[D]. 天津: 中国民航大学, 2018.
[89] Li W, Yi P. Assessment of city sustainability-Coupling coordinated development among economy, society and environment[J]. Journal of Cleaner Production, 2020, 256: 120453.
[90] 陈诚, 卓越. 基于结构与过程的社区治理能力评估框架构建[J]. 华侨大学学报(哲学社会科学版), 2016, (1): 70-79.
[91] 张小劲, 于晓红. 推进国家治理体和治理能力现代化六讲[M]. 北京: 人民出版社, 2014: 192-206.
[92] 周伟, 练磊. 地方治理能力评价的价值取向[J]. 学术界, 2014, (11): 180-187.
[93] 施雪华. 政府综合治理能力论[J]. 浙江社会科学, 1995, (05): 8-13.
[94] 易学志. 论我国政府治理能力的现状及提高途径[J]. 时代人物, 2008, (10): 3.
[95] 易学志. 善治视野下政府治理能力基本要素探析[J]. 辽宁行政学院学报, 2009, 11(4): 11-12.
[96] 郭蕊, 麻宝斌. 全球化时代地方政府治理能力分析[J]. 长白学刊, 2009, (4): 67-70.
[97] 汤建辉. 我国地方政府治理能力建设研究[D]. 长沙: 湖南大学, 2009.
[98] 赵振考. 中国地方政府治理能力现代化建设研究[D]. 保定: 河北大学, 2015.
[99] 苟欢. 政策工具视角下地方政府治理能力现代化研究[D]. 南充: 西华师范大学, 2015.
[100] 盛丹. 大数据视角下地方政府治理能力提升研究[D]. 湘潭: 湘潭大学, 2015.
[101] 王珺, 夏宏武. 五区域中心城市治理能力评价[J]. 开放导报, 2015, (3): 16-19.
[102] 李兴成. 中国地方政府提升治理能力研究[D]. 重庆: 重庆大学, 2013.
[103] 王妍, 郭舒, 张建勇. 学者影响力评价指标的相关性研究[J]. 图书情报工作, 2015, 59(5): 106-112, 127.
[104] 王艺璇. 我国高校智库影响力评价指标体系构建[D]. 哈尔滨: 黑龙江大学, 2018.
[105] 俞立平. 影响力指数: 一个评价学术期刊影响力的新指标[J]. 图书与情报, 2018, (6): 129-135, 140.
[106] 夏国新. 试论民族院校领导者影响力[J]. 中央民族大学学报, 1995, (3): 23-25.
[107] 李德民. 非正式组织和非权力性影响力[J]. 中国行政管理, 1997, (9): 24, 25.

[108] 冯超. 领导者非权力性影响力研究[J]. 吉林大学社会科学学报, 1998, (4): 74-79, 95.
[109] 谢晓非, 陈文锋. 管理者个人影响力的测量与分析[J]. 北京大学学报(自然科学版), 2002, (1): 127-135.
[110] 任博. 人们为什么追随领导者——对领导影响力的思考[J]. 领导科学, 2007, (16): 40-41.
[111] 赵淳宇. 市场影响力对企业创新绩效的影响研究[D]. 成都: 西南财经大学, 2011.
[112] Hu R. Adaptability evaluation index system construction between highway construction and regional socio-economic development-taking Heilongjiang Province as an example[J]. Applied Mechanics & Materials, 2013, 295-298: 2469-2474.
[113] 刘思明, 张世瑾, 朱惠东. 国家创新驱动力测度及其经济高质量发展效应研究[J]. 数量经济技术经济研究, 2019, (4): 3-23.
[114] 余泳泽, 杨晓章, 张少辉. 中国经济由高速增长向高质量发展的时空转换特征研究[J]. 数量经济技术经济研究, 2019, 36(6): 3-21.
[115] 陈诗一, 陈登科. 雾霾污染、政府治理与经济高质量发展[J]. 经济研究, 2018, (2): 20-34.
[116] 肖周燕. 中国高质量发展的动因分析——基于经济和社会发展视角[J]. 软科学, 2019, (4): 1-5.
[117] 冯颖, 陈茂直, 胡科翔, 等. 基于经济高质量发展的营商环境评价体系构建[J]. 中国市场, 2020, (23): 3.
[118] 贺小桐. 产学研合作对创新型城市发展的影响力研究[D]. 北京: 中国科学技术大学, 2014.
[119] 朱方明, 贺立龙. 经济增长质量: 一个新的诠释及中国现实考量[J]. 马克思主义研究, 2014, (1): 72-79.
[120] 任保平, 李禹墨. 新时代我国高质量发展评判体系的构建及其转型路径[J]. 陕西师范大学学报(哲学社会科学版), 2018, 47(3): 106-114.
[121] 牛桂敏, 王会芝. 生态文明视域下我国经济社会发展评价体系研究[J]. 理论学刊, 2015, (5): 41-47.
[122] 周永道, 孟宪超, 喻志强. 区域综合发展的“五位一体”评价指标体系研究[J]. 统计与信息论坛, 2018, 33(5): 19-25.
[123] 丁文珺. 构建高质量发展评价体系必须厘清的几个关键问题[J]. 学习论坛, 2019(9): 46-52.
[124] 肖宏伟. 我国全面建成小康社会评价指标体系研究[J]. 发展研究, 2014, (9): 27-34.
[125] 朱启贵. 全面建成小康社会评价指标体系研究[J]. 人民论坛·学术前沿, 2017, (4): 52-60.
[126] 魏敏, 李书昊. 新时代中国经济高质量发展水平的测度研究[J]. 数量经济技术经济研究, 2018, 035(11): 3-20.
[127] 鲁继通. 我国高质量发展指标体系初探[J]. 中国经贸导刊, 2018, (20): 4-7.
[128] 张涛. 高质量发展的理论阐释及测度方法研究[J]. 数量经济技术经济研究, 2020, 37(5): 23-43.
[129] 李晓楠. 高质量发展评价指标体系构建与实证研究[D]. 杭州: 浙江工商大学, 2020.
[130] 李梦欣, 任保平. 新时代中国高质量发展指数的构建, 测度及综合评价[J]. 中国经济报告, 2019, (5): 49-57.
[131] 师博, 张冰瑶. 全国地级以上城市经济高质量发展测度与分析[J]. 社会科学研究, 2019, (3): 19-27.
[132] 贺健, 张红梅. 数字普惠金融对经济高质量发展的地区差异影响研究——基于系统 GMM 及门槛效应的检验[J]. 金融理论与实践, 2020, (7): 26-32.
[133] 陈星宇. 金融创新对经济高质量发展的影响研究[D]. 兰州: 兰州大学, 2020.
[134] 王博, 魏晓. 区块链创新赋能实体经济高质量发展研究[J]. 理论探讨, 2020, (4): 114-119.
[135] 张侠, 高文武. 经济高质量发展的测评与差异性分析[J]. 经济问题探索, 2020, (4): 1-12.
[136] 张博雅. 长江经济带高质量发展评价指标体系研究[D]. 合肥: 安徽大学, 2019.
[137] 张国兴, 苏钊贤. 黄河流域中心城市高质量发展评价体系构建与测度[J]. 生态经济, 2020, 36(7): 37-43.
[138] 郭倍利, 许春龙, 吉小东. 河北省高质量发展水平的统计测度研究[J]. 统计与管理, 2020, 35(11): 109-114.
[139] 辛岭, 安晓宁. 我国农业高质量发展评价体系构建与测度分析[J]. 经济纵横, 2019, 402(5): 109-118.
[140] 王丽娟. 辽宁省制造业高质量发展水平实证研究[D]. 沈阳: 辽宁大学, 2019.
[141] 王瑞峰, 李爽. 中美贸易摩擦背景下中国外贸高质量发展的评价[J]. 中国流通经济, 2019, 33(12): 16-24.
[142] 汤婧, 夏杰长. 我国服务贸易高质量发展评价指标体系的构建与实施路径[J]. 北京工业大学学报(社会科学版), 2020, 20(5): 54-64.
[143] 曲维玺, 崔艳新, 马林静, 等. 我国外贸高质量发展的评价与对策[J]. 国际贸易, 2019, (12): 4-11.
[144] 殷醒民. 高质量发展指标体系的五个维度[N]. 文汇报, 2018-02-06(012).
[145] 刘惟蓝. 建立开发区高质量发展的指标体系[J]. 群众, 2018(10): 41-42.

[146] 魏然. 城市品牌影响力智能评价与优化策略初探[D]. 石家庄: 河北师范大学, 2008.
[147] 邓羽, 刘盛和, 蔡建明, 等. 中国中部地区城市影响范围划分方法的比较[J]. 地理研究, 2013, 32(7): 1220-1230.
[148] 韩晓涵, 许杰智. 珠江-西江经济带核心城市影响力研究[J]. 合作经济与科技, 2020, 624(1): 46-48.
[149] 韦路, 左蒙, 李佳瑞. 城市国际传播影响力评价的五个维度[J]. 杭州(周刊), 2019, (4): 6-9.
[150] 郭倩倩, 陈永红. 宁波都市圈中心城市经济辐射力的评价及影响因素分析[J]. 科技与管理, 2017, 19(5): 27-37.
[151] 陈浩杰, 朱家明, 方佳佳, 等. 广州市经济影响力综合评估体系的研究[J]. 齐齐哈尔大学学报(自然科学版), 2016, 32(6): 78-82.
[152] 鲍玮婷, 左晓慧. 上海市对长三角经济圈的经济影响力研究[J]. 嘉兴学院学报, 2016(3): 30-38.
[153] 徐银良, 王慧艳. 基于"五大发展理念"的区域高质量发展指标体系构建与实证[J]. 统计与决策, 2020, 36(14): 98-102.
[154] 鲁邦克, 邢茂源, 杨青龙. 中国经济高质量发展水平的测度与时空差异分析[J]. 统计与决策, 2019, 35(21): 115-119.
[155] 王晓慧. 中国经济高质量发展研究[D]. 长春: 吉林大学, 2019.
[156] 毛艳. 中国城市群经济高质量发展评价[J]. 统计与决策, 2020, 36(3): 87-91.
[157] 简新华, 聂长飞. 中国高质量发展的测度: 1978—2018[J]. 经济学家, 2020, 258(6): 51-60.
[158] 曾荷. 电子政务信息资源的网络影响力评价研究[D]. 上海: 华东师范大学, 2007.
[159] 贺恩锋, 庄林远, 徐文根. 网络舆情潜在影响力指标体系构建及应用[J]. 情报杂志, 2014, 33(1): 114-119.
[160] Wang N, Lee J, Zhang J, et al. Evaluation of Urban circular economy development: An empirical research of 40 cities in China[J]. Journal of Cleaner Production, 2018, 180(10): 876-887.
[161] 王宁. 天津生态城市评价指标体系研究[D]. 天津: 天津财经大学, 2009.
[162] 周舟. 深圳城市可持续发展研究[D]. 武汉: 华中师范大学, 2014.
[163] 晋晓琴, 郭燕燕, 黄毅敏. 黄河流域制造业高质量发展生态位测度研究[J]. 生态经济, 2020, 36(4): 50-55.
[164] 张旭, 魏福丽, 袁旭梅. 中国省域高质量绿色发展水平评价与演化[J]. 经济地理, 2020, 40(2): 111-119.
[165] 龙志, 曾绍伦. 生态文明视角下旅游发展质量评估及高质量发展路径实证研究[J]. 生态经济, 2020, 36(4): 126-132, 166.
[166] 窦若愚. 绿色高质量发展评价指标体系构建与测度研究[D]. 北京: 中国社会科学院研究生院, 2020.
[167] 许力飞. 我国城市生态文明建设评价指标体系研究[D]. 武汉: 中国地质大学, 2014.
[168] 田鑫. 长三角城市经济高质量发展程度的评估——基于因子 k 均值方法的实证分析[J]. 宏观经济研究, 2020, 256(3): 94-102, 121.
[169] 孙亮. "文化软实力"指标体系的建构原则与构成要素[J]. 理论月刊, 2009, (5): 147-149.
[170] 王怀诗, 郭彩萍. "一带一路"背景下甘肃省文化影响力的测度及提升对策[J]. 陇东学院学报, 2019, 30(4): 100-103.
[171] Cooke P M, Uranga G, Etxebrria G. Regional innovation system: Institutional and organizational dimensions[J]. Research Policy, 1997, 26: 26-33.
[172] Asheim B T, Isaksen A. Regional innovation systems: The integration of local stieky and global ubiquitous knowledge[J]. Journal of Technology Transfer, 2002, 27: 77-86.
[173] Shan D. Research of the construction of regional innovation capability evaluation system: Based on indicator analysis of Hangzhou and Ningbo[J]. Procedia Engineering, 2017, 174: 1244-1251.
[174] 马林静. 外贸高质量发展: 内涵, 路径及对策[J]. 现代经济探讨, 2020, (7): 8.
[175] 夏楠. 成都建设具有全球影响力的创新型城市战略研究[J]. 成都行政学院学报, 2020, 128(2): 89-93.
[176] 周红云. 国际治理评估指标体系研究述评[J]. 经济社会体制比较, 2008, (6): 23-36.
[177] 王玉明. 美国构建政府绩效评估指标体系的探索与启示[J]. 兰州学刊, 2007, (6): 101-104.
[178] The Audit Commission. CPA-The Harder Test 2006[R/OL]. [2019-12-10]. 2006. https://webarchive.nationalarchives.gov.uk/20150423154445/http://archive.auditcommission.gov.uk/auditcommission/aboutus/publications/pages/corporate-papers-archive.aspx.html.
[179] Folke C, Hahn T, Olsson P, et al. Adaptive governance of social-ecological systems[J]. Annual Review of Environment and Resources, 2005, 15(30): 441-473.

[180] Li W Y, Zhang Z S, Mi C L. Chinese social governance innovation seeing from American social governance experience[J]. Applied Mechanics & Materials, 2014, 687-691: 4605-4608.
[181] 吴建南. 公共部门绩效评估: 理论与实践[J]. 中国科学基金, 2009, 23(3): 149-154.
[182] 吴建南, 马亮, 杨宇谦. 比较视角下的效能建设: 绩效改进、创新与服务型政府[J]. 中国行政管理, 2011, (3): 35-40.
[183] 吴建南, 胡春萍, 张攀, 等. 效能建设能改进政府绩效吗?——基于30省面板数据的实证研究[J]. 公共管理学报, 2015, (03): 131-143, 164, 165.
[184] 唐任伍, 唐天伟. 2002年中国省级地方政府效率测度[J]. 中国行政管理, 2004, (6): 64-68.
[185] 包国宪, 周云飞. 中国公共治理评价的几个问题[J]. 中国行政管理, 2009, (9): 4-7.
[186] 季哲. "中国地方政府治理改革30年"学术研讨会在北京召开[J]. 中国行政管理, 2008, (8): 25.
[187] 胡税根, 陈彪. 地方政府公共服务治理评估相关问题研究[C]//浙江省公共管理学会年会, 杭州, 2008.
[188] 方盛举. 中国省级政府公共治理效能评估的理论与实践: 对四个省级政府的考察[M]. 昆明: 云南大学出版社, 2010.
[189] 郭燕芬, 柏维春. 我国地方政府效能评价的实施现状——基于31省的政策文本分析[J]. 兰州学刊, 2019, (1): 164-182.
[190] 陈琪. 地方治理框架构建及地方治理能力的评价指标[J]. 市场研究, 2018, (03): 17-19.
[191] 王芳, 陈锋. 国家治理进程中的政府大数据开放利用研究[J]. 中国行政管理, 2015, (11): 6-12.
[192] 郭建锦, 郭建平. 大数据背景下的国家治理能力建设研究[J]. 中国行政管理, 2015, (6): 73-76.
[193] 张红春. 发挥大数据推动政府治理能力现代化的重要作用[N]. 贵州日报, 2018-05-22(10).
[194] 胡税根, 单立栋, 徐靖芮. 基于大数据的智慧公共决策特征研究[J]. 浙江大学学报: 人文社会科学版, 2015, (03): 5-15.
[195] Xiong Y, Qin L. Comprehensive evaluation and study on regional economic development of Huangshi City[J]. Research Journal of Applied Sciences Engineering & Technology, 2013, 5(6): 498-500.
[196] Sequeira T N, Nunes P M. Does tourism influence economic growth: A dynamic panel data approach[J]. Applied Economics, 2008, 40(16-18): 2431-2441.
[197] Gu W, Wang J, Hua X, et al. Entrepreneurship and high-quality economic development: Based on the triple bottom line of sustainable development[J]. International Entrepreneurship and Management Journal, 2021, 17(1): 1-27.
[198] Chen Y, Zhu M K, Lu J L, et al. Evaluation of ecological city and analysis of obstacle factors under the background of high-quality development: Taking cities in the Yellow River Basin as examples[J]. Ecological Indicators, 2020, 118(1): 1-10.
[199] 陈伟, 夏建华. 综合主、客观权重信息的最优组合赋权方法[J]. 数学的实践与认识, 2007, (1): 17-22.
[200] 徐顺, 孙颖, 陈子康. 基于断裂点理论的徐州中心城市辐射力分析——兼与郑州、济南对比[J]. 时代金融, 2019, (18): 22-24, 32.